BoatCLUB presents

釣った魚をおいしく食べよう!

スクラップブック of 釣果料理

4人の達人が贈る、全38魚種、144種のレシピを掲載

さと丸の
お魚イタリアン

森山塾長の
激ウマ魚料理

Mr.ツリックの
アドリブ創作料理

ウエカツ水産の
生け締め＆
シンプル魚料理

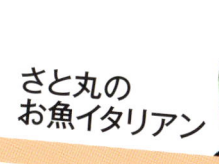

Today's Special
釣っちゃオーね
食べちゃオーね
Ciao! さと丸
暖かくなって、夏はもうすぐって感じになってきました。毎年この季節になると、友人やお客様にバジルペースト（ジェノバソース）の作り方についてよく聞かれます。イタリアのジェノバで愛されているこのペースト、一般の家庭でも1年分を樽みたいな容器で作ります。日本のみそのような食材で、郷土の誇りなのでしょうね。まあ、いま家庭でみそを作る日本人は少ないですけれど。
［料理・文］伊藤 覚 ［写真］二見勇治
［コーディネート］田上亜美子
ペッシ・クルデ・コン・サルサ・ジェノベー
カワハギのカルパッチョ たっぷりの春
アクアパッツア・ディ・ガシラーノ・ア
カサゴと春野菜のわが家

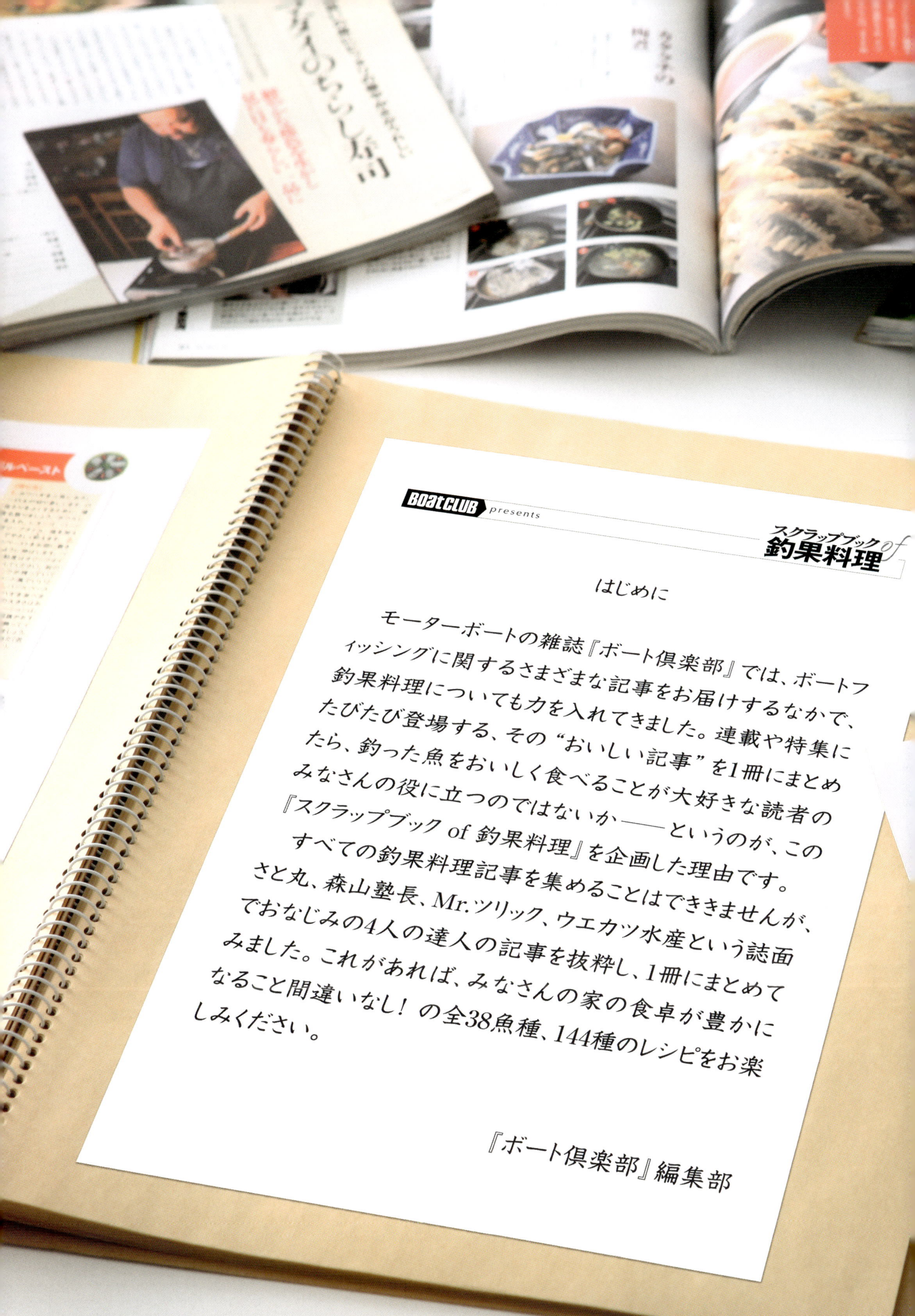

BoatCLUB presents

スクラップブック of 釣果料理

はじめに

モーターボートの雑誌『ボート倶楽部』では、ボートフィッシングに関するさまざまな記事をお届けするなかで、釣果料理についても力を入れてきました。連載や特集にたびたび登場する、その“おいしい記事”を1冊にまとめたら、釣った魚をおいしく食べることが大好きな読者のみなさんの役に立つのではないか——というのが、この『スクラップブック of 釣果料理』を企画した理由です。

すべての釣果料理記事を集めることはできませんが、さと丸、森山塾長、Mr.ツリック、ウエカツ水産という誌面でおなじみの4人の達人の記事を抜粋し、1冊にまとめてみました。これがあれば、みなさんの家の食卓が豊かになること間違いなし！ の全38魚種、144種のレシピをお楽しみください。

『ボート倶楽部』編集部

photo by Katsuhiko Miyazaki (BC)

スクラップブック of
釣果料理

釣った魚をおいしく食べよう! 4人の達人が贈る、全38魚種、144種のレシピを掲載

CONTENTS

8 さと丸のお魚イタリアン

10 さと丸流 釣果料理のすすめ 必要なのは、技術じゃなくて「想像力」（２０１０年６月号掲載）
ホウボウと季節野菜のオーブン焼き ガーリックと香草風味／小アジのフリッター 骨まで愛して
自家製アンチョビー イワシの底力／マアジのグリル イタリア風岩塩添え

14 カンタンでオイシイお魚イタリアン（２００６年２月臨時増刊号掲載）
シロギスのフリッター／サバのミルフィーユ焼き／アジのカルパッチョ／イワシの塩味スパゲティ／スズキのトマトソースペンネ
カレイと小エビのクリームタリアテレ／メバルのグリル／イサキのカツレツ／ヤリイカのトマト煮

22 さと丸直伝! 冬のオススメ ぽっかぽか釣魚鍋料理（２００７年２月号掲載）
南イタリア風 深場の魚とアサリ、ムール貝のスープ鍋／トマト、ニンニクで作るカッチューコ
ローマ風 焼きマダイ、スズキの香草風味の鶏スープ鍋／北イタリア風 冬の恵みのクリームスープ鍋

26 魚介のスープ サフラン風味／マダイのカルパッチョ（２００４年９月号掲載）

28 鮮魚とブロッコリーのクリームシチュー／我が家風 チーズと魚のサラダ（２００５年１月号掲載）

30 尺カサゴのタリアテレ 春野菜入りトマトソースがけ／カワハギとベラの唐揚げのせ ほろ苦クレソンサラダ（２００５年７月号掲載）

32 アマダイの枝豆クリームスープ煮／トラギスとオキメバル ズッキーニの温サラダ（２００５年９月号掲載）

34 サバとキノコのソテー初秋風／シメサバ・イタリア風（２００５年11月号掲載）

36 マダイと彩り野菜の炊き込みご飯／ソウダガツオのフリット ルッコラのサラダ仕立て（２００７年１月号掲載）

38 カワハギ、エビ、ホタテの温サラダ仕立て／カサゴとカリカリベーコンの入った温かいクレソンサラダ（２００７年３月号掲載）

40 シマガツオのフライのサンドイッチ アイオリソース／アジのカルパッチョ ガーリックオイルがけ（２００７年７月号掲載）

42 マルイカのカルパッチョ アンチョビソース／詰めものをしたマルイカ さと丸風（２００７年９月号掲載）

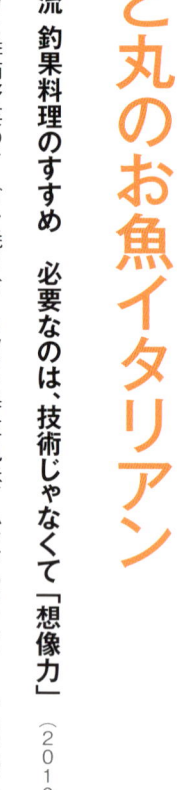

BoatCLUB presents

本書は月刊『ボート倶楽部』（舵社刊）に掲載された釣果料理の記事を抜粋して1冊にまとめたもので、
記事の内容は雑誌掲載時のままです

44 **メジマグロのオリーブオイル揚げ バルサミコソース／メジマグロのカマのオーブン焼き レモン添え**（2008年1月号掲載）

46 **邑楽《おうら》さんちの魚の燻製／イワシのカルパッチョ レモン風味**（2008年9月号掲載）

48 **カイワリのカルパッチョ アサツキとドライトマトのソース／サバと季節の野菜 オリーブオイルのフライ**（2008年11月号掲載）

50 **アオリイカのカルパッチョ ショウガ風味／アオリイカのフリット 季節野菜のトマトソース**（2009年5月号掲載）

52 **マダイのカルパッチョ 白と黒の粒コショウの風味／マダイのソテー 彩り野菜のチャンボッタ添え**（2009年7月号掲載）

54 **アカムツのソテー ジェノベーゼ レモン添え／アカムツとアラのカルパッチョ タップナードソース**（2010年7月号掲載）

56 **オキトラギスのカルパッチョ トマトとハーブのサラダ仕立て／アマダイと季節野菜のグラタン風クリーム煮**（2011年3月号掲載）

58 **カワハギのカルパッチョ たっぷりの春のバジルペースト／カサゴと春野菜のわが家風アクアパッツア**（2011年6月号掲載）

60 **森山塾長の激ウマ魚料理**

62 **今年の夏こそ、台所デビュー！ 森山塾長直伝のカンタン釣魚料理**（2009年9月号掲載）
サバのおろし方（二枚おろし）／サバの煮つけ／サバの塩焼き／
アジのおろし方（三枚おろし）／アジのなめろう／アジのさんが焼き

68 **森山利也直伝！ 冬のオススメ あつあつ釣魚鍋料理**（2007年2月号掲載）
カサゴとホウボウのチゲ／キンメダイの和洋鍋／カワハギの肝コク鍋／イワシのシャキシャキつみれ鍋

72 **揃えておきたい調理器具**（2007年4月号掲載）

74 **カワハギの煮付け／カワハギの肝和え**（2007年2月号掲載）

76 **マルイカの刺身／マルイカの姿寿司／マルイカの沖漬け**（2007年8月号掲載）

スクラップブック of 釣果料理

78 シイラの照り焼き／シイラのフライ（2007年10月号掲載）

80 メジマグロとチーズのサラダ／サバのフリッター中華風（2007年12月号掲載）

82 スズキの塩釜焼き／スズキのから揚げ五目あんかけ（2008年2月号掲載）

84 カサゴの洋風豆乳鍋／カサゴの豆乳仕立てリゾット風（2008年4月号掲載）

86 鯛めし／ウマヅラハギの薄造り（2008年6月号掲載）

88 アオリイカのガーリックソテー／エンペラのイカ納豆（2008年8月号掲載）

90 タチウオの天ぷら／タチウオのチャンジャ風（2008年10月号掲載）

92 イイダコのタコめし／コウイカの肝和え（2008年12月号掲載）

94 イナダのセビーチェ風／ブリ大根（2009年2月号掲載）

96 イシモチのハンバーグ風／イシモチの酒蒸し（2009年4月号掲載）

98 マダイのちらし寿司／マダイの潮汁（2009年6月号掲載）

100 締めサバ／サバの焼きみそ風（2009年10月号掲載）

102 アジと香味野菜ののっけもり／イシモチの空揚げキノコあんかけ（2009年12月号掲載）

104 スズキの変わり揚げ／スズキのつみれの揚げ浸し（2010年4月号掲載）

106 スズキの酒蒸し銀あん仕立て／スズキの梅肉和えかつお風味（2010年6月号掲載）

108 ムギイカのソテー キモソースがけ／マルイカのエスニックチャーハン（2010年8月号掲載）

110 Mr.ツリックのアドリブ創作料理

112 Mr.ツリック 激ウマを料理する（2007年10月号掲載）

根魚と野菜の揚げあんかけ／あぶりシメアジ／イカゲソとカワハギの生春巻き／サバの煮びたし

116 釣果料理に関するQ＆A（2011年2月号掲載）

117 白身魚のキムチ干し（2008年1月号掲載）

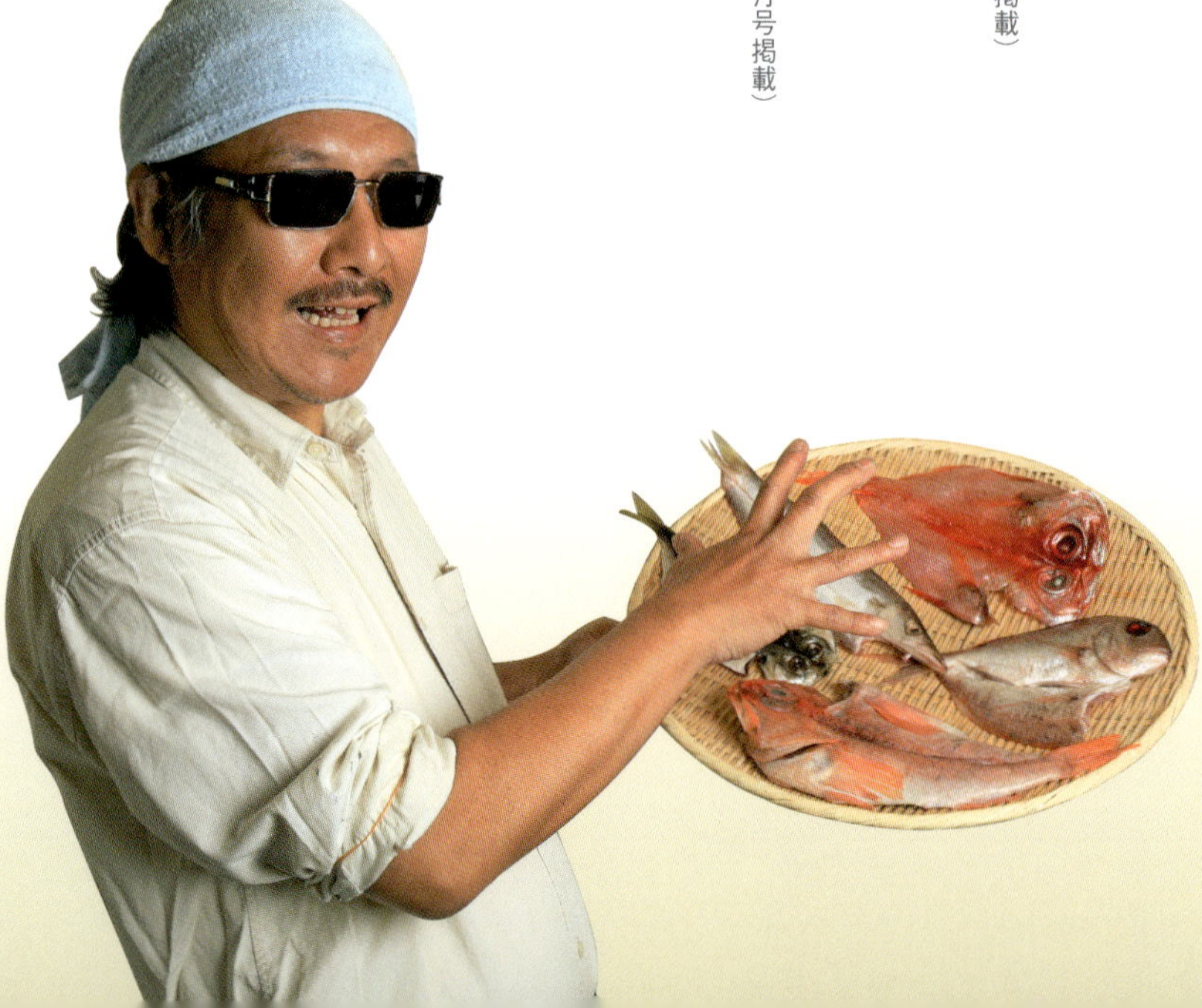

BoatCLUB presents

きょう釣れた
○○○でナニを
作ろう……？

と悩んだときは、
ここをチェック！

魚種別レシピ・インデックス

← 158ページ

118 **夏のイナダづくし** （2009年9月号掲載）
イナダと野菜の夏祭り／稲天／イナダの甘みそ焼き／イナダの冷薫

122 **創作干物料理フルコース・レシピ** （2010年2月号掲載）
干し金目鯛の蒸し物／干しカマスの梅和え／干物のアボカドサラダ／干し鯵の刺身
干し真鯛のみぞれ煮／干し鯵の空揚げ／干し真鯛の炊き込みご飯／干し金目鯛の牛乳寄せ

124 **マンガ Mr.ツリックの激ウマ釣果料理 ～手抜きレシピ編～** （2010年6月号掲載）

128 **カワハギの煮こごり／カワハギの肝漬け薄造り&肝和え** （2011年1月号掲載）

130 **甘鯛めし／アマダイの玉子焼き／アマダイの皮霜天（かわしもてん）** （2011年4月号掲載）

132 **マスでイタリヤン／ヒメマスの和風フィデワ／ヒメマスと野菜の冷やしうどん** （2011年7月号掲載）

134 **Mr.ツリック×ふくだあかりのオリジナルレシピ対決** （2011年10月号掲載）
マゴチの変わり巻き寿司 青と赤／シロギスのかば焼き／シロギスの刺身 みそ締め
マゴチとゲストの空揚げ スイートチリソース風味／
カワハギとマゴチのゆずこしょう和え／シロギスのさっぱりそうめん

138 **ウエカツ水産の生け締め&シンプル魚料理**

140 **ウエカツ水産直伝！ 生け締めの真実** （2011年10月号掲載）
生け締めの「即殺」と「神経抜き」／生け締めの満たすべき要素／魚の旨味のピークは二つある
生け締めと野締めとでどんな違いが表れるか／即殺、放血、神経抜き、保冷

146 **シロギスの糸造りと湯引き／シロギスの紙塩焼き** （2010年11月号掲載）

148 **小メバルの天ぷら／メバルの塩煮** （2011年2月号掲載）

150 **塩イシモチ／焼きイシモチ** （2011年5月号掲載）

152 **自家製塩サバ／サバのりゅうきゅう** （2011年8月号掲載）

154 **シコ天／カタクチの梅煮** （2011年11月号掲載）

156 **コウイカの湯通しシャブ／コウイカの墨汁** （2012年2月号掲載）

スクラップブック of さと丸

さと丸流 釣果料理のすすめ 必要なのは、技術じゃなくて「想像力」 10
ホウボウと季節野菜のオーブン焼き ガーリックと香草風味／
小アジのフリッター 骨まで愛して／自家製アンチョビー イワシの底力／
マアジのグリル イタリア風岩塩添え

カンタンでオイシイお魚イタリアン 14
シロギスのフリッター／サバのミルフィーユ焼き／
アジのカルパッチョ／イワシの塩味スパゲティ／
スズキのトマトソースペンネ／カレイと小エビのクリームタリアテレ
メバルのグリル／イサキのカツレツ／ヤリイカのトマト煮

さと丸直伝! 冬のオススメ ぽっかぽか釣魚鍋料理 22
南イタリア風 深場の魚とアサリ、ムール貝のスープ鍋
トマト、ニンニクで作るカッチューコ
ローマ風 焼きマダイ、スズキの香草風味の鶏スープ鍋
北イタリア風 冬の恵みのクリームスープ鍋

魚介のスープ サフラン風味 26
マダイのカルパッチョ

鮮魚とブロッコリーのクリームシチュー 28
我が家風 チーズと魚のサラダ

尺カサゴのタリアテレ 春野菜入りトマトソースがけ 30
カワハギとベラの唐揚げのせ ほろ苦クレソンサラダ

アマダイの枝豆クリームスープ煮 32
トラギスとオキメバル ズッキーニの温サラダ

サバとキノコのソテー初秋風 34
シメサバ・イタリア風

マダイと彩り野菜の炊き込みご飯 36
ソウダガツオのフリット ルッコラのサラダ仕立て

カワハギ、エビ、ホタテの温サラダ仕立て 38
カサゴとカリカリベーコンの入った温かいクレソンサラダ

シマガツオのフライのサンドイッチ アイオリソース 40
アジのカルパッチョ ガーリックオイルがけ

マルイカのカルパッチョ アンチョビソース 42
詰めものをしたマルイカ さと丸風

メジマグロのオリーブオイル揚げ バルサミコソース 44
メジマグロのカマのオーブン焼き レモン添え

邑楽《おうら》さんちの魚の燻製 46
イワシのカルパッチョ レモン風味

カイワリのカルパッチョ アサツキとドライトマトのソース 48
サバと季節の野菜 オリーブオイルのフライ

アオリイカのカルパッチョ ショウガ風味 50
アオリイカのフリット 季節野菜のトマトソース

マダイのカルパッチョ 白と黒の粒コショウの風味 52
マダイのソテー 彩り野菜のチャンボッタ添え

アカムツのソテー ジェノベーゼ レモン添え 54
アカムツとアラのカルパッチョ タップナードソース

オキトラギスのカルパッチョ トマトとハーブのサラダ仕立て 56
アマダイと季節野菜のグラタン風クリーム煮

カワハギのカルパッチョ たっぷりの春のバジルペースト 58
カサゴと春野菜のわが家風アクアパッツア

さと丸（伊藤 覚）:
東京都文京区出身。ボートフィッシング歴20年以上だが、釣果にこだわるよりも、マイボートで海に出て楽しむ時間を大切にするのがさと丸流だ。
連載記事では、ビギナーのゲストを招いての釣行もたびたび実践してきた。
オーナーシェフを務める「アンプレッソ」では、家庭的なイタリア料理をリーズナブルな値段で楽しめる。
■ アンプレッソ　東京都文京区春日1-11-14　TEL:03-3816-4788

さと丸の お魚イタリアン

イタリア家庭料理の店のオーナーシェフにして、ベテランボートアングラー。
そんな経歴を生かし、1999年5月号の創刊号から12年間にわたって、
連載記事「釣っちゃオーーね 食べちゃオーね」を
『ボート倶楽部』に掲載してきたのが、さと丸さんだ。
「釣れない取材」も臆せず赤裸々に（?）書いてきたさと丸さんだが、
やはり本領を発揮したのは「釣った魚をイタリアンでいただく」料理ページである。
簡単で、おいしくて、おしゃれなそのレシピは、
「お刺身は飽きてしまって……」という人には
絶好のスクラップ記事となるだろう。

さと丸流　釣果料理のすすめ

必要なのは、技術じゃなくて「想像力」

練達のボートアングラー&魚料理人が「カンタン釣果料理」を指南してくれるこの特集。トップバッターは、本誌創刊以来の人気連載「釣っちゃオーね 食べちゃオーね」でおなじみの、さと丸さんだ。イタリアンならではのシンプルで陽気なレシピ4品と、釣果料理を楽しむための「心」を教えていただいた。（編集部）

[文] 伊藤 覚　[写真] 宮崎克彦（本誌）

僕が最初に自分で釣った魚を食べたのは、小学6年生のときでした。東京都文京区の自宅から自転車を漕いで行った東雲《しののめ》（江東区）の埋め立て地でハゼを釣って帰ったら、おふくろが天ぷらにしてくれたっけ。あの天ぷらの味を、いまもはっきりと思い出すことができます。

歳月は流れ、20代のころはボートを漕いでシロギス釣り。手漕ぎボートだとあまり遠くに行けないので、エンジン付きのインフレータブルボートを買ったら、イナダが入れ食い。ここから僕のボートフィッシングライフが始まりました。そしてマリーナにボートを置くようになると、マダイ、オニカサゴ、イカと釣れる魚種も増え、刺身はもとより、焼いたり煮たり蒸したりと、料理の幅が広がったのです。

多くのボートオーナーが釣りを楽しんでいますが、

海に出るだけで気分は最高だから、マイボートを持ったからといって、かならず釣りをしなくてもいいと思います。でも、ボートの下にはどの魚屋で買うより新鮮な魚が泳いでいるわけだし、目の前でイワシがボイルしたり、隣のボートが鈴なりのアジを釣り上げたら、ヨーシ！ってなるかもね(笑)。

夏休みなんかに親子でボート釣りをしている家族連れも、なかなか楽しそうですよ。子どもといっしょにボートで釣りをすることは、しつけや家族のきずなを確かなものにするためにも役立つでしょう。まず子どもたちは、ボートに乗せてもらうために、ふだんからよい子にしているはず。ボートに乗るために必要なマナーを学び、海に出る。魚を釣ったら、持って帰るかリリースするかを教えられる。ここで生き物の命を知ります。そして沖上がり後、お父さんが見事に魚をおろしたら、子どもは拍手喝采《かっさい》だわね。

で、料理が苦手な人は、ここで止まっちゃうんですね。わかります。でも、魚をおろせなかったら、適当にウロコとワタを取って料理しちゃえばOK！ 包丁さばきなんてどうでもいいんです(と、プロのおいらが言う)。料理人でも、尾から引く人もいれば、頭側から押す人もいる。包丁の刃の付き方でも方向は変わってくるしね。

魚の下ごしらえが不得意な人に限って、料理本を見てそのとおりにやろうとしますが、そのへんの発想は捨ててください。要は魚の身と骨が離れればいいのです。キッチンバサミだってかまわないと思うよ。実際、ヨーロッパのキッチンでは、まな板をあまり使いません。手のひらの上でタマネギを切り刻んでるし、魚なんて指先で引き裂いてる！ 丸の魚は炭火で焼くだけの料理が多いのですが、たいていウロコやワタはそのまま。それでも、できあがりはおいしい！

魚が釣れたとき、お！ こいつは刺身だね。この魚は塩焼きだ。これは開いて風干ししておこうか。こっちは天ぷらだな。ビールがうまいぞー……なんて、たいていの人が言うよね。もう頭のなかには、テーブルに並んだ料理が想像できている。そう、料理にはその「想像力」が大切であって、必要なのは技術じゃないのです。あとは、食べる人を喜ばせたいという愛情があればOK。

釣ったら、食べるぶんだけ持ち帰り、あとはリリースしましょう――なんていう標語がありましたが、乱獲を防ぐためにも、釣った魚は自分で料理することをすすめます。望まれてもいないのに釣果を人に押し付けて、それで「無駄にはしていない」と自分を納得させて数を釣るのはどうかと思います。

そして魚には、それぞれの旬ってのがあることもお忘れなく。たとえばマダイ。卵をたっぷり抱えた産卵の前は、栄養をつけようと魚が荒食いをするから釣果も上がります。だから産卵後の魚は、やせていておいしくないのです。

それと魚には、おいしい大きさというものもあります。ヒラメなどはそのいい例で、小さいものはソゲと呼ばれ、味も素っ気もないからリリースしましょう。とはいえ、大きすぎるヒラメも大味でボソボソ。むずかしいところですね。マダイは手のひらサイズならリリースだけど、レンコダイなら美味。チダイ(ハナダイ)ならもう一息ってとこ。さあインターネットで画像と魚名の勉強だ。

釣果料理をするということは、魚の旬を知ることです。それは同時に、四季折々の海の恵みを釣るってこと。一年中、釣るのがおもしろいからと同じ魚ばっかり釣って、食べもしないで捨てたり人にあげたりしてるボートアングラーもいるけど、あまり感心しませんね。

どんなに小さい魚でも命をいただいてしまうから、食べるときに手を合わせて「イタダキマス」って言うでしょ？ だから、どうせ食べるなら、いろんな調理法を覚えて、おいしくいただきたい。ボートを出して、釣って、料理して、食べるまでのすべてのプロセスを自分の手で行うことができる僕たちボートアングラーのメリットを、大いに楽しんでください。

伊藤 覚(いとう・さとる)

東京都文京区でイタリア家庭料理の店「アンプレッソ」を営むオーナーシェフ。本誌では「さと丸」の愛称で、これまでにも数々の“お魚イタリアン”を紹介している。ボートフィッシング歴は20年以上だが、昨年マイボートを手放し、現在は新しい愛艇を探しているところ。

「アンプレッソ」
TEL：03-3816-4788
http://www.gozzo.com/ciao/

01

ホウボウと季節野菜のオーブン焼き ガーリックと香草風味

下ごしらえが楽、見栄えよし、そしておいしい――と三拍子そろったカンタン釣果料理のホームラン王(？)ホウボウ。「え？ これだけ？」という料理ですが、もう最高！

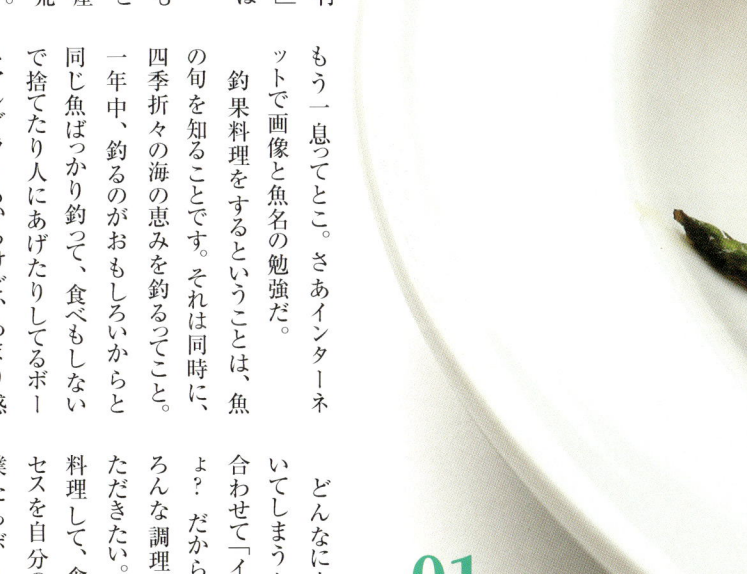

03

自家製アンチョビー イワシの底力

パスタやピザに使うと、まるで魔法のようにいい味を出してくれるアンチョビー。どうせなら、自分で作ってみたら? ハイ、簡単にできますよ!

02

小アジのフリッター 骨まで愛して

ジンタと呼ばれる小さなアジの定番料理は南蛮漬けですが、もっと簡単にできるフリッターも、そのおいしさは負けず劣らず。お試しあれ。

04

マアジのグリル イタリア風岩塩添え

「クックパー」というホイルを使うと、だれでもきれいに焼き魚が作れます。しかもフライパンで。イタリア風にオリーブオイル、岩塩、レモンでいただきます。

01

ホウボウと季節野菜のオーブン焼き ガーリックと香草風味

ホウボウは、調理が苦手な人にぴったりの魚。なぜかというと、新幹線型の魚体はまな板にピタッと座りがよくて扱いやすく、しかもヌルヌルがない。おなかに切れ目を入れてハラワタ(これが少ない)を取り出すだけ。エラはどうせ食べないのだから、取らなくてもかまいません。あとは背ビレに沿って切れ目を入れる、ハイそれだけ。簡単っす。それに塩をしてオイルをかけて焼けばできあがり……これじゃ雑誌が売れない(笑)ので、詰めものをして豪華イタリアンにしてみましょう。

[材料]

●ホウボウ —— 約25センチのもの1尾
●ニンニク —— 1ミリ厚のスライス数枚
●レモン —— 1ミリ厚のスライス数枚
●ディル —— 3～4枝
(ローズマリーかバジルでも可)
●グリーンアスパラ —— 4～5本
●プチトマト —— 4～5個
●塩、オリーブオイル —— 適宜

[作り方]

①

ハラワタを取ったホウボウをまな板に置き、背ビレの両側に切り込みを入れます。この料理ならウロコを取らなくてもOK

②

切れ目にニンニクとレモンを交互に差し入れ、ディルを飾ります

③

オーブン皿にクックパー(マアジのグリル参照)を敷き、ホウボウ、グリーンアスパラ、プチトマトを並べ、全体に塩とオリーブオイルをかけます。あとはオーブンで焼くだけ

④

220度で15～20分、料理をテーブルに持っていったときのゲストの歓声が聞こえます!

02

小アジのフリッター 骨まで愛して

あまりいい釣果に恵まれなかった日は、帰港する前に浅場でサビキ仕掛けを下ろし、ジンタ(小アジ、豆アジ)を釣ってお土産にすることがあります。時合いなら、あっという間に、おかずが確保できます。これをフリッター(空揚げ)にすれば骨まで全部食べられるから、骨粗しょう症の予防にうってつけ(?)。サクッと腹を切ってワタを出し、塩と粉を付けて揚げるだけ。やってみよう! 小さい魚はリリースをすすめてる僕ですが、このジンタに関しては、おいしいので……迷うなあ。

[材料]

●5～7センチの小アジ —— 5～6尾
●塩 —— 適宜
●小麦粉(薄力粉) —— 適宜
●揚げ油
—— オリーブオイル、サラダ油
●レモン、パセリ —— 適宜

[作り方]

①

小アジの腹を切り落としてしまうと簡単におろせます。ハラワタを取り、包丁の先で目の下からエラをかき出します

②

小アジに塩をし、小麦粉を付けます。ビニール袋に入れてたたくのもよし、ボウルに入れてまぶすのもよし

③

余分な粉を落とし、オリーブオイルとサラダ油を半々にした油で揚げます。油の温度が上がる前に魚を入れてください

④

弱火から中火でじっくり揚げます。油が少ない場合は鍋を斜めにして、深いところで揚げていきます。いい色になったら鍋から出して油を切り、パセリとレモンとともに盛りつけてできあがり

03

自家製 アンチョビー イワシの底力

小アジと同様、サビキ仕掛けで釣れるカタクチイワシ。シコイワシ、セグロイワシとも呼ばれます。ボート釣り初心者のころは、鈴なりに釣ってウハウハ喜んでたっけ。その下で、でっかい青ものがシコを追ってるなんて知らなかったんだもん(笑)。缶詰や瓶詰で売ってるアンチョビーは、塩漬けしたカタクチイワシをオイルに漬けたものです。自分で作るのも超カンタン。パスタやピザで大活躍するのはもちろん、そのままパンと食べてもおいしいですよ。凝縮されたイワシの旨味に、脱帽。

[材料]

●カタクチイワシ
—— 5～10センチのもの10尾
●塩 —— たくさん
●オリーブオイル —— 適宜

[作り方]

①

ウロコは、釣ったときに暴れて取れてますから取らないでOK(すごいレシピだ)。包丁で頭を落としたら、腹側に親指を入れ、尾に向けて中骨をこするように裂いていきます

②

尾まで裂いたら尾の付け根で中骨を折って、頭に向かってはがします。これがイワシの手開きです

③

イワシを水洗いし、水気を取ります。密閉容器に塩を敷き、イワシを並べ、その上を塩で覆います。冷蔵庫で10～14日間寝かせましょう(ZZZ……)

④
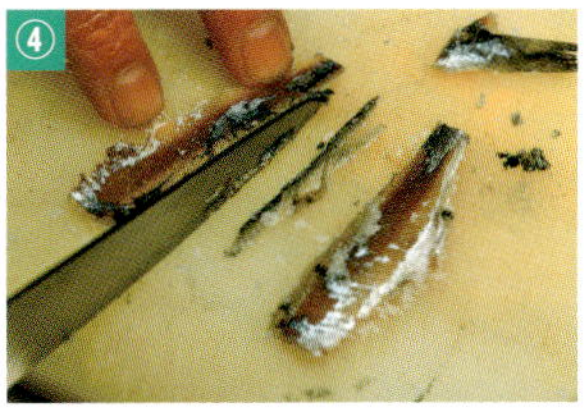
塩漬けから取り出したイワシを水で洗い、余分な塩を落とします。尾やヒレ、残った皮を取り、瓶などに入れてオリーブオイルを注ぎ、イワシが空気に触れないようにして保存します

04

マアジのグリル イタリア風 岩塩添え

アジはどんな調理法でもおいしいし、ボートアングラーはとびきり新鮮なアジを食べることができます。新鮮だからこそ、ハラワタも取らないで豪快に焼きましょう。イタリアでのグリルは、ほとんどが炭火で焼いてオリーブオイル、岩塩、レモンで食べます。家では焼き網かガス台のグリルで焼くと思いますが、魚が網にくっつくのが悩みの種。後始末も面倒で、僕もよく汚して怒られました。この「クックパー」を知るまではね、えへへ。フライパンで焼けるし、きれいに焦げる。おすすめです。

[材料]

●マアジ —— 25センチくらいのもの1尾
●岩塩 —— 適宜
●バージンオリーブオイル —— 50cc
●パセリのみじん切り —— 小さじ1

[作り方]

①
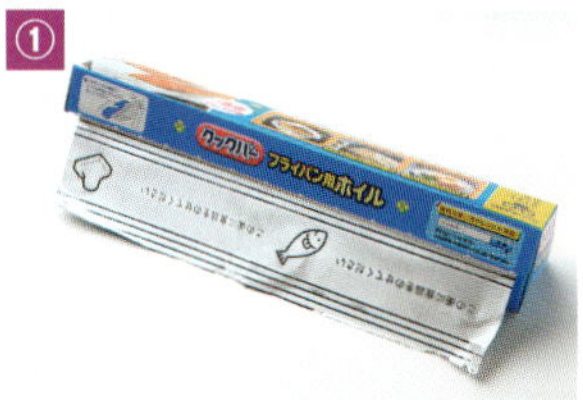
これが「クックパー」(旭化成)です。グリル用ペーパーという名前で、ほかのメーカーの製品も売られています

②

ゼイゴは、気にならない人は取らないでもOK。クックパーをフライパンに敷き、アジを置きます。準備これだけ(笑)

③

弱火で焼きます。ホイルにアジの身がくっつかないので、焦げ具合の確認を何回でもできるのがうれしいですよね! じっくり両面を焼き、芯まで火を入れていきます

④
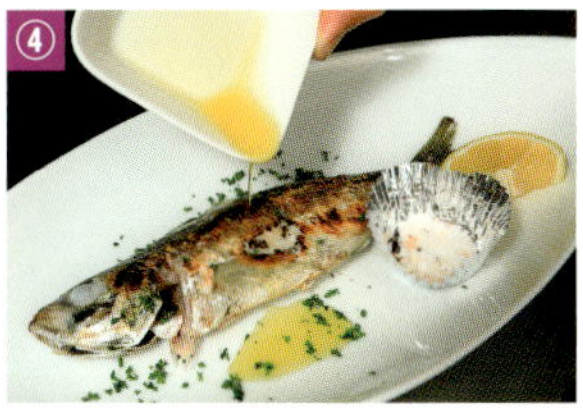
焦げ目のきれいなアジができました。これに大根おろしと赤いハジカミが添えられていたら見た目は和風なのに、バージンオリーブオイルをかけ、岩塩を添え、レモンを絞ればイタリアン!

カンタンでオイシイ お魚イタリアン

本誌人気連載「CIAO!さと丸 釣っちゃオーネ食べちゃオーネ」の筆者、
さと丸さんは、東京都文京区でイタリアンレストラン「アンプレッソ」を営むオーナーシェフ。

釣りもベテランだけど、やっぱり彼の本領は料理なのです（だから取材で釣れなくてもお許しを！）。

そんなさと丸さんに、釣った魚を簡単でおいしくイタリアンで食べるレシピを教えてもらおう……

というのがこの記事です。シンプルな料理ばかりなので、応用すればレパートリーはぐんと広がるはず。

これをヒントにして、みなさんの食卓を豊かに飾ってください。（編集部）

[文・料理] 伊藤 覚　[写真] 宮崎克彦（本誌）
[コーディネート] 田上亜美子

さと丸流、ボート釣りのススメ

プレジャーボートで釣りをしてますって人に言うと、へーお金持ちなんですねえってよく言われます。お金持ちだから船を持って釣りをしてるんじゃなくて、自分の船で釣りをしていたら、いつの間にかお金がかかってた……っていうのが実際のところなんですけどね。ボート釣りを続けるために、いろいろな出費を削ったり、苦労してます(笑)。

僕はゴルフをやめました。また少しでも安く船を保管するために、3年前、ちょっと遠いけれど静岡県沼津のマリーナに引っ越しました。でも海がきれいで、風光明媚だし、東京～沼津の往復では好きな車の運転も楽しめるので、正解だったと思ってます。いくら近くて安くても、河川係留なんかはしたくなかったですね。船もビギナーのときをのぞいて中古艇ばかりです。エンジンと燃料系統や電気系統さえメンテしてあれば、艇体なぞ半永久的に使えるFRPですしね。

おかげで、景気の悪い今日、僕でもマイボートを維持できているのです。

マイボートで釣りをするって、本当に魅力的なことですよね。釣れなくても景色はいいし、空気もいい。海で船を走らせれば、子どものころの冒険心を思い出させてくれるってもんです。好きなときにぶらっと出て釣りが楽しめるって、最高じゃないですか。もちろん走り回ってるだけでも楽しいですよ！　海から陸を見ることってそうはないでしょ?

さらに魚が釣れたら、これまた楽しい。前日に釣具屋さんに買い物に行ってるときには、もう釣れて船の上でサオが曲がってる様子を想像してるし。あはは！　前の晩眠れなくて、朝寝坊したらまずいと、結局、夜中に出発してマリーナの駐車場で仮眠しちゃうしねえ。いくつになっても子どもみたいだよね。

そして釣れたら、もう誰にあげようか?　誰を呼んでごちそうしようか?　なんて考えます。まずはカルパッチョかなあ、じゃあソースはどうしよう?　ソテーもいいぞ、香草はなにを使おうかな?　いやフリッターもいいぞ、レモンと岩塩かな……って頭のなかではもうテーブルセッティングもできちゃってます。

今回、カンタンでオイシイお魚イタリアン、というテーマで記事をつくってみたけど、イタリア料理を17年も作ってくると、基本はシンプルなんだなって、あらためて思います。でもそれって、新鮮な魚を使うのなら当たり前のことですよね。和食でも刺身や焼き魚って、魚の鮮度が勝負です。タチウオ、キンメダイ、アコウダイ、シイラ、透明なイカのカルパッチョや刺身って、釣り人しか味わえないといっても過言じゃないと思います。釣れないとき、僕はよくマリーナでもらいますけど……ええいほっとけ！(笑)。

こういうの食べたいでしょ?　だから船を買った人もいるだろうし、まだの人は免許を取得して船を買いましょう。高級スーパーで新鮮な魚を買ったほうが安いだろうって?　いえいえ、そんな比較はしちゃダメです。船を持ち、自分の手で舵を握って大海原に出ていくとき、今までの人生で感じなかったものを心ゆくまで味わうことができるのです。さらに、釣り人にしか味わえない魚料理が食べられたとしたら……もう言うことはありませんよね！

Ampresso(アンプレッソ)
東京都文京区春日1-11-14
TEL：03-3816-4788
FAX：03-3811-2377
E-mail：ciao@gozzo.com
HP：http://www.gozzo.com/ciao/
営業時間：平日・土曜日12時～14時、18時～22時／日曜祝日18時～22時／水曜定休

伊藤　覚(いとう・さとる)
東京都出身。立教大学在学中よりバンド活動に専念したが、卒業後1年で音楽の道をあきらめ、イタリアの洋服雑貨を扱う会社に入社。イタリア出張で現地の料理を食べ歩いた結果、料理人に転身することにし、帝国ホテルに入る。その後、イタリア料理店「テネドール」「リコルド」で学び、88年に「アンプレッソ」をオープンし、現在に至る。沼津の富士ボーティングをホームポートに、マイボートフィッシングを楽しんでいる

ANTIPASTO ［アンティパスト（前菜）］

イタリア料理を楽しむとき最初に口にする一品、それがアンティパストです。
これから楽しむ料理をスムースにスタートさせる重要な役割を持ちます。
イタリアではおもに冷菜が中心で、北の地方では生ハムやサラミソーセージが、
南では魚介類のサラダ、小魚のフリッター、ムール貝などのスープが、
イタリア全体では野菜類のマリネが多いですね。
これをつまみながらシェリー酒を飲み、今宵楽しむ料理やワインを選ぶのです。
そんなわくわくさせるような食事をスタートさせるアンティパスト、
ここでは初心者でも釣りやすい、おなじみの魚3種で作ってみました。

沖釣りで比較的釣りやすい魚は、アジとサバ。魚探を見ながら船を進め、真っ赤な丸い反応を見つけたら、とりあえずサバ皮付きのサビキ仕掛けを下ろしてみましょう。サオがカクカク！ っと震えるアタリが来たらアジです。サオが海中に突っ込むならサバ。どちらも小気味よい魚とのやりとりが味わえます。初心者を乗せて初めての船釣りなら、陸が近くに見えるほうが精神的に楽で船酔いも解消。そういうときは、浅場の砂地を選んでのシロギス釣りがうってつけでしょうね。細いサオ先がプルプル！ っというアタリは病みつきになりますよね！

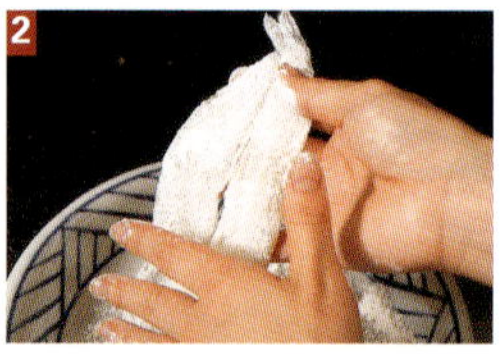

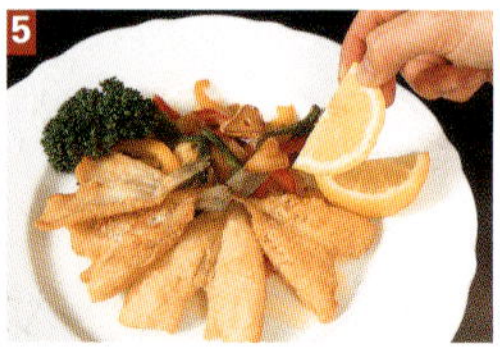

シロギスのフリッター

淡白なシロギスは、香り高いオリーブオイルのフリッター（フライ）が一番！ シロギスの旬は春先から夏なので、そのころおいしくなるカラフルな野菜をソテーして添えました。野菜の甘みは食欲をそそります。フライといっても小麦粉を付けて焼くシンプルなものです。アンティパストですので、あまり大げさにならないように盛り付けてください。

材料（1皿分）

●シロギス：4尾
●ピーマン、赤パプリカ、黄パプリカ：各1/2個
●ニンニク：1片　●レモン：2切れ
●オリーブオイル：適宜　●塩、小麦粉：適宜

作り方

1 ピーマン、赤パプリカ、黄パプリカを幅5ミリくらいに切り、オリーブオイルでソテーして塩をします。1ミリくらいのスライスにしたニンニクもいっしょにソテーして、それがキツネ色になるころ完成です
2 シロギスを開いて、塩を振ったら、小麦粉を付け、余分な粉をはたきます
3 オリーブオイルを入れたフライパンで揚げます。というより、多めのオイルで焼く感じです。両面がキツネ色になるように、焼き色を見ながら火を通します
4 お皿に 1 の野菜のソテーを盛り、そこにフリットしたシロギスを立てかけるように置いてください
5 レモンを添えて出来上がりです。簡単でしょ？

オリーブオイルの話

オリーブオイルはコレステロールがゼロ。それどころか、体内のコレステロールを排出してくれる作用もあります。油で胃がもたれるといいますが、それは酸化した油が原因で、高温で長時間加熱すると油は酸化します。

またオリーブオイルは、サラダオイルとくらべると材料がすぐに焼け始めることを覚えておいてください。みなさんがオリーブオイルでニンニクや魚、肉を焼くと焦がしやすい（笑）のは、そのせいです。

低い温度で焼けるから酸化しづらいうえに、体温に近い温度で溶け出すので体内に残りにくく、胃に残らないってわけです。しかもオリーブオイルの甘みは、目玉焼きでさえ一味おいしくしてくれます。

オリーブオイルは香りが強いので、ドレッシングや揚げ油などには香りのないサラダオイルと半々に割って使います。材料を焼くときには二番絞りのピュアオイルを、バターの代わりにバゲットに付けたり、カルパッチョなど生で口に入る料理、出来上がった料理の最後の香り付けにはバージンオイルを使うのが基本です。

サバのミルフィーユ焼き

ミルフィーユといってもお菓子ではありません。材料を幾重にも重ねるという意味です。サバ、モッツァレラチーズ、トマト、バジルの葉を重ね、赤、白、緑のイタリアンカラーがきれいに並びました。サバのさっぱりした味にトマトの酸味、コクあるチーズ、上には食欲を増すニンニク風味の香草パン粉です。一つひとつが味を主張している一品です。

材料（1皿分）

●香草パン粉：フランスパン（バゲット）を堅くして削ったパン粉、粉チーズ、おろしニンニク、塩、乾燥バジル、オリーブオイルを混ぜたもの
●サバ：半身　●トマト：中1/2個　●モッツァレラチーズ：適宜
●バジルの葉：3～4枚　●松の実：適宜　●粉チーズ：適宜
●バージンオイル：適宜　●塩、バター：適宜

作り方

1 まず香草パン粉を作ります。バゲットを適当に切って2～3日乾燥させたら、オロシガネで優しく削ります。1カップ分をボウルに入れ、粉チーズ大さじ山盛り1杯、おろしニンニク大さじ半分、塩小さじ1杯、乾燥バジル小さじ1杯、オリーブオイル50ccを加え、手で混ぜます

2 そのままオーブンに入れられる耐熱皿やキャセロールに、バターをまんべんなく塗ります

3 半身を2センチほどの厚さに切ったサバ、櫛型に切ったトマト、それらに合わせた厚さに切ったモッツァレラチーズを順々に並べます。適当にバジルの生葉を差し込みましょう

4 軽く塩を振り、①の香草パン粉をかけ、松の実を飾ります。焦げ目がつくように粉チーズとバージンオイルを軽く回しがけして、オーブンに入れます

5 200度のオーブンで焼けば出来上がり。写真のようなオーブントースターでも大丈夫ですよ。容器の厚さにもよりますが、焼き時間は9分～12分が目安です

アジのカルパッチョ

イタリアでは生の魚はあまり食べません。でも刺身文化の日本では、イタリアンでも新鮮な生の魚を舌にのせようじゃありませんか。新鮮なアジの身に、オリーブオイルでカリカリに焼いたベーコンできりっと塩味を加え、松の実でコクを足して、レモンで爽快感を出しました。背の高い盛り付けをし、崩して食べる面白さも演出してみました。

材料（1皿分）

●中アジ：1尾　●ベーコン：適宜　●松の実：小さじ1杯
●バジルの葉：2～3枚　●アンディーブ：適宜
●バージンオイル：適宜　●ニンニク：適宜　●レモン：適宜
●塩：適宜

作り方

1 フライパンに大さじ1杯のバージンオイルを入れ、3ミリ幅に切ったベーコンを8～10枚、松の実を10粒くらい入れてソテーします。松の実がキツネ色になり、ベーコンが焦げてきたらOK

2 アジは普通に三枚におろし、2ミリくらいの幅で縦に切ります。通常の和風のタタキサイズです。それを 1 と一緒にボウルに入れ、塩小さじ1/4、おろしニンニク小さじ1/6、バジルの葉1～2枚をザク切りにしたものを加え、スプーンでよく和えます

3 キャセロールに 2 を詰めます。市販のプリンの容器でもOKです。少し深めのものを探してください。これに詰めたアジを、プリンのように抜いて皿に置くのです

4 飾りでプチトマト、ちょっと苦味のアンディーブ、レモンを添えます。レモン汁は 2 でいっしょに和えてもいいのですが、新鮮なアジの身が白濁してしまうので、食べるときに絞ってもらいましょう

5 最後にバージンオイルを回しがけして出来上がりです

PASTA ［パスタ］

パスタってみんな大好きだよね。スパゲティなら毎日でもいいです、
なんていう女性もいるくらい。お米ほどお腹にドーンとこない軽さが魅力なのかな？
魚介や野菜、肉類の具に対して、ソースの種類もトマト、塩、クリーム、ジェノベーゼ（バジル）と、
無限大に組み合わせで楽しめるパスタは、日本のお米みたいですよね。
強力粉で作るスパゲティやペンネなどのパスタ類、
そしてピザは、体内に入ると血糖値をゆっくり上げてくれる優れもの。
疲労回復に加えて消化がよいので、スポーツの前や途中にも最適な食材でしょう。
パスタは健康食材だと僕は思います。

僕はこれまでに神奈川県の荒崎、佐島、そして静岡の沼津とボートの保管場所を移してきたけど、残念ながら船でスズキを釣ったことはないです。以前、クロダイの夜釣りや磯釣りをしているときに、たまたま釣れたくらいかなあ。そしてイワシ。沼津はシラスで有名なこともあり、イワシの魚影はかなり濃いです。湾内のあちこちで釣れますが、秋のイワシは丸々太っていて脂も乗っておいしいですね。養殖イケス下のヒラメをねらってイワシを泳がせますが、そのまま食べたい衝動にかられます（笑）。ヒラメが釣れないからだろって？ げ……ほっといて！

イワシの塩味スパゲティ

火力の弱い家庭のガスだと、炒めた具とゆで上がったパスタを合わせてから加熱している時間が長いですよね？ するとオイルは酸化を始め、味が変わってしまいます。家庭では難しいのかな？ と考えていたときに思いついたのが、麺とオイルを炒めない、この調理法です。

材料（1皿分）

●マイワシ：大なら1尾、中なら2尾　●ニンニク：2片
●スパゲティ：80グラム　●オリーブオイル：適宜
●タカの爪：適宜　●粉チーズ：適宜
●パセリのみじん切り：適宜　●塩：適宜

作り方

1 三枚におろしたイワシの腹骨を取って、中サイズなら半身を半分にカット、大型なら半身を3枚にカットします。その切り身に塩をして、30ccくらいのオリーブオイルで素焼きにします

2 パスタがゆで上がったら、ザルでよくお湯を切り、その後ちょっと深めのお皿に麺を置いて……と

3 こんがりキツネ色に焼けたイワシのソテーを、2のパスタの上にきれいに並べます

4 イワシをソテーしたフライパンにバージンオイルを30ccほど加え、薄くスライスしたニンニクとタカの爪を1～2本入れ、塩をして火をつけます

5 ニンニクがキツネ色からタヌキ色になる寸前で火を止めたら、3のパスタの上にざーっと一気に回しがけします。そこに粉チーズとパセリを振って出来上がりです

パスタの話

日本でもおなじみのパスタ、イタリアを代表する食材といってもいいでしょう。ものの本を読むと、手打ちのパスタは何千年も前の古代ローマで作られていたようです。当時の形はタリアテレ。そう幅1センチくらいの平打ち麺だったのです。これが今でも世界中で食べられてるって、すごいことですよね。ちなみに乾麺のスパゲティは150年前くらいにできたそうです。

パスタとは、粉を水で練ってのばす、いわゆる生地（ドウ）の総称です。イタリアで市場を歩いて見ると、ざっと50種類以上のパスタがあったので、イタリア人の友人にその話をしたら、パスタの種類は300くらいあるよ、と言われてしまいました。

同じような貝殻の形のマッケローニ（マカロニ）でも、形や大きさがちょっと違っただけで呼び名が変わるのですから、まあ300種類という数は、イタリア人特有の誇張ではないような気がします（笑）。

最後にパスタのゆで方の基本は、80～100グラムの乾麺に対して、3リットルのお湯で、塩が15グラムですよ！

スズキのトマトソースペンネ

スズキをグリルすると皮はカリカリに香ばしく、それとは対照的に身はホックリと焼き上がります。スズキの料理は、その淡白さを引き立たせるソースが決め手ですね。白い身には真っ赤な強いソースがいいと思ってトマトソースを選び、ワイルドに大きく切ったスズキの身に合わせて、パスタはペンネを使ってみました。

材料（1皿分）

●スズキ：切り身1枚　●ペンネ：80グラム　●タマネギ：中1/4個
●ピーマン、赤パプリカ、黄パプリカ：各1/4個
●完熟トマト：中1個　●乾燥バジル：小さじ1　●ニンニク：適宜
●オリーブオイル：適宜　●粉チーズ：適宜　●塩、コショウ：適宜

作り方

1 ペンネをゆでましょう。3リットルのお湯に15グラムの塩を入れ、ペンネをアルデンテ（かすかに芯が残る固ゆで）にゆで上げます。メーカーによってペンネの厚みが異なるので、ゆで時間は必ず袋に書いてある時間を確認しましょう
2 1人前のスズキの切り身を3センチ角に切り分け、塩、コショウを振り、オリーブオイルでソテーします。焦げ色がついておいしそうになったら取り出して、バットに並べておきます
3 タマネギ、ピーマン、赤パプリカ、黄パプリカとニンニクのスライスを、オリーブオイルでソテーします。ざっと火が通ったら、トマトを手で潰して加えます。2〜3分煮詰めたら、塩をして味を調えてください
4 ソースが出来たら、ゆで上がったペンネを一気に入れて和えましょう。ここでも塩をして味を見てくださいね
5 ペンネを和え終わったら、スズキのソテーを加え、粉チーズとパセリを振って出来上がりです。スズキは身が柔らかいので、野菜と一緒にソテーしたり、ソースとていねいに和えたりすると、崩れてしまって魚はなんだ？ってことになっちゃうからね！

カレイと小エビのクリームタリアテレ

魚を煮る基本は、魚のダシ（ヒュメ）を使うことです。このレシピでは、ブロッコリーを水でゆでて野菜のダシ（フォン）を取り、カレイと小エビを加えてヒュメを取り、さらに生クリームで煮詰めます。素材が堅くならず、生クリームがトロっとしたところでパスタと合わせます。クリームソースがのりやすい幅広のパスタ、タリアテレを選びました。

材料（1皿分）

●カレイ：切り身1枚　●ブロッコリー：3房
●冷凍の小エビ：10尾　●タリアテレ：80グラム
●生クリーム：70cc　●オリーブオイル：適宜　●粉チーズ：適宜
●塩、バター：適宜

作り方

1 鍋に水90cc、オリーブオイル20ccを入れ、半身を3等分したカレイの身、ブロッコリー、冷凍の小エビを加え、火を点けます。沸とうしてから3分もゆでれば十分でしょう
2 次に生クリームを120cc入れ、ここでいったん火を止めます。別の鍋でタリアテレをゆで始めます
3 タリアテレのゆで加減もアルデンテ（かすかに芯が残る固ゆで）で。ゆで上がったら、ザルで湯をよく切ります
4 タリアテレを 2 の鍋に入れ、軽く和えます
5 塩をして味を調えたら、バターを大さじ半分加えます。皿に盛り付けて、粉チーズとパセリを振って出来上がり。白いソースにブロッコリーの緑、エビの赤がきれいでしょ？

SECONDO PIATTO

[セカンドピアット（メインディッシュ）]

アンティパスト（前菜）、第1の皿という意味のプリモピアット（パスタやスープ）と続き、
メインディッシュとなる第２の皿、セカンドピアットとなります。
イタリアでは、同時にサラダや付け合わせの温野菜（ほうれん草のバターソテーなど）の
コントルノという皿が加わり、食後のチーズ、ドルチェ（デザート）、エスプレッソとなるわけです。
この第２の皿で大事なのは、前菜の味付けやパスタのソース、スープの種類と
バッティングしないソースを使うことです。
いろんな皿でさまざまなソースを楽しめるのも、イタリア料理の魅力ですよね！

ヤリイカ釣りに行ってヤリイカを釣ったことはないのですが、マルイカやスルメをねらって船を出し、結局ヤリイカが釣れたことは多々あります。足が速いので、魚探と首っぴきのこの釣りはなかなかスリリングですよね。沖が荒れて湾内でおみやげを釣ろうという日は、メバルがねらい目。旬は春先といえど、周年釣って食べてる気がします（笑）。アジを釣っているときに、たまたまイサキも釣れます……って、さと丸はねらった魚は釣れないんじゃないかって？ あはは！ そうそうマイボートの釣りはね、そのとき船の下にいる魚が釣れるんですよ（汗）。

1

2

3

4

5

メバルのグリル

メバルは刺身でコリコリ、火を入れるとホッコリと上品な白身。煮るのは和食にまかせ、ここではワイルドに1尾を丸ごとオーブンで焼きます。彩り野菜やニンニクがおいしそうに焦げ、目で食欲を感じます。テーブルに置いたときの、腹ペコたちの歓声が聞こえるでしょう？

材料（1皿分）

●メバル：25センチくらいのもの1尾
●プチトマト：5～6個　●ジャガイモ：適宜
●グリーンアスパラまたはインゲンなどの緑色野菜：数本
●ローズマリーなどのハーブ：適宜　●レモン：適宜
●ニンニク：適宜　●オリーブオイル：適宜
●バター：適宜　●塩：適宜

作り方

1 メバルのウロコ、ワタ、エラを取ります。身に斜めの切り込みを、中骨まで入れます。そこに薄く切ったニンニクとレモンを交互に挟みます
2 オーブン皿またはアルミ箔を敷いたお皿にバターを塗り、魚が焼いてくっつくのを防ぎます
3 そこにメバルを置き、まわりに季節の野菜、プチトマト、あらかじめ軽くゆでておいたジャガイモ、グリーンアスパラを並べます。塩をしてオリーブオイルをかけましょう
4 好みで乾燥ハーブか生ハーブを乗せ、オーブンで焼きます。今回は生のローズマリーを選びました。220度で18～20分焼きましょう
5 火の入り具合を見るなら、金串を骨まで刺し、それを下唇に当てて温かかったらOKです。焼きあがったらレモンを添えて出来上がりです

トマトの話

イタリア料理に欠かせないトマトは、16世紀の大航海時代に南米からヨーロッパに伝わり、最初は観賞用だったのに、イタリアでは油、塩、コショウで食べると美味である……と当時の文献に記述されているとか。食いしん坊のイタリア人らしいエピソードで、微笑ましいですよね。

日本にトマトが伝わったのは17世紀半ばで、18世紀初頭には唐ガキと呼ばれていました。明治32年に蟹江一太郎がトマトの栽培を始め、世に出したそうです。

イタリア料理の基本的な食材は、料理にコクを出すオリーブオイル、歯ごたえのナス、香りのポルチーニ茸、甘みのタマネギ、食欲を増すニンニク、刺激の赤唐辛子、爽やかな香りのバジル、ローズマリーなどなど。どれもトマトの味を引き立たせるものばかりです。そして、日本でもおなじみのものが多いですよね？

トマトをはじめとする身近な食材を、比較的シンプルなレシピで料理する――これが、イタリア料理がすんなりと私たち日本人の食生活に入り、愛されている理由のひとつだと思います。

イサキのカツレツ

イサキって、刺身にしても焼いても、ちょっとパサついてますよね。肉みたいな食感といえなくもないので、カツレツにしてみたらおいしいんじゃないか？ と考えました。ただし、油で揚げるカツレツは和風料理です。ミラノ風カツレツは、オリーブオイルとバターで焼き、塩とレモンでいただきます。ヘルシーで胃に優しいよ。

材料（1皿分）

●イサキ：25センチくらいのもの1尾　●卵：1個
●粉チーズ：大さじ1杯　●プチトマト：1個　●レモン：1切れ
●乾燥させたフランスパン（バゲット）を削ったパン粉：適宜
●小麦粉、塩：適宜　●バジルソース（ジェノベーゼ）用：生バジルの葉ミキサー1杯分、松の実大さじ1杯、ニンニク1片、塩、バージンオイル適宜

作り方

1 ミキサーでバジルソースを作ります。二つかみほどのバジルの葉を入れ、バージンオイルを加えます。家庭用のミキサーだと70ccくらいかな。ミキサーがやっと回ってドロドロ状になる量です。そこに松の実とニンニクと塩を入れます。保存するなら塩はちょっと強めに

2 2～3日放置しておいて堅くなったバゲットをオロシガネでゆっくり削り、パン粉を作ります。急ぐと大きめになってしまうので、ケシ粒くらいになるようにゆっくり削ってください

3 フライ用の溶き卵ですが、イタリアではこれに粉チーズを入れます。大切な隠し味ですよ！ 卵1に対して大さじ1杯くらいです

4 イサキは三枚におろして骨を抜きます。表に切れ目を入れ、塩、コショウをしてから普通の揚げもののように小麦粉、卵、パン粉とくぐらせます

5 フライパンにオリーブオイルを敷き、バターを溶かしてイサキを焼きます。小型のイサキであればフライパンだけで焼けますが、大型で身厚なイサキなら両面焼いてからオーブンで火を入れましょう。盛り付けて、バジルソースをかけ、レモンを添えて出来上がりです

ヤリイカのトマト煮

胴長25センチくらいの小ヤリイカが釣れたら、ぜひ作ってみてください。新鮮なワタがソースに絶妙な味をつけてくれます。刺身で食べられるイカだから、決して煮詰めないように。トマトソースにワタが混ざり、真っ赤なトマトソースがオレンジ色に変われば出来上がり。最後のソースは、お皿にパンをこすりつけて食べることでしょう！

材料（1皿分）

●小ヤリイカ：胴長25センチくらいのもの1杯　●トマト：中1個
●タマネギ：中1/4個　●白ワイン：50cc
●オリーブオイル：50cc　●ニンニク：1片　●塩：適宜

作り方

1 小ヤリイカの胴に指を入れ、5ミリくらいのスミ袋をそーっとつぶさないように取り出します。スミを吐く管のなかに残ってることがあるので、包丁で管を切っていねいに指先で洗ってください。スミはきれいな赤いトマトソースの大敵です

2 トマトソースを作ります。熱伝導率がゆるやかなアルミ製の鍋かフライパンを使用するときれいな赤色に仕上がります。オリーブオイルでスライスしたタマネギを炒め、透明からキツネ色になったところで刻んだトマトを加え、中火で煮込みます。トマトが煮崩れたら出来上がり

3 オリーブオイル50ccでニンニクのみじん切りを炒め、キツネ色になったら火から外して白ワインを注ぎます。再び火を点け、ゆっくり温めながらアルコール分を飛ばします。ワインを一気に注ぐと火がフライパンに入り、オイルが燃えてくどい甘みが出てしまいます

4 アルコール分が飛んだら、小ヤリイカをそっと入れ中火で煮ます

5 すぐに 2 のトマトソースを加え、温まったら小ヤリイカを押してワタの白い汁を出し、トマトソースに混ぜます。これがこの料理のキモならぬミソです！ 軽く煮て、塩をして出来上がり。盛り付けてから粉チーズ、生クリームを回しがけしてコクを加えましょう

さと丸直伝！

冬のオススメ ぽっかぽっか 釣魚鍋料理 イタリア風

さと丸さんといえば、本誌では「釣っちゃオーネ 食べちゃオーネ CIAO! さと丸」ですっかりおなじみであるけれど、本業はイタリアンレストラン「アンプレッソ」を営むオーナーシェフ。今回は、そんなプロのさと丸さんに、「イタリア料理に鍋料理はないんだけどなあ」と言われつつ、無理を承知で挑戦してもらうことにした。で、お味のほうはというと、どれも見事にイタリアン、かつ、とっても美味。とくとご覧あれ。（編集部）

[文]伊藤 覚　[写真]二見勇治
[コーディネート]田上亜美子

photo by BC

伊藤 覚（いとう・さとる）
東京都出身。立教大学卒業後、イタリアの洋服雑貨を扱う会社に在籍中、イタリア出張で現地の料理を食べ歩いた結果、料理人に転身することにし、帝国ホテルに入る。その後、イタリア料理店「テネドール」、「リコルド」で学び、88年に東京都文京区に「アンプレッソ」をオープンし、現在に至る。沼津の富士ボーティングをベースに、マイボートフィッシングを楽しんでいる。マイボートはニッサンPS-730サルーン。

「**Ampresso（アンプレッソ）**」
TEL：03-3816-4788 http://www.gozzo.com/

選んできた食材、あるいは目の前で作った料理を「おいしいね！」と言ってもらい、「ありがとう！」と感謝までされる。シェフという職業は、プレッシャーはあるものの、なかなか楽しいものがあります。

ところで、この「おいしい！」という瞬間が、長く、何回も続く料理のひとつに、日本の「鍋」があります。鍋料理は、素材によって煮る時間が違うため、おいしいと思う瞬間がたくさんありますよね。さらに、それらは、煮るほどにスープに旨みを出し、最後にゃ、ご飯まで入れて空っぽにしてしまうという、素敵な料理です。

ただ、僕がイタリアに行って入る店のメニューに、鍋っぽい料理は見つからないすねえ。イタリア人の友だちの家に行って、普段食べてる食事を見ると、家で焼いたパン（北イタリアのほうではコーン粉で焼いたもの）と野菜の入ったスープ、あとはちょこっとしたサラダくらい。

失礼かもしれませんが、これだけ？　質素だな、という印象を受けたことを覚えています。そして、彼らが僕とレストランに行きましょうとなると、イタリア料理店に行って、観光客に交じってパスタやピザ、魚や肉を食べるわけです。

さらに、何世代もの家族が週末集まったり、内々の祝いのパーティーのときとかにワイワイと大人数で食べる料理というのが、おばーちゃんの作るパスタ料理。これがご馳走なんですね。

ですから、イタリアの人から見たら、魚や肉、野菜など、さまざまな食材を盛りだくさんに入れる鍋料理は、とてもぜいたく。普段家庭で食べているスープ系の食べ物は、このような鍋とは違って、自家製のパンをのどごしよく食べるためにある気がします。

お隣のスイスのチーズフォンデュだって、固くなったフランスパンをどう食べようかね？　なんてところから生まれたんじゃないかな。日本のチーズフォンデュはいろんな物を入れる高級料理ですけど、現地ではパンだけで食べますもんね。あ、余談ですが、チーズフォンデュにはハンペンを入れると美味しいっす（笑）。

さて、今回はイタリアと共通の釣魚を揃え、イタリア風鍋料理を考えてみました。釣った魚の食べ方で、普段とは違った料理方法を模索している方も多いと思います。ぜひ参考にしてみてください。

なお、今回の料理には四つの鍋を使っていますが、みんな大きさが違います。また、みなさんが釣ってくる魚も、大きさはマチマチですよね。ですから、ここで掲載したスープや具材、調味料などの量は、あくまで参考ということで。こういうものをこのくらい入れるんだ、程度に理解していただけたら幸いです。

キンメダイはそれ自体にはあまり味がない深場の魚。ベルモットの香りが嫌いであれば、白ワインで。キンメが釣れなければ、最近浅場で釣れるアコウダイ、ユメカサゴ（ノドグロね）、磯場のブダイなど、色のきれいなもので代用してください。ぷりぷり感のある底魚ならOK!

プリプリでシャキシャキ!

南イタリア風 深場の魚とアサリ、ムール貝のスープ鍋

フランス料理にキンメダイのベルモット蒸しというのがあります。香りがよく、食前、食後によく飲まれるこのベルモットを効かせたスープに、ムール貝、アサリをふんだんに入れ、プリプリのキンメダイと緑鮮やかなしゃきしゃきの水菜を入れてみました。ここで肝心なのがムール貝の仕込み。この掃除のやり方もご紹介します。

[材料（2人分）]

キンメダイ	切り身2枚を半分にカット
ムール貝	20個
アサリ	250g
水菜	4束
	（順次入れていくのでお好みの量で）
おろしニンニク	大さじ1
塩	適宜
オリーブオイル	適宜
ベルモット	適宜
レモン	1/2個

[作り方]

1　ムール貝は天然の海で養殖されているため、殻にさまざまな生物が付着しています。金ダワシできれいに落としましょう

2　養殖のムール貝は、海中に浸したワラのなかで育てられています。ですから、殻のなかまで食い込んでいるワラを掃除します。まず、水を入れた大きめの鍋に塩を入れ、ムール貝をゆでます。口が開いたらザルで一気に取ります。そして、写真のようにワラをしっかり持ち、殻で身が壊れないように引っ張り出します

3　まず、厚い鍋（できればアルミね）にヒタヒタのオリーブオイル、おろしニンニクを入れ、ニンニクがキツネ色になりかけたらベルモットを注ぎます。次に強火にしてベルモットを空中で燃やし、アルコールを飛ばします。さらにきれいにヌルを取ったアサリを入れ、開くまで煮ます

4　アサリから旨みが出たら（スープが濁ります）スープの出来上がり。別の鍋に先ほどのムール貝を並べ、アサリを置いてスープを注ぎます

5　ベルモットにはつきもののレモンを切って入れます。レモンが軽く煮えたら、キンメを投入。最後の最後に、味を見ながら塩を入れます。添えものの水菜は、彩りでも重要な役割を果たします。シャキシャキがお好みなら、食べるときにドサッと乗せてくださいね

ペスカトーラの野外鍋

トマト、ニンニクで作るカッチューコ

漁師が野外の港で作る豪快なアウトドアの鍋料理。カッチューコとは魚介のスープのことです。フランスのブイヤベースはサフラン風味のスープで作りますが、イタリアの漁師(ペスカトーラ)風となると、ニンニクを効かせたトマトソースになります。鍋で作れば、いろいろな食材が煮えた際、トマトスープとともに熱々を楽しめます。

[材料(2人分)]

カサゴ	小1尾
スルメイカ	中1/2
ブラックタイガー	2尾
アサリ	ひとつかみ
ムール貝	8個くらい
トマト	中〜大2個(できれば完熟で)
白ワイン	50cc
おろしニンニク	大さじ1
タカのツメ	2個
乾燥バジル	小さじ1
塩、オリーブオイル	適宜

[作り方]

1 フライパンの底がヒタヒタになるくらいのオリーブオイルを入れ、おろしニンニクと半分に折ったタカのツメを投入して火をつけます。おろしニンニクがキツネ色になりかけたら火を止めて白ワインを注ぎ、ふたたび点火。フライパンを傾けてワインを空中で燃やし、アルコール分を飛ばします

2 鍋に移し、トマトを入れます。トマトソースを使ってもおいしくできますが、ワイルドな味を作りたいので、あえてフレッシュトマトを手でつぶして入れましょう。ちなみに、これをプチトマトに替え、水を入れないで具材を入れていくとアクアパッツアという料理になります

3 掃除して下ゆでしたムール貝と生のアサリを入れます。さらにお湯を1リットル注ぎます

4 エラ、ワタ、ウロコを取り、背に沿って両側に切れ目を入れたカサゴを入れます。こうすると身割れが防げます。スルメイカは固くなりやすいので、薄く輪切りで

5 味を見ながら塩を足し、乾燥バジルで香りづけをします。あとは煮込めば出来上がり

トマト、ニンニク、オリーブオイル、バジルが入った最強のスープ。海で獲れたものなら全部大歓迎、それらが味を作ってくれるという、いかにもイタリアらしい豪快な一品です。食べ終わったら、お米やショートパスタを入れてグツグツ。これも日本の雑炊風でキマります!

煮えたてのほっこりした魚の身を、キャベツ、鶏スープとともに。歯ごたえのないほど柔らかく煮えた鶏肉には、野菜や魚の味がしっかり入っています。食材同士がお互いを味付けしあうのです。使う魚はカワハギ、アマダイ、トラギス、イナダなどでも美味しくできますよ。

身はほっこり、皮はパリパリ

ローマ風 焼きマダイ、スズキの香草風味の鶏スープ鍋

鍋で煮た食材をポン酢とかゴマダレで食べるのとちょっと違い、スープごと食べられるように仕立てました。中国料理のおこげやイタリア料理の焼きリゾット。そんなイメージで鶏スープと新鮮な釣魚をコラボさせてみました。魚は、オリーブオイルと香草で皮をパリパリに焼いてあります。

[材料(2人分)]

マダイ、スズキ	切り身各1枚を一口大にカット
鶏の手羽	140g
キャベツ	1/4個
プチトマト	5〜6個
チキンコンソメ、塩、オリーブオイル	適宜

[作り方]

1 鍋で手羽を水から弱火で煮ていきます。湯から煮ると、スープが濁ってしまいます。鶏がらでもよいですが、手羽などの骨付き肉を使えば、ダシは出るわ食べられるわ、一挙両得

2 別鍋で作った鶏がらスープを入れます。鶏がらスープは、今回は小さめの鍋なので、500ccのお湯にチキンコンソメを小さじ2〜3杯入れて作りました。食べる鍋の約8割の量になればOK。濃さは、塩気を感じるくらいで

3 フライパンにオリーブオイルを敷き、マダイ、スズキの切り身を皮のほうから焼いていきます。身が反る場合があるので、最初のうちはヘラなどで軽く押さえます

4 **2**を鍋に移します。火をつけ、ザク切りにしたキャベツ、プチトマトを入れます

5 キャベツの緑色がなくなったら、焼いたマダイ、スズキを入れて、食卓に持っていきます

仕上がりは、クリームシチューの“スープ多い版”って感じでOK。魚はアブラメ（アイナメね）、カレイなどの白身魚でもおいしいと思います。野菜は、ブロッコリーやアスパラやニンジンなどを入れ、赤、白、緑のイタリアンカラーの出来上がり！

栄養満点で熱々がうれしい

北イタリア風 冬の恵みのクリームスープ鍋

ふうふう言いながらほっぺを赤くして食べる熱々クリーム系のスープ料理。卵、生クリームを使ったカルボナーラは、寒い冬山で作業をする炭焼き職人が考えたというのは有名な話ですね。今回は、北の国をイメージしてサーモン、白身魚、ポテト、ニンジンを入れてみました。余裕のある人はカニを入れてもグー！

［材料（2人分）］

サーモン	2人前くらいの切り身
白身魚（タラとかヒラメね）	切り身2枚
頭付きのエビ	3〜4尾
ジャガイモ	中2個
芽キャベツ	4個
	（なければ普通のキャベツ1/4個）
タマネギ	1/4個（みじん切り）
チキンまたはビーフコンソメ	小さじ1
ブラウンマッシュルーム	3〜4個
	（なければシメジ1パック）
バター、オリーブオイル	適宜

［作り方］

1 フライパンにオリーブオイルを50cc入れ、みじん切りにしたタマネギを弱火で炒めます。透明になってきたらOK。バターを加え、溶けたら火を止めます

2 牛乳を1リットルほど入れ（鍋の大きさによって異なる）、ふたたび火にかけます。乳製品系の料理は、ソースやスープが分離するのを避けるため、中火でゆっくり温めましょう。湯気が出てきたらブイヨンを入れて溶かします

3 別の鍋でエビと芽キャベツを塩ゆでし、1/4に切り分けたブラウンマッシュルームなどとともに鍋に入れます

4 一口大に切ったサーモンとヒラメを入れます。なお、ボクは個人的にジャガイモが崩れるのがイヤなので（笑）、ジャガイモはなるべく最後のほうに入れます

5 そーっとかき混ぜながら、生クリーム（動物性のほうが美味しいよ）を100ccくらい回し入れ、味見をしながら塩をします。コトコト煮込めば完成です

これが評判になったら、
イタリアでチェーン店化
しようかな。
「ペッシ・アッラ・
ナベーゼ・サトマール」
なんてね！

魚介のスープ サフラン風味
ズッパ・ディ・ペッシェ

&

マダイのカルパッチョ
ペッシェ・クルデ・マオラータ

船を下りたら、日に焼けた肌をシャワーで冷やし、冷たいビールを飲む。海や空、山の緑や船に囲まれたマリーナで、さあパーティーだ！
ぐつぐつ煮込んだ釣りたての魚や貝、エビの入った熱々のスープに、また汗をかく。これぞ海辺のアウトドア料理の醍醐味。
トマトなんか入れたら素材の味が薄れちゃう。そうシンプルに、かつ大胆に作りましょう。上の写真のみんなの笑顔、最高でしょ？

コーディネート＝田上亜美子

● 今月のワンポイント！ ●

ブラックタイガーの下ごしらえ

店では、ここまで下ごしらえした状態でラップし、再冷凍して保存します。冷凍したものをクーラーに入れて持って行けば、昼ごろにはちょうどいい状態に融けていると思います。プロ用の冷凍品（大きいブロック）が手に入れば、大人数で利用するときには安くていいですよね。ブイヤベースにはエビのミソは重要な味の素ですので、できるだけ有頭を選んでくださいね。

・水道水で洗い流しながら解凍します。ブラックタイガーは海水冷凍なので、必ず清水で洗ってください。
・ハサミで足、手、ヒゲ（どれがどれだか…）を切り落とします。

・エビ好きな人は尾も食べます。が、さすがに噛んだら痛いので、尾の上の尖った部分は切り落としておきましょう。

・頭の部分に包丁を入れ、ミソが出やすくします。
・黒い背ワタを取って、そのまま尾まで開きます。

・頭が取れちゃうと格好がつかないので、頭側の1枚の皮を開かずに残すのがコツです。

伊藤 覚（いとうさとる）
東京都文京区出身。立教大学在学中よりバンド活動に専念、卒業後1年で音楽の道をあきらめ、イタリアの洋服雑貨を扱う輸入アパレル会社に転身。イタリア料理屋を食べ歩き、こんな店があったらなあ……と思い料理人に転身、帝国ホテルに入る。その後イタリア料理店「テネドール」「リコルド」で学び、「アンプレッソ」をオープン。趣味は音楽、釣り、船、ゴルフ、テニス、女（うそうそ）。海ばかり行ってたため現在独身……うう……

Ampresso（アンプレッソ）
東京都文京区春日1-11-14
TEL：03（3816）4788　FAX：03（3811）2377
E-mail：ciao@gozzo.com
HP：http://www.gozzo.com/ciao/
営業時間：火～土12時～14時、18時～22時
日祝18時～22時（月曜定休）

魚介のスープ サフラン風味
ズッパ・ディ・ペッシェ

アウトドアでやるBBQって、意外と具を選びますよね。網の隙間から落ちるような小魚はリリースしろ！っていう話もあるし（笑）。僕のオススメは、大きな鍋を1つ用意して、みんなで囲んでわいわい食べるブイヤベース。写真のサイズの鍋なら、10人以上の集まりでも威力を発揮します。今回はマリーナのスタッフも含めた12人くらいで食べる量を作りましたが、そのままの分量で書きます。魚以外の食材は、夏場のマリーナに持って行くため、できるだけ冷凍にしていけるものを選びました。

❖

材料
●頭つきの魚：20～25cmのメバル＆カサゴ4尾　●マダイ（これはうれしい予定外でした！）のアラ：三枚に下ろして残った骨付きの身、割った頭　●殻つきアサリ：2kg（夏場なので前日に冷凍）　●冷凍有頭エビ：ブラックタイガー（30～35というサイズ）35尾　●冷凍小ヤリイカ：12本　●タコの足：1パイ分（前日に冷凍）　●ハーブソーセージ：1kg（約30本、前日に冷凍）　●グリーンアスパラ：7～8本　●オリーブオイル：使う鍋の底ひたひたになる量（今回は約250cc）　●白ワイン：約500cc　●赤唐辛子：3～4本　●ニンニク：5～6片をスライス　●ハーブ：ローズマリーなどを適宜　●ターメリック：お好みで小さじ3杯程度　●水：約2L

作り方
・素材の水分だけで煮るイタリアの魚料理、アクアパッツアのようにオーブンを使うわけにはいかないので、煮込んで作ります。よって白ワインの助けを借りましょう。あとは具が味を出してくれます。
・下ごしらえとして、マダイのアラを用意しておきます。そのまま入れると生臭いので、必ずザルにでも入れ、熱湯をかけておいてください。エビの下ごしらえは左記参照。
・まずは、鍋の底ひたひたの量のオリーブオイルを入れ、スライスしたニンニク、赤唐辛子（折って種を除いたもの。辛いのが好きなら種ごとでも可）を入れ、火を点けます。少し遅れてハーブも加えます（①）。
・オイルでニンニクがシュワーっと音を立て始め、キツネ色になりかけたら、アサリを一気に入れちゃいます。そして、アサリにかぶるぐらいの量の白ワインを入れます（②）。
・アサリが開いたら、マダイのアラ、そして水を適量入れます（③）。
・あとはワイルドにいきましょう。鍋の中味が沸いたら、魚、エビ、イカ、タコの足、ソーセージと入れます。順番はあまり気にしないでも大丈夫。アスパラだけ最後に（④）。
・すべてが煮えたら塩をします。素材から塩気が出るので、最後にしましょう。そしてターメリックで香りと色をつけて、さあ出来上がり！（⑤）
・この大きさのアルミ鍋でも、市販のカセットガスコンロ1つでOKです。風が強い場合は、なにかで風を避けてくださいね。

マダイのカルパッチョ
ペッシェ・クルデ・マオラータ

いや、今回は驚きのマダイが登場しましたが、じつはカルパッチョの用意はしてなかったっす（笑）。美人の笑顔が一番のエサなのかなあ？　釣れたとき「うわー、刺身で食いてー！」って彼らが叫んでたので、簡単カルパッチョを作りました。ちょっと乱暴な作り方ですが、評判は上々！　アウトドアの醍醐味かな？

❖

材料
●マダイの切り身：三枚に下ろし、皮を取り、薄切りにしたもの　●プチトマト：数個　●バジルの葉：適宜　●レモン：適宜　●塩：適宜　●ニンニク：刻んだもの適宜　●ハーブ：イタリアンパセリなどを適宜

作り方
・皿にスライスしたマダイの身を並べます。
・ボウルなどがなかったので、切り身の上に直接塩を振り、刻んだニンニクを塗りつけ、レモンをかけます。
・最後にオリーブオイルを回しかけして出来上がりです。
・イタリアンパセリを飾り、彩りをつけましょう。

今月のメニュー

ズッパ・ディ・ペッシ・エ・レグミ・サルサ・クレマ

鮮魚とブロッコリーのクリームシチュー

インサラタ・デイ・ペッシ・コン・フロマジオ・ミヤ・カーサ

我が家風チーズと魚のサラダ

伊藤 覚＝文・料理　二見勇治＝写真

今回の釣行では、良い型のイナダが釣れました。ワラサ級よりは脂が少ないですが、
逆にいろいろなソースでバリエーションがつけられる素材じゃないでしょうか。
刺身や照り焼きだけでは食べきれない……と思ったら、こんなレシピに挑戦してみてください。サバやカツオも大物なら刺身、
それ以下なら粉を付けて焼く、というように臨機応変にいけば、釣果を無駄なく美味しくいただくことができますよ。

今月のワンポイント！

自家製カッテージ風チーズの作り方

牛乳とお酢だけで簡単に作れるカッテージ“風”チーズです。10分足らずでできるし、軽いコクで、チーズが苦手な人もオカラ感覚で食べられるよ！

＊

❶フライパンではない、ちょっと厚めの鍋を使ってください。
❷鍋に牛乳250ccとお酢（穀物酢でOK）大さじ1杯半を入れ、弱火で煮ていきます。

❸フツフツしたきたら、泡立て器でカシャカシャかき回しましょう。しばらくすると、こんな感じでだんだん分離してきます。

❹軟らかいオカラ状になったら（7〜8分かかりますよ）、キッチンペーパーやふきんに移します。写真のようなコーヒーフィルターでも代用できます。なにごとも臨機応変にね

❺ぎゅーっと搾って（紙の場合は破れるから優しくね）、水気を切りましょう。

❻出来上がりは、右の写真のとおり、まさにカッテージチーズ。ブルガリアの家庭ではよく作って食べる一品だそうです。

インサラタ・ディ・ペッシ・コン・フロマジオ・ミヤ・カーサ

我が家風チーズと魚のサラダ

生野菜サラダにいろいろ載せるのが流行ってますよね、温泉タマゴとかカリカリベーコンとか。でも、なにもない！っていうときに、牛乳とお酢があればできる自家製カッテージ風チーズがお勧め。揚げた魚に爽やかなバルサミコ、そして味を主張しないカッテージ風チーズ。いい相性ですよ。

材料（2人前くらいの大皿サラダ）
●イナダ、サバ、ソウダガツオ：各2〜3切れ　●サニーレタスとレタス：適宜　●彩り野菜：ブロッコリー（下茹でする）、トレビス、トマトなど適宜　●バージンオイル、バルサミコ（黒酢）：大さじ2〜3杯　●塩：適宜　●小麦粉（ザルでふるったもの）：大さじ3杯くらい

作り方
・切り身に軽く塩をして（❶）、ふるった小麦粉を付け、軽くはたきます。
・フライパンに切り身がヒタヒタになるぐらいのオリーブオイルを入れ、軽い焦げ目が付くぐらい焼きます（❷）。
・皿に生野菜を敷き、ブロッコリー、トレビス、トマトを飾ります。
・その上から塩、バルサミコを振り、バージンオイルを回しがけします（❸）。
・焼いた魚をサラダの上に並べ、カッテージ風チーズ（作り方は左記）をたっぷり載せます（❹）。白い色が新鮮でしょ？ 冬の雪をイメージしてるんですよ！

ズッパ・ディ・ペッシ・エ・レグミ・サルサ・クレマ

鮮魚とブロッコリーのクリームシチュー

季節は寒い冬。となれば魚と野菜のクリームスープ煮なんてどうでしょ？ 熱々で身も心もほっこり温まりますよ。コンソメベースのスープに生クリームを加えるだけの、手軽に作れるクリームスープです。雪をイメージさせる白に、彩りの野菜はイタリア国旗の色、緑のブロッコリーや赤のパプリカをぜひ入れたいですね。

材料（2人前）
●イナダ、サバ、ソウダガツオ：切り身にして適宜　●タマネギ：中1/2個　●生クリーム（植物性は不可。濃度30％以上のもの）：120cc　●ブロッコリー：熱湯で1分下茹でしたもの2〜3片　●赤パプリカ：1/4個　●水、塩、コンソメパウダー、オリーブオイル：適宜

作り方
・イナダ、ソウダガツオ、サバを三枚に下ろし、適当な大きさの切り身にして軽く塩をします。
・フライパンにオリーブオイルを入れ、切り身を素焼きにします（❶）。
・別の鍋で、スライスしたタマネギをオリーブオイルでソテーします。タマネギもひとつの具なので、食感がなくなるほど薄くスライスしないでください。
・タマネギが透き通ってきたら、水か湯を500ccほど入れます（❷）。
・ひと煮立ちしたら、焼いた魚をそおっと入れます（❸）。コンソメパウダーを小さじ2杯ほど入れ、野菜も加えて、崩れないよう弱火で煮ましょう。
・フツフツと煮立ったら、生クリームを120cc入れます（❹）。
・生クリームの生臭さを取るため、弱火のまま一度沸騰させましょう。最後に塩をして味を整えて、出来上がりです。

Ampresso（アンプレッソ）
東京都文京区春日1-11-14
TEL：03（3816）4788　FAX：03（3811）2377
E-mail：ciao@gozzo.com
HP：http://www.gozzo.com/ciao/
営業時間
火〜土12時〜14時、18時〜22時 日祝18時〜22時（月曜定休）

伊藤　覚（いとう・さとる）
東京都文京区出身。立教大学在学中よりバンド活動に専念、卒業後1年で音楽の道をあきらめ、イタリアの洋服雑貨を扱う輸入アパレル会社に転身。イタリア料理屋を食べ歩き、こんな店があったらなあ……と思い料理人に転身、帝国ホテルに入る。その後イタリア料理店「テネドール」「リコルド」で学び、「アンプレッソ」をオープン。趣味は音楽、釣り、船、ゴルフ、テニス、女（うそうそ）。海ばかり行ってたため現在独身……うう……

今月のメニュー

タリアテレ・アッラ・スコルファーノ・サルサ・ポモドロ
尺カサゴのタリアテレ　春野菜入りトマトソースがけ

インサラタ・ディ・ハギベッラ・コン・パンチェッタ
カワハギとベラの唐揚げのせ　ほろ苦クレソンサラダ

伊藤 覚＝文・料理　酒井高夫＝写真　田上亜美子＝コーディネート

イタリアでは、釣りたての新鮮な魚も刺身では食べません。

白身のカサゴ(スコルファーノといいます)でさえ、尾頭付きを炭火で焼いて、オイルをかけ、岩塩を振り、レモンを絞ってという料理になってしまいます。

お刺身に合うソースって、醤油ばかりで食べる日本より、よっぽどイタリアのほうが種類があるのに……。

それはまた別の機会に紹介するとして、今回は香り高いオリーブオイルで低温から煮るように揚げ、春の野菜たちと合わせてみました。

今月のワンポイント！

パスタ茹でおきのワザ

今回は、熱い揚げたての魚をのせたサラダと、冷めたら台なしのパスタです。茹でたてでパスタを出すのは難しいタイミングってありますよね。そういうときは、茹でたあとに冷やして伸びを止め、もう一度熱湯をくぐらせるとパスタは生き返ります。10分くらいなら大丈夫です。この方法では、できればスパゲティよりもタリアテレとかペンネといった強いパスタを選ぶことを勧めます。

＊

❶通常の茹で時間より1分くらい早めにあげます。

❷水道水で流し、粗熱を取ります。ここで、できれば氷水に漬けてください。冬場なら水道水でOKです。

❸パスタが冷えたら、いつまでも水に漬けておかないで、手早くザルに取ります。

❹よく水気を切ったらボウルに移し、オリーブオイルを1人前30～50ccかけ、手でやさしく混ぜます。これを親方に習ったとき、赤ちゃんの髪を洗うようにやさしくやるんだぞ！って言われました。

❺よく和えたら、ラップして空気に触れないようにしてください（乾燥させないということ）。10分以内を目安に使いましょう。

❻使うときは、グラグラ熱湯の沸くお鍋に10～20秒入れて再加熱してください。

インサラタ・ディ・ハギベッラ・コン・パンチェッタ
カワハギとベラの唐揚げのせ ほろ苦クレソンサラダ

さあ今回の準主役、僕にとっては初めての食材、ベラです。恐る恐るおろすと、意外と簡単に骨離れしました。感触的にはクラカケトラギス君みたいです。皮を引くとなんの魚かわからないきれいな白身になりました。食べた感想は……同じく揚げたカサゴとくらべても、身の上品な柔らかさでは、ベラの勝ちかも！（笑）

材料

●ベラ、カワハギなど：切り身2～4枚　●クレソン：3束
●パンチェッタ（なければベーコンで代用）：適宜
●松の実（なくても可）：適宜　●レモン：1切れ
●バージンオイル、塩、粉チーズ：適宜

作り方

・ドレッシング兼用になるので、フライパンにバージンオイルを約50cc入れ、パンチェッタ（塩漬けした豚バラ肉を乾燥させたもの）またはベーコンを炒めます。

・ベーコンを炒めたら松の実を入れます（これでコクが出ます）。ここで火を止めます。松の実は焦げやすいので、余熱で十分キツネ色になります（❶）。

・クレソンをワイルドにお皿に盛りつけ、塩を振ります。そこに炒めたベーコン、松の実とフライパンのオイル全部を、熱いうちに一気にかけます（❷）。

・唐揚げにしたベラとカワハギをのせます。

・もう塩気を加えないので、粉チーズを多めに削りかけます（❸）。

・レモンを絞って出来上がり。プチトマトなんか飾ると、赤いアクセントできれいですよ。

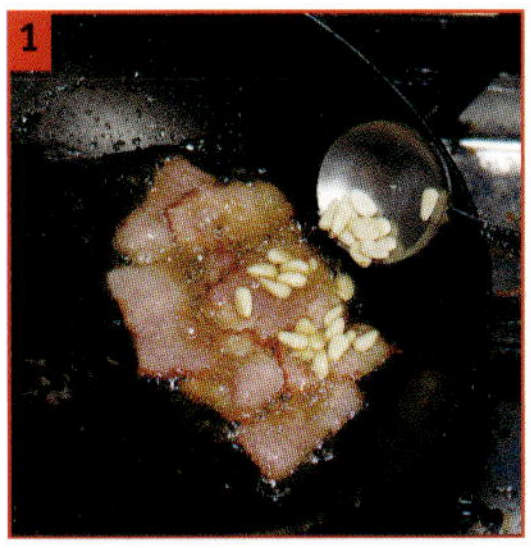

タリアテレ・アッラ・スコルファーノ・サルサ・ポモドロ
尺カサゴのタリアテレ 春野菜入りトマトソースがけ

街も野菜も色づく季節。ワクワクする季節は目でもおいしさがわかりますよね。ホクホクの揚げたてのカサゴの白身を引き立たせる野菜は、菜の花を思わせる黄色のパプリカ、旬を迎えるグリーンアスパラ、トマトとの相性抜群のズッキーニです。そしてこれらを合わせたトマトソースをのせるパスタには、スパゲティより幅の広いタリアテレを選びました。

材料（2人前）

●尺カサゴ：1尾（半身を2枚に切って1人前にします）
●タマネギ：中1/4個　●トマトホール缶：400gのもの1缶
●ズッキーニ：10cm　●黄色ピーマン：中1/2個
●アスパラ：4本　●塩、オリーブオイル：適宜

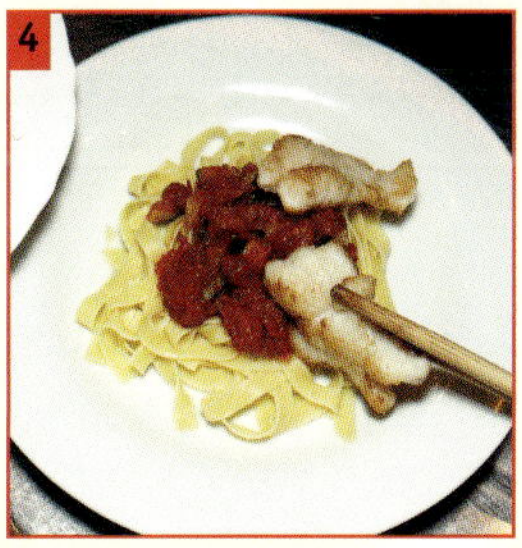

作り方

・まずトマトソースを作ります。鍋に約50ccのオリーブオイルを入れ、薄くスライスしたタマネギを加えて弱火で炒めます。20分弱でキツネ色になったらトマトホール缶を入れ、コトコト煮詰めます（❶）。アクは取りません。出来上がりの色が悪くなるからです。房が潰れて、量が3分の2くらいになったら出来上がりです。

・ズッキーニ、黄色ピーマンアスパラ（塩茹でしておきます）を同じくらいの大きさに切って、50ccぐらいのオリーブオイルで炒めます（❷）。このとき軽く塩を振ります。

・野菜を炒めたところにトマトソースを入れます。1人前150ccくらいが目安です。

・軽く塩コショウをしたカサゴの身を、オリーブオイルで揚げます。オイルが熱くなる前に魚を入れましょう。（❸）。

・魚がキツネ色になったら、紙の上に置いて油を切ります。

・タリアテレを茹で、茹で汁をよく切ってから皿に盛りつけます。

・野菜の入ったトマトソースを煮立たせたらタリアテレにかけ、揚げたカサゴをのせ、粉チーズを振って出来上がり（❹）。

・トマトソースと和えないので、パスタ同士がくっつきます。それを防ぐためにバージンオイルをパスタに回しがけする細やかさを忘れずにね。

Ampresso（アンプレッソ）

東京都文京区春日1-11-14
TEL：03（3816）4788　FAX：03（3811）2377
E-mail：ciao@gozzo.com
HP：http://www.gozzo.com/ciao/
営業時間
火～土12時～14時、18時～22時 日祝18時～22時（月曜定休）

伊藤　覚（いとう・さとる）

東京都文京区出身。立教大学在学中よりバンド活動に専念、卒業後1年で音楽の道をあきらめ、イタリアの洋服雑貨を扱う輸入アパレル会社に転身。イタリア料理屋を食べ歩き、こんな店があったらなあ……と思い料理人に転身、帝国ホテルに入る。その後イタリア料理店「テネドール」「リコルド」で学び、「アンプレッソ」をオープン。趣味は音楽、釣り、船、ゴルフ、テニス、女（うそうそ）。海ばかり行ってたため現在独身……うう……

今月のメニュー

ズッパ・ディ・ペッシェ・アラ・パンナ
アマダイの枝豆クリームスープ煮

インサラタ・ディ・ペッシェ・エ・ズッキーニ
トラギスとオキメバル ズッキーニの温サラダ

伊藤 覚＝文・料理　二見勇治＝写真　田上亜美子＝コーディネート

煮る、焼くという調理法はみなさん日常的にやってますよね。

でも料理本で“白ワインで蒸す”と書かれていると、ちょっと引いてしまいませんか？

蒸し器ないしなあ、なんて思ってしまいますよね。でも、僕がイタリアのレストランの厨房で見せてもらった蒸し方は、なるほどね！

と感動するものでした。高価な器具なんてなくても、工夫すれば立派な料理ができるんだなって。

いつも僕が人に料理を教えるときに言います。臨機応変にねって。

今月のワンポイント！

バルサミコ・ドレッシングの作り方

バルサミコ酢は、赤ワインで作ったイタリアのお酢。これをベースにしたドレッシングは、その刺激的な酸味が暑い夏にピッタリです。作り方は超カンタン。そのへんにあるペットボトルに材料を入れて振るだけ。この方法、ほかのドレッシング作りにも活用しましょう。ペットボトルは、横がデコボコになってるものなら最適、メジャー代わりになるのです！

＊

❶バルサミコ酢にはいろいろな種類がありますが、安いもので構いません。まずはこれを60ccほどペットボトルに入れます。

❷次にバージンオリーブオイルを300cc入れます。
❸塩を大さじすりきり3～4杯、コショウを少々入れます。写真のように紙で漏斗を作ると簡単に入れられます。

❹ペットボトルの蓋をしっかりと閉め、上下に振ります。これで出来上がりです。使うときにサッサと振ればすぐ混ざるので、手も汚れずとても便利ですよ。

❺酸味、塩気をお好みで調節してください。下ろしたニンニクや乾繰ハーブなどを入れれば、なおイタリアンになります。

インサラタ・ディ・ペッシェ・エ・ズッキーニ

トラギスとオキメバル、ズッキーニの温サラダ

外道扱いされるトラギスですが、下ろしやすさ、身の大きさ、ホコホコとした食感では、意外と右に出る魚はいないのでは？ 今回の料理では、オキメバルと区別がつかないほどでした（笑）。こちらも旬の野菜、ズッキーニ、アスパラを使いましたが、きれいに焦げ、しかも水気を失わない便利な野菜です。食欲をそそる焼き目をつけるのがポイントです。

材料

●オキメバル：25cmぐらいのもの半身　●クラカケトラギス：20cmぐらいのもの半身　●ズッキーニ：厚さ4～5mmにスライスしたもの4～5枚　●グリーンアスパラ：2本　●トマト：中半分を4～6枚に薄切り　●オリーブオイル、塩：適宜

作り方

・ウネの付いたステーキ用の鉄板にオイルを塗り、ズッキーニとアスパラを焼きます。焼き目をきれいにつけましょう。鉄板がなければ、先に野菜にオイルを塗って網で焼いてもOK（❶）。

・メバル、トラギスを三枚に下ろし、適当な大きさに切って塩をし、オリーブオイルで焦げ色がつくまでていねいに焼きます（❷）。

・お皿（できれば白）にスライスしたトマトを並べ、焼いた野菜を置きます。その上にソテーした魚を並べます（❸）。

・左のバルサミコ・ドレッシングをかけて完成です。

ズッパ・ディ・ペッシェ・アラ・パンナ

アマダイの枝豆クリームスープ煮

アマダイを前にしていつも悩みます。こういうデリケートというか、身の柔らかいほっこりとした食感の魚って、イタリアではあまりお目にかかりません。そこで今回は、旬の野菜で身近にあるもの、そう枝豆を使ってみました。色合いも生クリームの白、枝豆の薄緑、アマダイの品の良い赤、とちょっとしゃれたイタリア国旗の色を演出してみました。

材料

●アマダイ：30cmぐらいのもの1尾　●枝豆：さや付きで220g　●アマダイのダシ汁（フォン）：70cc　●生クリーム（動物性）：90cc　●白ワイン、塩：適宜

作り方

・アマダイを三枚に下ろしたら、頭、背骨、腹骨を分けて、熱湯をくぐらせて生臭さを取ります。

・そのアラを水を入れた鍋に入れ、煮立たせないように弱火で煮ます（❶）。20～30分煮てから目の細かいザルで漉せば、フォン（魚のだし汁）の出来上がり。

・7～8分ぐらい（通常より2分くらい長く）茹でた枝豆をさやから取り出して、ミキサーに入れます。70ccほどのフォンを加えてミキサーを回します（❷）。ドロドロ状になればOK。

・ミキサーの中味をザルに移し、ヘラで潰すように漉します（❸）。漉し器やシノワがなくても、網目の細かいザルで代用できますよ。

・ザルで漉したものを鍋に移し、フォンを50ccぐらい入れます。そこに生クリームを約90cc加え、煮立たせないように弱火で熱し、塩をして味を整えます。

・これがイタリアで見た白ワイン蒸し法。鍋に白ワインを1～2cm入れ、金属製のボウルを浮かせ、そこにアマダイの切り身を入れるわけです（❹）。これで蓋をして、軽く煮立たせて火が通れば出来上がりです。僕はマダイやヒラメもこの方法で蒸してます。

・蒸し上がったアマダイをスープの鍋にそうっと入れ、軽く煮ます。こってり系ソースがお好きなら、バターを大さじ1杯入れます。

Ampresso（アンプレッソ）

東京都文京区春日1-11-14
TEL：03（3816）4788　FAX：03（3811）2377
E-mail：ciao@gozzo.com
HP：http://www.gozzo.com/ciao/
営業時間
平日12時～14時、18時～22時　日祝18時～22時（水曜定休）

伊藤　覚（いとう・さとる）

東京都文京区出身。立教大学在学中よりバンド活動に専念、卒業後1年で音楽の道をあきらめ、イタリアの洋服雑貨を扱う輸入アパレル会社に転身。イタリア料理屋を食べ歩き、こんな店があったらなあ……と思い料理人に転身、帝国ホテルに入る。その後イタリア料理店「テネドール」「リコルド」で学び、「アンプレッソ」をオープン。趣味は音楽、釣り、船、ゴルフ、テニス、女（うそうそ）。海ばかり行ってたため現在独身……うう……

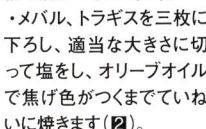

今月のメニュー

ズゴンブリ・エ・フンギ・アルフォルノ・コン・ポモドーロ

サバとキノコのソテー初秋風

ズゴンブリ・イン・アグロドルチェ・コン・モッツアレラ

シメサバ・イタリア風

伊藤 覚＝文・料理　宮崎克彦(本誌)＝写真　田上亜美子＝コーディネート

新鮮であれば生でも食べられますが、酢で締めれば保存食にもなる。焼くのも一般的で、粉を付けて揚げてもおいしい。

和風でも洋風でも、煮ればこれまたおいしい。しかも比較的釣りやすいし、数も出る……。

こう考えてみると、サバってオールマイティーだよね。でも遊漁船の船宿の看板に“サバ専門”っていうのを見かけないところが不思議ですよね！

今回は、この地位に恵まれないサバ君の料理です。

今月のワンポイント！

キノコのソッフリットの作り方

これは、ひとことでいえばキノコのソテーのことです。家庭でシイタケやシメジ、マイタケを切って炒めると、苦味や水分が出て、しんなりしてしまいますよね。僕たち料理人は、キノコのほかにもタマネギやセロリ、ニンジンを水気を飛ばすように火を入れてバットで冷やしておき、肉料理や魚料理の付け合わせ、スープやパスタの具、味が足りないときのお助け役にしています。これをソッフリットといいます。元来はそのまま味付けをして出すものではないのですが、キノコのソッフリットはおいしいので、つまみ食いのために作ったりします（笑）。ビールの肴に最適ですよ。

＊

❶シイタケ、シメジを切り分け、オーブン皿に均等に並べ、オリーブオイルを回しがけします。

❷これをオーブンに入れて、カリカリになるまで焦がします。オーブントースターでもできます。目安は220度で12〜15分。

❸ソッフリットはこれで出来上がりなのですが、このまま食べる場合はボウルなどに移し、塩をして味を整えます。ニンニク風味が好きな人は、ニンニク香りオイル（オイルを入れたフライパンでニンニクを丸ごと加熱し、キツネ色になったら取り出して冷ましたもの）を和えましょう。

ズゴンブリ・イン・アグロドルチェ・コン・モッツアレラ
シメサバ・イタリア風

傷みやすいサバは、船上でおろして塩に漬けておき、家に持ち帰ってから酢に漬ければ、美味しいシメサバが出来上がります。また濃い塩水に浸し、船上で干して干物をつくるのもいいですね。ぜひ船に粗塩を載せておいてください。今回のシメサバはイタリア風サラダ仕立てにしたいので、酢はイタリアの赤ワインからつくったバルサミコを使います。

材料（2皿分）

●サバ：40cmくらいのもの半身　●粗塩：バットのなかでサバの身を埋められる量　●トマト：中1個を櫛形に切る　●バジルの葉：5〜6枚　●モッツアレラ・ディ・バッカ（水牛の生チーズ。水に浮かして売っている）　●バルサミコ、バージンオイル：適宜

作り方

・サバを三枚におろして骨をていねいに抜きます。

・サバの身を粗塩に完璧に埋めて置きます。3〜4時間が理想ですが、新鮮なサバであれば1時間半くらいでいいと思います（❶）。

・塩から出して普通は酢水で洗いますが、今回はバルサミコの香りと味で食べたいので、水道水でさっと洗いました（❷）。

・サバの身をバットに入れて、浸るくらいのバルサミコを注ぎます（❸）。

・まるで豆腐のような水牛の生チーズ、モッツアレラチーズを使います。コクはあるけど味がないので、いろいろな料理に使えますよ。真っ白なので、赤いトマトと緑のバジルの葉と合わせれば、イタリア料理の盛り付けの基本です（❹）。

・サバ、モッツアレラ、トマト、バジルを順番に並べたら、仕上げにバージンオイルを回しがけします。こうすると、季節によっては脂のないサバでもおいしく食べられますよ。

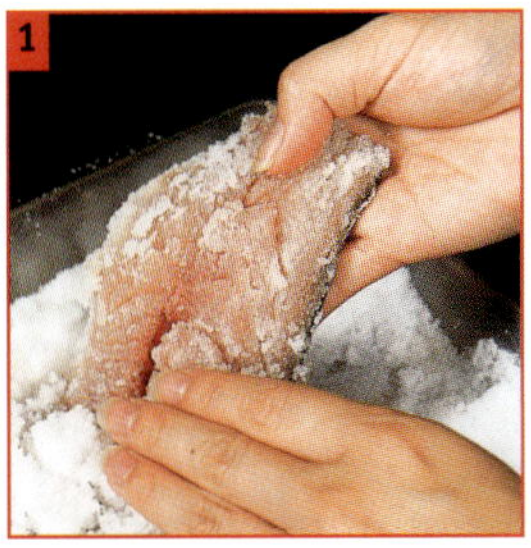
1

2

3

4

ズゴンブリ・エ・フンギ・アルフォルノ・コン・ポモドーロ
サバとキノコのソテー初秋風

サバは、サバ寿司などさっぱりと食べられる旬が5月。それから今年生まれのエンピツサバと呼ばれる小サバが、夏を越えて秋から冬にかけて脂を持ち、再び旬を迎えます。そうなると焼いて脂が染み出てくる食べ方がいいですよね！　今回は、秋の味覚のキノコと爽やかな酸味のトマトにサバのソテーを重ね、溶かしバターソースで3つの味をつないでみました。

材料（2皿分）

●サバ：40cmくらいのものを三枚におろす　●キノコのソッフリット：左のワンポイント参照　●トマト：中1個を1cm厚に輪切り　●有塩バター：大さじ1〜2　●塩：適宜

1

2

3

4

作り方

・三枚におろした半身を3〜4つにカット。バターソースを使うため脂気が抜けてもよいので、粉を付けずに軽く塩をしただけでオリーブオイルで素焼きにします（❶）。焦げ目をきれいに見せたいのなら、オーブンに入れましょう。200度で3分くらいです。

・別のフライパンで輪切りにしたトマトを焼きます。焦げ目がついたら、そっとフライ返しでひっくり返し、軽く塩をします（❷）。崩れやすいので、片面が焦げたら返す感じで素早くね。

・軽く塩をしたキノコのソッフリットをお皿に撒いたら、トマトをそっと置き、焼きたてのサバを載せます（❸）。

・鍋にバターを大さじ1〜2杯入れて溶かします。あまり急いで熱すると分離してしまうので、火から10cmくらい鍋を離し、円を描きながらゆっくり回して溶かします。バターの塩味がありますが、お好みで塩を入れてください。最後にパセリのみじん切りを加えます。

・サバのお皿にバターソースを回しがけしましょう（❹）。その際、かける寸前にレモン汁を小さじ半分くらい入れると、塩分が引き立ちます。

Ampresso（アンプレッソ）

東京都文京区春日1-11-14
TEL：03（3816）4788　FAX：03（3811）2377
E-mail：ciao@gozzo.com
HP：http://www.gozzo.com/ciao/
営業時間
火〜土12時〜14時、18時〜22時 日祝18時〜22時（月曜定休）

伊藤　覚（いとう・さとる）

東京都文京区出身。立教大学在学中よりバンド活動に専念、卒業後1年で音楽の道をあきらめ、イタリアの洋服雑貨を扱う輸入アパレル会社に転身。イタリア料理屋を食べ歩き、こんな店があったらなあ……と思い料理人に転身、帝国ホテルに入る。その後イタリア料理店「テネドール」「リコルド」で学び、「アンプレッソ」をオープン。趣味は音楽、釣り、船、ゴルフ、テニス、女（うそうそ）。海ばかり行ってたため現在独身……うう……

今月のメニュー

リゾ・コン・オラータ・エ・レグミ
マダイと彩り野菜の炊き込みご飯

フリッタータ・ディ・ボニート・コン・インサラタ
ソウダガツオのフリット ルッコラのサラダ仕立て

[文・料理]伊藤 覚 [写真]宮崎克彦(本誌) [コーディネート]田上亜美子

イタリアではお米のことをRISOといい、10世紀から食べられているパスタと同格の食材です。

でも炊飯器って見た記憶がないんですよね(笑)。お米を白いご飯としておかずとともに食べないからだと思います。

僕ら料理人は、フライパンや鍋で米を煮てガス台の脇に置いて蒸らすのを“上で炊く”、
同じく鍋で煮てフタをしてオーブンに入れるのを“下で炊く”といいます。

今回は、家庭でも作りやすい、炊飯器を使った炊き込みご飯を考えてみました。

今月のワンポイント！

殻付きカキのパン粉焼き

寒い冬のおいしい食材のひとつがカキ。生でも焼いてもおいしいよね！ 僕のオススメは、殻を使ったパン粉焼き。パン粉の焦げた香りが食欲をそそります。市販のパン粉でもいいのですが、ちょっと凝りたい人は、自家製パン粉を作ってみてください。フランスパンの切れ端をカチカチになるまで3〜4日そのへんに放置しておいて、それをオロシガネで削ると、細かいアワ粒状の塩気のある焦げた色のパン粉ができます。ヨーロッパのパン粉を使った料理は、これで作るんだよ。

＊

❶ボウルにパン粉90cc、おろしニンニク小さじ1/2、粉チーズ大さじ1、オリーブオイル大さじ3〜4、乾燥バジル小さじ1、塩小さじ1/4を入れ、手でよく混ぜます。

❷カキの殻に身を入れ、レモン汁とバージンオイルを同量入れます。好みですが、各大さじ1杯弱くらいです。

❸その上にパン粉をたっぷり乗せて、オーブンで焼きます。

❹220度で4分半〜5分（カキの大きさによって）で焼き上がります。パン粉がほどよく焦げていればOK！ パセリを飾るときれい。

フリッタータ・ディ・ボニート・コン・インサラタ
ソウダガツオのフリット ルッコラのサラダ仕立て

小ぶりのソウダガツオは脂が少ないので、オイルで揚げて補いましょう。イタリア料理ではおなじみ、軽い苦味とゴマの香りでさっぱり味のルッコラは、フリッターとの相性がよいようです。この葉の形って、先がとがっていてロケットみたいでしょう？ そう、ルッコラはロケットという意味のイタリア語なんです！

材料（1皿分）

●ソウダガツオ：半身 ●小麦粉：適宜 ●揚げオイル（オリーブオイルとサラダオイル半々）：適宜 ●ルッコラ：適宜 ●プチトマト：5〜6個を半割り ［ドレッシング用］●マヨネーズ：大さじ2 ●生クリーム：大さじ2 ●バージンオリーブオイル：大さじ2 ●粉チーズ：小さじ山盛り1 ●塩：適宜

作り方

・まずドレッシングを作ります。ボウルに塩以外の材料をすべて入れ、泡立て器でよく混ぜます。味をみながら塩を入れます（❶）。

・一口で食べやすい大きさに切ったソウダガツオの身に塩をして、小麦粉をまぶし、余分な粉を叩き、160度ぐらいの油に入れて揚げましょう。揚げながら温度が上がってくるのでカリッと揚がります。魚介類はいきなり高温の油に入れるのはNGです（素材のなかに火が入る前に焦げたり、油が酸化してベトついてしまいます）。

・ソウダの身がキツネ色になったらOKです（❷）。キッチンペーパーなどに置いて余分な油を吸わせ、カリッと仕上げます

・白い大きめのお皿にルッコラを置き、揚げたソウダを並べ、まわりにプチトマトを飾ります（❸）。

・ドレッシングをかけて出来上がり。スプーンで回しがけしてもいいのですが、容器や絞り器を使って網の目のようにするときれいかな。

リゾ・コン・オラータ・エ・レグミ
マダイと彩り野菜の炊き込みご飯

ここでは炊飯器を使って日本の鯛めしのような作り方をしてみましたが、イタリアなら、マダイのアラでヒュメ（魚介系のダシ汁）を取り、それで米を煮て、マダイの身を和える、というリゾットの作り方になるでしょう。さと丸式のほうが簡単だよ。今度、イタリアに炊飯器売りに行ってこようかな（笑）。

材料（4人前）

●研いだ米：2合 ●タマネギ：中1/2個
●赤、黄パプリカ、緑ピーマン：各1/4個
●バター：大さじ1 ●コンソメパウダー：大さじ2
●オリーブオイル、塩、水：適宜

作り方

・鍋かフライパンで、刻んだタマネギをオリーブオイルで炒めます。ソースを作るわけじゃないから、透明になったらOK。

・火を止めて水を入れます（❶）。米2合を炊くスープになりますから、同量の2合（360cc）が標準ですが、これから煮詰めていくので50ccくらい多目にします。

・その鍋に同じ大きさに刻んだ野菜、コンソメパウダー大さじ2杯を入れ、中火で5分ぐらい火を通したらスープの準備は完了（❷）。

・マダイはエラ、ウロコ、ハラワタを取ってオーブンなどで軽く（3分くらい）焼いておきます。

・炊飯器に研いだ米を入れ、その上にマダイを乗せ、そこに鍋で作ったスープをかけます。バター大さじ1を入れてスイッチオン！（❸）

・炊き上がったら骨と頭を外し、ご飯と身を混ぜます。味をみて足りなければ塩をして、蒸らします（❹）。

Ampresso（アンプレッソ）

東京都文京区春日1-11-14
TEL：03（3816）4788　FAX：03（3811）2377
E-mail：ciao@gozzo.com
HP：http://www.gozzo.com/ciao/
営業時間
平日12時〜14時、18時〜22時 日祝18時〜22時（水曜定休）

伊藤　覚（いとう・さとる）

東京都文京区出身。立教大学在学中よりバンド活動に専念、卒業後1年で音楽の道をあきらめ、イタリアの洋服雑貨を扱う輸入アパレル会社に転身。イタリア料理屋を食べ歩き、こんな店があったらなあ……と思い料理人に転身、帝国ホテルに入る。その後イタリア料理店「テネドール」「リコルド」で学び、「アンプレッソ」をオープン。趣味は音楽、釣り、船、ゴルフ、テニス、女（うそうそ）。海ばかり行ってたため現在独身……うう……

今月のメニュー

ペッシ・アルフォルノ・アッラ・インサラタ
カワハギ、エビ、ホタテの温サラダ仕立て

インサラタ・ディ・ペッシ・エ・パンチェッタ
カサゴとカリカリベーコンの入った温かいクレソンサラダ

[文・料理] 伊藤 覚 [写真] 宮崎克彦（本誌） [コーディネート] 田上亜美子

料理の盛り付けでは、基本的に冷たいものと温かいものとを同じお皿には載せません。

でも、そのアンバランスが、新しい味を作り出すこともあるのです。

イタリア料理には、焼きたてのカツレツにルッコラの冷たいサラダを山盛りに乗せたり、
バニラアイスに熱いエスプレッソをかけたドルチェ（デザート）があります。

口のなかでの温度差は、とても不思議な味わいをもたらしてくれます。イタリア料理って、型にはまらずとっても楽しいですよね。

今月のワンポイント！

ガーリックトースト

イタリア語ではブルスケッタ。そのままでは食べにくい、硬くなったフランスパンで作ります。ローマ時代には、戦地から国に帰った兵士を迎えるごちそうだったとか。簡単に作りたければトースターでもできますが、ちょっと手間をかけて、香り豊かなブルスケッタを作ってみませんか？

＊

❶適当な厚さに切ったフランスパンに、半分に切ったニンニクの切断面をなすり付けます。こうやってニンニクの香りをパンに移すのです。

❷フライパンにバージンオイル大さじ3を入れます。火をつけたら、オイルの温度が上がらないうちにパンを並べて入れます。
❸弱火で焼きます。温度が上がると一気に焼けますから、気を抜かないでくださいね。
❹周りがキツネ色になったら、ひっくり返します。

❺反対側も焼けたらお皿に並べ、塩、粉チーズ、刻んだパセリをかけて、出来上がり！

インサラタ・ディ・ペッシ・エ・パンチェッタ

カサゴとカリカリベーコンの入った温かいクレソンサラダ

冷やしたカサゴの刺身、カリカリに焼いたベーコン、そして野菜をボウルで和え、さらに熱いオイルを加え、そのままドレッシングにしてしまうこの料理法には不思議な食感があり、サラダとはいえ立派な一皿になります。本来はパンチェッタという生ベーコンを使いますが、手に入らなければ普通のベーコンで構いません。

材料（1皿分）

●カサゴ：身を一口大に切る　●パンチェッタまたはベーコン：3～5ミリ角に切る　●クレソン：2束　●ホワイトマッシュルーム：6～7個を1/8に切る　●プチトマト：3～4個を1/2に切る　●レモン汁：大さじ2　●バージンオイル：大さじ3～4　●塩：適宜

作り方

・バージンオイルを入れたフライパンで、パンチェッタかベーコンをカリカリになるまで焼きます。火を止めてからの余熱も考えて、火を通してください（1）。

・ボウルにクレソン、白マッシュルーム、カサゴの身を入れ、塩、レモン汁を加えたら、炒めた熱いベーコンを最後にオイルごと入れます（2）。

・手早く和えます（3）。両手で下から空気を入れるようなイメージで、ていねいに和えてください。

・お皿に盛り付けて、冷たい刺身と野菜、熱いオイルの温度差のあるうちにいただきましょう。

ペッシ・アルフォルノ・アッラ・インサラタ

カワハギ、エビ、ホタテの温サラダ仕立て

このレシピ、中華料理のように材料とソースをいっしょに炒めると簡単ですが、魚の身が崩れやすいのが難点です。そこで、焼きものは単独でゆっくり焦がし、ソースは別鍋でフランベをして味を調え、お皿に焼きものを盛り付け、最後にソースをきれいに回しかける――という手法をとると、料理の見栄えをよくできますよ。

材料（4人前）

●カワハギ：半身を一口大にカット　●有頭エビ：中3～4尾　●ボイルホタテ：小4粒　●タマネギ：1/8個をみじん切り　●ブロッコリー：3～4房（下ゆでしておく）　●アスパラガスやインゲン：2～3本　●バター：大さじ1　●白ワイン：50cc　●黒オリーブ：2～3粒　●刻みパセリ：適宜　●オリーブオイル、塩：適宜

作り方

・まずはソース作り。タマネギのみじん切りをオリーブオイルで炒め、透明になったところで白ワインを入れ、フランベします（1）。

・味をみてアルコールが飛んでいたら、刻んだ黒オリーブ、刻みパセリを入れて、ひと煮立ちさせます。塩で味を調え、バター大さじ1を入れ（2）、火を止めておきます。

・フライパンにオリーブオイルを敷き、カワハギの身、有頭エビ、ホタテ、ブロッコリー、アスパラガスやインゲンを入れ、軽く焦げ目がつくまで中火でソテーし、出来上がったら軽く塩をします（3）。

・炒めた食材をお皿にていねいに盛り付けます。さっきのソースを温めて、回しかければ完成です（4）。

Ampresso（アンプレッソ）

東京都文京区春日1-11-14
TEL：03-3816-4788　FAX：03-3811-2377
E-mail：ciao@gozzo.com
HP：http://www.gozzo.com/ciao/
営業時間
平日12～14時、18～22時　日曜・祝日18～22時（水曜定休）

伊藤　覚（いとう・さとる）

東京都文京区出身。立教大学在学中よりバンド活動に専念、卒業後1年で音楽の道をあきらめ、イタリアの洋服雑貨を扱う輸入アパレル会社に転身。イタリア料理店を食べ歩き、こんな店があったらなあ……と思い料理人に転身、帝国ホテルに入る。その後イタリア料理店「テネドール」「リコルド」で学び、「アンプレッソ」をオープン。趣味は音楽、釣り、船、ゴルフ、テニス、女（うそうそ）。海ばかり行ってたため現在独身……うう……

今月のメニュー

シマボニート・イン・バゲット・サルサ・アイオリ
シマガツオのフライのサンドイッチ アイオリソース

ペッシェ・クルデ・コン・サルサアリオーリオ
アジのカルパッチョ ガーリックオイルがけ

［文・料理］伊藤 覚［写真］宮崎克彦（本誌）［コーディネート］田上亜美子

シマガツオ――深海魚のような硬いウロコというか皮膚で、目はビー玉状。

小魚をパクリと食べるらしく、口は大きく歯は鋭い。

こんな魚食べられるのかな？ と思わせる怖い顔。釣行をともにした剛君の言うことには、
子どものころに親父が釣ってきて家族で食べたけど結構美味でしたよ、とのこと。

その言葉に勇気づけられて、料理を考えました。しかしシマガツオ、通称エチオピア君が月刊誌の料理ページにカラーで主役として載るなんて！

そんなことしたの、きっと僕が初めての料理人だと思います（汗）。

今月のワンポイント！

アイオリソース

マヨネーズ系のオイリーなソースをベースに、ガーリックなどで味付けをしたのがアイオリソース。マヨネーズは市販のものでもいいのですが、時間があれば、ぜひバージンオイルで作った自家製マヨネーズを使ってみてくださいね。その作り方は、01年3月号のこのコーナーで紹介しました！（って古い話で恐縮です）。今回は、サンドイッチに入れるので粒マスタードをプラスしてみました。

＊

❶ボウルにマヨネーズ大さじ4、白ワイン大さじ1/2、レモン汁小さじ1/4、ニンニクのアッシェまたはおろしニンニク小さじ1/4を入れ、泡立て器で攪拌します。

❷ねっとりしてきたらOKです。ある程度濃度がほしいので、白ワインとレモン汁の量は攪拌しながら調節してください。あまりサラサラだとサンドイッチには適しません。

❸そこに塩小さじ1/2、粒マスタード大さじ1を入れ、よく混ぜましょう。ここでも味と濃度を確かめながら、量を調節してください。

ペッシェ・クルデ・コン・サルサアリオーリオ

アジのカルパッチョ ガーリックオイルがけ

さすがの僕も、シマガツオの顔を見てるとカルパッチョで食べるのは遠慮したくなったので、こちらには朝一で釣れたマアジを使うことにしました。和えるドレッシングやソースにはいろいろなパターンがありますが、今回はサンドイッチが熱々ではないので、温かいソースのカルパッチョを作ってみました。

材料（1皿分）

●タタキサイズのアジ：2尾　●ニンニク：1片　●赤唐辛子：小1片　●バージンオイル：60cc　●プチトマト：2個　●ルッコラ（ロケット）の葉：7～8枚　●塩、粉チーズ：適宜

作り方

・アジは普通に三枚におろし、中骨を取って1尾で4枚の切り身にします。オイルをかけるため、やや深い大きめのお皿に丸く身を並べます（①）。ここで塩を振ります。お好みで黒コショウも。

・フライパンまたはアルミ鍋にバージンオイル、ニンニクのスライス、赤唐辛子を入れ、火を点けます。ニンニクのスライスは薄いと油温が上がる前に焦げてしまうので、少々厚めの2ミリくらいにしましょう（②）。

・オイルの温度が上がると、ニンニクがシュワーっと音を立て始めます。キツネ色になりかけたら火から外し、ゆっくりとお皿のアジに回しかけします（③）。

・1/4にカットしたプチトマトを彩りよく並べ、ルッコラの葉を飾り、粉チーズをかけて出来上がりです。

・このカルパッチョは、香り高いオイルが温かいうちに食べることが肝心です。ルッコラがオイルの熱でしなしなになる前に食べてもらいましょう。

シマボニート・イン・バゲット・サルサ・アイオリ

シマガツオのフライの サンドイッチ　アイオリソース

シマガツオをおろすのは初めてでしたが、小骨も少なく、身が厚くて食べでがありそうです。身に触った瞬間、シイラを思い出しました。そう、マックのフィレオフィッシュの初期の素材は、ハワイで獲れたシイラ（マヒマヒ）。というわけで、フリッターにしてバゲットにはさむサンドイッチをイメージしました。

材料

●シマガツオ：半身の1/2　●バゲット：20センチくらい　●レタス：2～3枚　●トマト：薄切り2～3枚　●ハードタイプのモッツアレラチーズ：2切れ　●塩、コショウ、小麦粉、バター、パン粉：適宜　●卵：1個　●揚げ油：サラダオイルとオリーブオイル半々で適宜　●アイオリソース（左記参照）：適宜

作り方

・適当な大きさに切ったシマガツオの切り身に軽く塩、コショウをします。

・通常のフリッターと同じように、切り身に小麦粉、溶き卵、パン粉をつけ、オリーブオイルとサラダオイル半々の油で揚げます（①）。火が通りやすいので、油温が上がりすぎないうちに入れてください。パン粉は、できれば固くなったバゲットをオロシガネで削った細かいパン粉にしましょう。

・バゲットを軽く焼き、バターを塗ります。そこにレタス、ハードタイプのモッツアレラチーズ、トマト、揚げた魚をはさみます（②）。

・最後にアイオリソースをたっぷりかけましょう（③）。トマトの水気がパンに染みないようにレタスを入れますが、アイオリソースも流れ出すので、なるべく食べる直前に作ることをお勧めします。

Ampresso（アンプレッソ）

東京都文京区春日1-11-14
TEL：03-3816-4788　FAX：03-3811-2377
E-mail：ciao@gozzo.com
HP：http://www.gozzo.com/ciao/
営業時間
平日12～14時、18～22時 日曜・祝日18～22時（水曜定休）

伊藤　覚（いとう・さとる）

東京都文京区出身。立教大学在学中よりバンド活動に専念、卒業後1年で音楽の道をあきらめ、イタリアの洋服雑貨を扱う輸入アパレル会社に転身。イタリア料理店を食べ歩き、こんな店があったらなあ……と思い料理人に転身、帝国ホテルに入る。その後イタリア料理店「テネドール」「リコルド」で学び、「アンプレッソ」をオープン。趣味は音楽、釣り、船、ゴルフ、テニス、女（うそうそ）。海ばかり行ってたため現在独身……うう……

今月のメニュー

カラマリ・クルデ・サルサ・アンチョビ
マルイカのカルパッチョ アンチョビソース

カラマリ・リピエーニ・アッラ・サトマール
詰めものをしたマルイカ さと丸風

[文・料理] 伊藤 覚 [写真] 宮崎克彦（本誌） [コーディネート] 田上亜美子

イカ類は、刺身で食べる海の幸の醍醐味の代表みたいなものですよね。

なかでもマルイカは、皮が薄く、身はこってりと甘い、生で食べるのにはもってこいの素材です。

マルイカは、大きく育つとあまり美味ではなくなってしまうという人もいるので、釣期が重要。

釣りに行くかやめようか迷う空模様の梅雨どきがマルイカの旬だなんて、神様の粋な計らいだと思います。

1年中、マダイやハマチ、グリーンアスパラなどが並ぶ季節感のない日本って、いいのか悪いのか？

難しいところですね。さあ旬のマルイカ、生と蒸しとでいただきましょう！

今月のワンポイント！

蒸し器を使わずに蒸す

料理の途中で、一部の材料を蒸すことがあります。わざわざ蒸し器を出すまでもないようなときは、鍋と食器を使って蒸しちゃいましょう。今回はマルイカを蒸しましたが、キノコとかを白ワインの風味で蒸す、なんていうときにも使えるテクニックです。

＊

❶鍋に水を入れ、白ワインを水の半分の量くらい入れます。

❷鍋の中心に、適当な大きさの食器（台座）を置きます。

❸鍋の湯が沸騰したら、材料を皿に載せ、アルミフォイルなどでフタをして、弱火で1〜2分。ほら、マルイカ君がプーっと膨らんで蒸し上がってます!

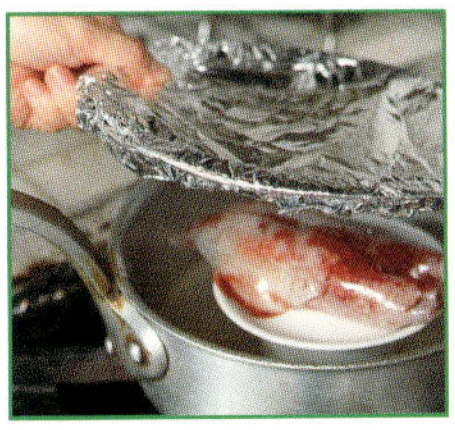

❹イカは短時間で蒸し上がります。あまり温度を上げると、なかが温まらないうちに身割れしてしまいますので注意してください。ピラフがあまり冷めないうちに詰めて蒸すのがコツです。

カラマリ・リピエーニ・アッラ・サトマール

詰めものをしたマルイカ さと丸風

イタリアには、ヤリイカの胴にケッパー、ニンニク、オリーブ、チーズ、パン粉などを詰め込んで蒸した、カラマリ(イタリア語でイカ類ね)リピエーニという料理があります。初めて食べたとき、まるで日本のイカ飯のようで大喜びしたのを覚えてます。今回は、ライスコロッケの中身のピラフを詰めてみました。

材料（1皿分）

●マルイカ(ヤリでもスルメでも可)：胴長18〜20センチくらいのもの1パイ　●赤、黄、緑ピーマン：各1/4個　●タマネギ：1/4個　●炊いたご飯：150グラム　●完熟トマト：中1個　●粉チーズ：大さじ1　●モッツァレラチーズ：キャラメル大1〜2個　●バジルの葉：1〜2枚　●乾燥バジル：小さじ1/2　●バター、塩、オリーブオイル、ニンニク：適宜

作り方

・フライパンにオリーブオイルとバターを溶かし、すべて同じ大きさにみじん切りにした赤、黄、緑ピーマン、タマネギを炒めます。

・野菜がしんなりしたら、ご飯とみじん切りにしたトマト1/2個を加えて、さらに炒めます（①）。粉チーズ、塩を入れて味を整えます。

・ピラフをバットに移して粗熱を取ったら、ワタと骨を取ったマルイカの胴に細身のスプーンでピラフを詰めます（②）。

・半分ぐらい詰めたらモッツァレラチーズを入れ、再びピラフを詰めます。

・八分くらい詰めたら、楊枝で縫うように留めます（③）。口までいっぱいに詰めると、熱を加えたときに膨らんでイカが割れてしまうので注意。

・ソースを作ります。オリーブオイル大さじ2を入れたフライパンで、刻んだニンニク小さじ1/2を炒めます。キツネ色になったら、みじん切りにしたトマト中1/2個を加え、煮立ったら乾燥バジルひとつまみ、生のバジルの葉1〜2枚を切って入れ、最後に塩で味を整えます（④）。

・ピラフを詰めたイカを蒸します。その手順は左記のとおり。

・ソースを敷いたお皿に、切り口を見せるようにイカを載せて出来上がり。

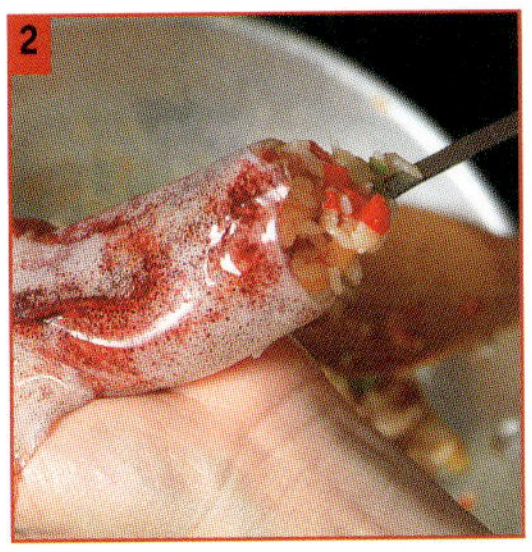

カラマリ・クルデ・サルサ・アンチョビ

マルイカのカルパッチョ アンチョビソース

身の柔らかいマルイカ。僕は皮は剥かないで食べます。気になる人は剥いても構いませんが、身が弱いので千切らないように注意してね。タオルやキッチンペーパーを使って、そっと擦るようにしてください。今回のカルパッチョは、アンチョビを利かせたソースで味を引き締めてみました。

材料（1皿分）

●マルイカ：胴長18〜20センチくらいのもの1パイ　●バージンオイル：大さじ2〜3　●レモン汁：小さじ1　●アンチョビフィレ：3〜4枚　●ニンニクのアッシェ(なければおろしニンニク)：小さじすり切り1/2　●パセリのみじん切り：小さじ1　●バジルの葉：1〜2枚　●プチトマト：適宜

作り方

・マルイカの皮を剥くかどうかは前述のとおり。ワタ、骨を取り除き、身を一口大に切り分けます。

・ゲソとエンペラはゆでたほうがおいしいので、サッと熱湯をくぐらせ、氷水に取って冷まします。

・上記の分量のバージンオイル、レモン汁、アンチョビ、ニンニク、パセリをボウルに入れます（①）。

・スプーンでアンチョビを潰しながらかき回し、混ぜましょう（②）。

・冷やしたお皿にマルイカを並べ、彩りで真っ赤なプチトマトを切り分けて飾ります。バジルの葉も飾ったら、ボウルで作ったソースを回しがけして出来上がり（③）。

Ampresso（アンプレッソ）

東京都文京区春日1-11-14
TEL：03-3816-4788　FAX：03-3811-2377
E-mail：ciao@gozzo.com
HP：http://www.gozzo.com/ciao/
営業時間
平日12〜14時、18〜22時 日曜・祝日18〜22時（水曜定休）

伊藤　覚（いとう・さとる）

東京都文京区出身。立教大学在学中よりバンド活動に専念、卒業後1年で音楽の道をあきらめ、イタリアの洋服雑貨を扱う輸入アパレル会社に転身。イタリア料理屋を食べ歩き、こんな店があったらなあ……と思い料理人に転身、帝国ホテルに入る。その後イタリア料理店「テネドール」「リコルド」で学び、「アンプレッソ」をオープン。趣味は音楽、釣り、船、ゴルフ、テニス、女（うそうそ）。海ばかり行ってたため現在独身……うう……。

今月のメニュー

フリッタータ・ディ・トンノ・サルサ・バルサミコ
メジマグロのオリーブオイル揚げ バルサミコソース

トンノ・アルフォルノ・コン・リモーネ
メジマグロのカマのオーブン焼き レモン添え

[文・料理] 伊藤 覚 [写真] 宮崎克彦（本誌） [コーディネート] 田上亜美子

日本ではマグロ料理だけで何十種類もあって、専門店ができるほどですが、
イタリアのレストランでマグロ（トンノって言います）を頼むと、
たいていの店が炭火で焼いて、岩塩を振り、レモンをたっぷりかけて出してくれます。
また、ほとんどが日本向けとはいえ、
隣国のスペインでは上質のクロマグロ（本マグロ）の養殖がとてもさかんです。
あと南イタリアのメッシーナ海峡で獲れるカジキは、とても美味しいんですよ。
というわけで僕は、マグロをイタリア料理で煮たり揚げたりしてほしいと思っているのです。

今月のワンポイント！

メジマグロの皮のむき方

メジマグロの皮は、背中側が硬いわりに脇腹は柔らかい皮です。おろしてから皮をむきますが、そのときに千切れやすい。そこで2本の包丁——小出刃と押し付けると曲がるぐらい薄い刃のペティナイフ——を使っておろす方法をおすすめします。

＊

❶三枚におろしたら、半身を背と腹に分けます。血合い骨を除くようにして切り分けましょう。ここまでは小出刃を使います。

❷ここからはペティナイフを使います。端の身を1センチほどぞぎ落として、皮の端を指で押さえます。そこからペティナイフをまな板に平行になるように押し付けて、頭のほうへ進めます。

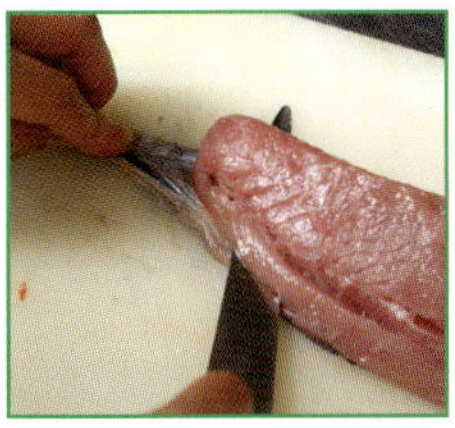

❸皮をはごうと思わず、まな板との角度をキープしながらペティナイフをゆっくり進め、根元から刃先へとすーっと引きます。

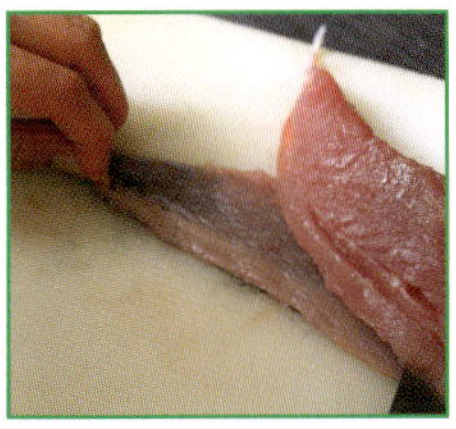

❹コツは、多少の身が皮に付いていても構わないと思ってナイフを引くこと。身の厚い魚だから、食べるところがない！ なんてことにはなりませんよ。

トンノ・アルフォルノ・コン・リモーネ

メジマグロのカマのオーブン焼き レモン添え

マグロといえばカマ。日本のマグロ料理店の恐ろしくでかいカマとは違い、メジはかわいいサイズですので、自宅のオーブンで焼けますよ。ここではハーブ（今回はローズマリー）を使って、欧風のグリルにしてみました。超カンタン料理ですが、期待どおり脂が乗っていて美味しかったです。

材料（1皿分）

●メジマグロのカマ：1尾分　●ローズマリー：1枝（約10センチ）　●レモン：1/2個　●塩（できれば岩塩）：適宜　●黒コショウ：適宜　●バージンオイル：適宜

作り方

・エラを取ります。キッチンバサミを使うと簡単です（①）。

・頭部からカマの部分を切り離します。ここの骨は相当な硬さですから、ケガをしないように注意。できるだけ小出刃を使うと、力が入りやすいですよ（②）。

・生臭さが気になる方は、カマに熱湯をそーっと掛け、布で軽く拭いてから焼きましょう。

・オーブン皿にカマを載せ、レモン汁、塩、コショウを振ります。ローズマリーをカマの脇に置いて、最後にオリーブオイルを回し掛けすれば、あとは焼くだけ（③）。

・オーブンで焼く時間は、220度で10分くらい。今回のメジは3キロ弱でしたが、もっと大物の場合は15〜20分とかかります。金串を刺してそれを唇に当てて、火が通ったかどうか確認してください。レモンの輪切りもいっしょに焼き、焼き色がついたものを盛り付けに添えるときれいですよ（④）。

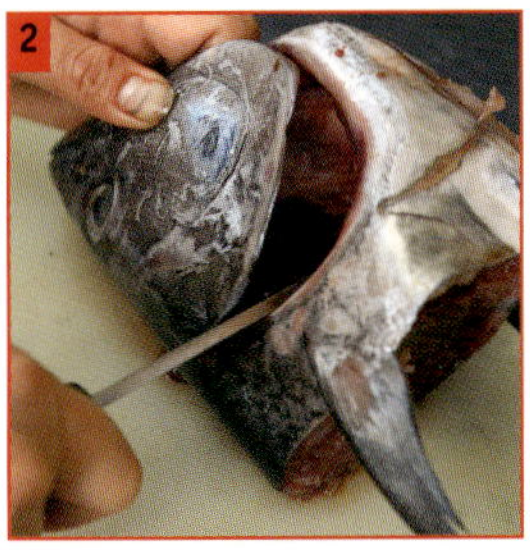

フリッタータ・ディ・トンノ・サルサ・バルサミコ

メジマグロのオリーブオイル揚げ バルサミコソース

メジをカルパッチョ（お刺身）で食べると、ちょっと脂が物足りないと感じるでしょう。そんな素材の上手な料理方法がフリッター。今回はニンニク風味をつけて、オリーブオイルで揚げてみました。カリッとした食感と、鶏のササミのようなほっこりした柔らかさを楽しんでください。

材料（1皿分）

●メジマグロ：三枚におろしてサク取りして、1.5センチ角に切ったもの7〜8個　●レモン汁：小さじ1/2　●塩、黒コショウ：適宜　●ニンニクのアッシェ（おろしニンニクでも可）：小さじ1/2　●小麦粉（薄力粉）：適宜　●揚げオイル：サラダオイルとオリーブオイルを半々　［ソース］●バージンオイル：大さじ2　●バルサミコ酢：大さじ1　●ワサビ：小さじ1/2　●ニンニクのアッシェ：小さじ1/2　●塩：適宜

作り方

・ボウルに角切りした切り身を入れます。レモン汁、塩、黒コショウ、ニンニクのアッシェを入れ、手でよく和えます（①）。

・切り身にソースがなじんだら、ザルでふるった小麦粉を付け、軽く叩いて170度のオイルで揚げます。揚げ終わる寸前に油温を上げ、カラっと揚げましょう（②）。

・ソースを作ります。ボウルに材料をすべて入れましょう（③）。今回のレシピでは、ワサビが重要な脇役です。

・泡立て器でよく混ぜます（④）。オイルと酢なので、しばらくすると分離しますから、ボウルに入れたまま冷蔵庫で冷やしておき、揚げたマグロをお皿に盛り付け、食べる寸前にかけます。

Ampresso（アンプレッソ）

東京都文京区春日1-11-14
TEL：03（3816）4788　FAX：03（3811）2377
E-mail：ciao@gozzo.com
HP：http://www.gozzo.com/ciao/
営業時間
平日12時〜14時、18時〜22時 日祝18時〜22時（水曜定休）

伊藤　覚（いとう・さとる）

東京都文京区出身。立教大学在学中よりバンド活動に専念、卒業後1年で音楽の道をあきらめ、イタリアの洋服雑貨を扱う輸入アパレル会社に転身。イタリア料理屋を食べ歩き、こんな店があったらなあ……と思い料理人に転身、帝国ホテルに入る。その後イタリア料理店「テネドール」「リコルド」で学び、「アンプレッソ」をオープン。趣味は音楽、釣り、船、ゴルフ、テニス、女（うそうそ）。海ばかり行ってたため現在独身……うう……

Ciao! さと丸
Today's SPECIAL

ペッシェ・アッフミカータ・アッラ・オーラ
邑楽さんちの魚の燻製

カルパッチョ・ディ・サルディーニ・コン・リモーネ
イワシのカルパッチョ レモン風味

煙をモクモクと出しながらサンマを七輪で焼くと、うまいですよね。これはウナギ、焼き鳥も同じですが、素材から脂が炭に落ちて煙となり、素材を燻す作用でさらに美味しくするのです。一種の燻製と呼んでもいいでしょうね。だからアウトドアでやる炭火のBBQが、安い肉でも美味しいんですよ! 今回は前ページにあるとおり、マリーナ仲間の邑楽さん夫婦が、外道の小魚を燻製にするワザを披露してくれました。これは必見ですぞ、クンクン。

[料理・文]伊藤 覚 [写真]宮崎克彦(本誌)

今月のワンポイント

イチゴのジェラートの作り方（後編）

7月号の前編では、卵、生クリームをそれぞれ泡立てて、イチゴをミキサーでソースにするところまでを解説しました。実は、あとはその三つを混ぜて凍らせるだけ。今年の夏は、すてきな自家製ジェラートをお楽しみください！

＊

❶卵、生クリーム、イチゴのソース、卵に入っている砂糖。この4点だけが無添加ジェラートの素です。

❷上の3点をボウルに入れて混ぜます。ここはケーキ作りと同じで、かならず泡立て器を使って手でやって下さい。固くしっかりと混ざります。

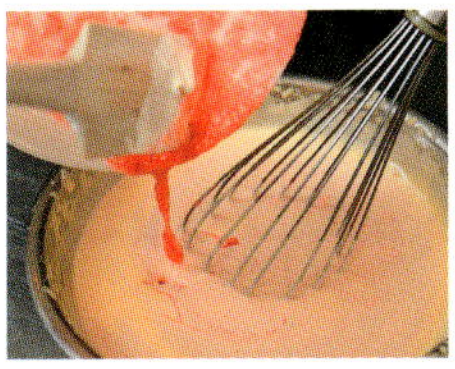

❸フタのしっかり閉まる容器に入れて冷凍庫へ。1日以上かけて凍らせます。

❹盛り付ける器も冷凍庫に入れておくと、すてきな演出になりますよ。その場合はガラス容器がお勧めです。あとミントの葉などの緑色を飾りましょう。

ペッシェ・アッフミカータ・アッラ・オーラ

邑楽さんちの魚の燻製

今回は、取材時間の関係で燻製時間が短めでした。なので、いずれの魚も皮は燻製の香り、身は一夜干し――という食感で、甲乙つけがたい味でした。邑楽さんは、自宅で長時間燻して作ったサクラダイとベラを持ってきてくれたのですが、こちらは濃いアメ色で、かじると身は干ダラ状態。燻製の香りが高く、酒のつまみに最適です。

材料（1皿分）
●小魚いろいろ：今回はサバ、アジ、ウルメイワシ、ベラ、サクラダイ　●塩水：濃度10%のもの　［道具］●熱源：カセットコンロなど　●燻製器：市販のもの多種あり　●スモークチップ：今回はオニグルミを使用　●調理用脱水シート：適宜　●タコイト：適宜

作り方　小魚はウロコを取り、ワタを出し、開きにします。大きめのボウルなどに濃度10%の塩水を作り、開きにした魚を入れます（1）。30分ほど浸けたら取り出し、水気を飛ばします。時間があれば風干しに、なければ調理用脱水シートを利用します（2）。タコイトを魚の尾のほうの骨を通して結び、輪を作ります（3）。その輪を使って、燻製器のなかに魚をぶら下げます（4）。開いた腹につまようじを刺して、閉じるのを防いでおります。燻製器にスモークチップをセットして、着火！ 今回使ったオニグルミは、香りのよい万能タイプとのこと。煙が安定したら、燻製器の扉を閉めます。約2時間後、扉を開けると、ナイスなアメ色！ の燻製の出来上がり。本当は4～5時間、弱火でじっくり燻すそうなのですが、今回は日帰り取材のため、短縮してもらいました！

カルパッチョ・ディ・サルディーニ・コン・リモーネ

イワシのカルパッチョ　レモン風味

ウルメイワシ、ジャイアンは船上で手開きで食べてましたが（笑）、釣りたては絶対カルパッチョですね。実は燻製用の開きも、カルパッチョ用の三枚おろしも、ジャイアンが小出刃であっという間にきれいに作ってくれました。食いしん坊は違うね。イワシにはイワシの塩気と思い、アンチョビを使ったのがポイントです。

材料（1皿分）
●ウルメイワシ：三枚におろしたもの5尾　●レモン：1/2個　●バージンオリーブオイル：大さじ5　●アンチョビのフィレ：適宜　●おろしニンニク：小さじ半分弱　●刻みパセリ：適宜

作り方　ウルメイワシを三枚におろし、お皿に並べます（1）。ソースを作ります。小さなボウルにオイル、おろしニンニク、アンチョビを入れます。アンチョビの塩気は強いので、まずは2枚ぐらい入れ、味を見て調節してください。そこにレモン汁を絞り入れます（2）。ソースを混ぜたら、刻みパセリを加えましょう（3）。春から夏でしたら、季節のハーブとしてバジルの葉を刻んで入れても美味しいです！ ソースを魚にかけるとレモンで身が白くなるので、食べるときにかけましょう。並べたイワシにソースをかけて出来上がりです（4）。身が空気に触れないよう、たっぷりかけるのがコツです。

Ampresso（アンプレッソ）
東京都文京区春日1-11-14
TEL：03-3816-4788　FAX：03-3811-2377
E-mail：ciao@gozzo.com
HP：http://www.gozzo.com/ciao/
営業時間
平日12～14時、18～22時　日曜・祝日18～22時（水曜定休）

伊藤　覚（いとう・さとる）
東京都文京区出身。立教大学在学中よりバンド活動に専念、卒業後1年で音楽の道をあきらめ、イタリアの洋服雑貨を扱う輸入アパレル会社に転身。イタリア料理店を食べ歩き、こんな店があったらなあ……と思い料理人に転身、帝国ホテルに入る。その後イタリア料理店「テネドール」「リコルド」で学び、「アンプレッソ」をオープン。趣味は音楽、釣り、船、ゴルフ、テニス、女（うそうそ）。海ばかり行ってたため現在独身……うう……。

Ciao! さと丸
Today's SPECIAL

ペッシ・クルデ・サルサ・ポモドリ・セッキ
カイワリのカルパッチョ　アサツキとドライトマトのソース

フリッタータ・ディ・ズゴンブリ・エ・レグミ・サルサ・ミヤータ
サバと季節の野菜　オリーブオイルのフライ

サバは、5月の旬を過ぎて梅雨が終わるころになると、その年生まれの小型が一気に増えてきます。相模湾で釣ってた時代には、それをエンピツサバと呼んでリリースしていました。そして夏、青ものは成長を続け、サバもお盆のころにはかなりの大きさに。夏はマサバよりゴマサバのほうが脂が乗っていて旨いといわれますが、焼いても、揚げても、煮ても美味しい魚に変身します。イタリアでもサバはズゴンブリと呼ばれ、人気の魚です。

[料理・文]伊藤　覚　[写真]宮崎克彦(本誌)　[コーディネート]田上亜美子

今月のワンポイント

ちょっとしたアイデアで食卓を楽しく!

レストランの雰囲気って、やっぱり家庭とは違いますよね。たとえばフランスパンのサービスひとつにしても、なるほど! って思うときがあります。今回紹介するのは、そんなちょっとしたアイデアの一例。バゲットの端っこは、お客さんに出せないと思ってませんか? でもね——。

＊

❶バゲットの端を斜めに切り落とします。

❷その切り口を下にしてまな板に置き、縦に半分に切ります。

❸それを左右に開くと……あら不思議、ハート形のパンの出来上がり。これならお客さんに出しても喜ばれそうでしょ?

❹パンにつけるものにも一工夫。右のカゴに入っているエシレバター(発酵バター)は、編集長の大好物だとか。またオリーブオイルもいいですが、そこにバルサミコを加えると、豊かな風味も楽しめます(中央の小皿)。

ペッシ・クルデ・サルサ・ポモドリ・セッキ
カイワリのカルパッチョ　アサツキとドライトマトのソース

カイワリは上品な白身で、刺身でも焼いても美味しい魚です。魚屋さんに並ぶことは少ないので、沖釣りのうれしい外道。30センチオーバーなら、マダイより喜ぶ釣り人もいるかも? 経験上、刺身は冷蔵庫で一晩寝かせたほうが、甘味も増して美味しいと思います。今回は、ドライトマトの旨味と酸味を生かした一品に仕上げました。

材料(1皿分)
●カイワリ:切り身5～6枚　●ドライトマト:3切れ　●アサツキまたは小ネギ:適宜　●バージンオリーブオイル:大さじ3　●レモンの絞り汁:小さじ1/2　●ニンニクのアッシェ:適宜　●塩、コショウ:適宜

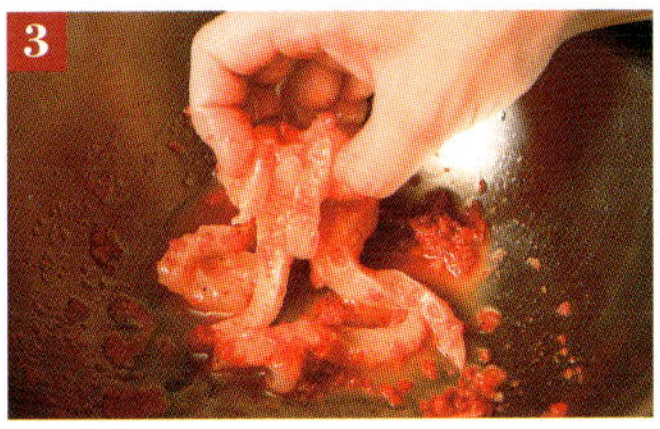

作り方 カイワリは三枚におろし、刺身用の切り身にします。ドライトマトを細かく刻みます(1)。ドライトマトは乾物なので水で戻す作業が必要ですが、最近は写真のようにビンに入ったオイル漬けも売ってます。ちょっと高いけど、すぐ使えて便利。刻んだドライトマト、バージンオリーブオイル、レモンの絞り汁、ニンニクのアッシェ、塩、コショウをボウルに入れてよく混ぜ、ソースを作ります(2)。そこに切り身を入れ、ざっと和えます(3)。お皿に魚を盛り付けたら、アサツキの小口切りを散らして出来上がり(4)。

フリッタータ・ディ・ズゴンブリ・エ・レグミ・サルサ・ミヤータ
サバと季節の野菜　オリーブオイルのフライ

サバの美味しい季節は、野菜も豊富な時期です。生は船上で食べたので(ジャイアンのなめろうね)、今回は、サバと色とりどりの野菜たちを、香り高いオリーブオイルで揚げようと思いました。ソースはトマトでもいいのですが、その酸味と甘味のおかげで、揚げ野菜をより美味しくいただけるバルサミコを使いました。

材料(1皿分)
●サバ:切り身2枚　●グリーンアスパラガス:2本　●ズッキーニ:2切れ　●カボチャ:2切れ　●赤ピーマン:2切れ　●揚げ油:オリーブオイルとサラダ油　●バルサミコ:60cc　●生クリーム:30cc　●炒めタマネギ:小さじ1　●塩、コショウ:適宜

作り方 サバの切り身、野菜の双方に軽く塩、コショウをし、小麦粉をまぶし、余分な粉を落とします。鍋に同量のオリーブオイルとサラダ油を入れ、火をつけます。油に魚のにおいが移るので、先に野菜を揚げます(1)。火を通しすぎないようにしましょう。続いてサバを揚げます。美味しそうなキツネ色になればOK(2)。別の鍋にバルサミコを入れ、弱火で煮詰めます。少しとろみがついたら、ドロドロになるまで炒めたタマネギを加えます(3)。さらに生クリームを加え、塩で味を調えたらソースの完成(4)。お皿に魚と野菜をきれいに盛り付け、ソースを回しかけたら出来上がり。

Ampresso (アンプレッソ)

東京都文京区春日1-11-14
TEL:03-3816-4788　FAX:03-3811-2377
E-mail:ciao@gozzo.com
HP:http://www.gozzo.com/ciao/
営業時間
平日12～14時、18～22時　日曜・祝日18～22時(水曜定休)

伊藤　覚 (いとう・さとる)

東京都文京区出身。立教大学在学中よりバンド活動に専念、卒業後1年で音楽の道をあきらめ、イタリアの洋服雑貨を扱う輸入アパレル会社に転身。イタリア料理店を食べ歩き、こんな店があったらなあ……と思い料理人に転身、帝国ホテルに入る。その後イタリア料理店「テネドール」「リコルド」で学び、「アンプレッソ」をオープン。趣味は音楽、釣り、船、ゴルフ、テニス、女(うそうそ)。海ばかり行ってたため現在独身……うう……。

Today's Ciao! さと丸 Special

カラマリ・クルデ・サルサ・リモーネ・エ・ジンジャー

アオリイカのカルパッチョ　ショウガ風味

フリッタータ・ディ・カラマリ・サルサ・ポモドーロ・アッラ・スタジオーネ

アオリイカのフリット　季節野菜のトマトソース

イタリアでは、マダコはポルポ、イイダコはポルペティットと言います。しかしイカは、僕の知るかぎりでは、スミイカやモンゴウイカなどのコウイカ類も、アオリイカも、スルメイカも、ヤリイカも、みんな同じでカラマリと呼んでいます。ちょっと乱暴な気がするのですが……。メニューにイカのトマトソース煮と載ってたら、何イカなんだろうって思わないのかなあ？ いつもイタリアのリストランテで思います。イタリア人の友だちに聞いたら、どれもイカはイカでしょう？ って言われました（笑）。ビバ！ イタリアーノ！

［料理・文］伊藤　覚　［写真］宮崎克彦（本誌）　［コーディネート］田上亜美子

今月のワンポイント

美味しい自家製パン粉の作り方

日本のパン粉は、食パンの白い部分で作っているから真っ白。ヨーロッパでは、パン粉は買うものではなく、堅くなった残り物のフランスパンで作った自家製パン粉を使うのが一般的だから、茶色です。フランスパンは周りが焦げてるから香りがよい、しかも塩気が強いのでパン粉自体に味がある。これは使わない手はないぞ。

＊

❶フランスパンは容器に入れず、放置しておくと3日くらいで乾いてカチカチになります。急ぐ場合はオーブンで強めに焼いて、1時間も放置しておけばOK!

❷ 堅くなったパンをオロシガネで軽くガリガリ削りましょう。そのままでも大きめのパン粉で美味しいのですが、揚げたときの見た目の滑らかさを出すためには、ザルを通したほうがいいでしょう。

❸ある程度パン粉がたまったら、ザルを軽く叩いてふるいます。

❹ボウルの底には、きれいに粒のそろったパン粉が出来てます! ふだんのトンカツにも使ってください。その場合、油で揚げるというよりは、多めのオリーブオイルで焼く感じがおすすめ。両面焼いてチーズを乗せ、オーブンでなかまで火を入れると、美味しいミラノ風カツレツの出来上がり。焼いているので余分な油が落ち、とてもヘルシーですよ。

カラマリ・クルデ・サルサ・リモーネ・エ・ジンジャー

アオリイカのカルパッチョ　ショウガ風味

初めて函館を訪れ、朝の市場で獲れたてのイカを食べようと市場食堂に入りました。ワサビがないので頼むと、新鮮なイカはショウガで食べなきゃ! と言われた24歳の冬。それ以来、イカ刺しはショウガとなりました。いつものカルパッチョも、ショウガを使えばあら不思議、新たな一皿となりました。

材料(1皿分)
●アオリイカ:一口大の短冊切り5~6枚　●プチトマト:3個　●アサツキまたは小ネギ:適宜　●ニンニクアッシェ、おろしショウガ:各小さじ1/3　●レモン汁:小さじ1　●バージンオリーブオイル:40cc　●塩:適宜

作り方　1.ボウルに塩、ニンニク、ショウガ、レモン汁、バージンオリーブオイル、アサツキを入れ、ドレッシングが濁るまで泡だて器でかき回します。2.そこにアオリイカの切り身を入れ、よく混ぜます。3.飾りのプチトマトを半分に切ります。4.盛り付けです。取りやすいようにイカは立体的に飾り、白いイカの身を目立たせるように赤いトマトを周囲に並べます。

フリッタータ・ディ・カラマリ・サルサ・ポモドーロ・アッラ・スタジオーネ

アオリイカのフリット　季節野菜のトマトソース

ひとむかし前は、新鮮な魚は刺身で、少し鮮度が落ちたら焼いたり煮て食べるのが主流でしたが、最近はあえて新鮮な素材に火を通して、より美味しく食べるレシピが流行ってきている気がします。というわけで、今回は釣りたてのアオリイカを、ぜいたくにもリング揚げにしてしまいましょう。旨いよ!

材料(1皿分)
●アオリイカ:皮をはぎ5ミリ幅の輪切りにしたものを6~7枚(ゲソもOK)　●パン粉(左記ワンポイント参照):適宜　●塩、コショウ、卵、粉チーズ:適宜　●揚げオイル(オリーブオイルとサラダオイルを半々):適宜　[トマトソース]●オリーブオイル:30cc　●タマネギ:1/4個をみじん切り　●完熟トマト:中1個　●季節野菜:芽キャベツ2~3個、ソラマメ4~5粒　●乾燥バジル、塩、コショウ:適宜

作り方　1.鍋にオリーブオイルを入れ、タマネギのみじん切りを炒め、キツネ色が濃くなってきたら、フレッシュトマトを手でつぶして入れましょう。5分ぐらい煮ますが、軽く酸味を残したいので、煮詰めないでくださいね。2.3~4分ゆでたソラマメと半分に切った芽キャベツをトマトソースに加えます。塩をして味をみましょう。乾燥バジルを一つまみ入れたら、ソースの出来上がりです。3.輪切りにしたイカに塩、コショウをし、小麦粉を付け、溶き卵をくぐらせ、パン粉を付けてたたきます。溶き卵に粉チーズを入れるのがポイント。4.キツネ色になるまで揚げます。オリーブオイルは早く揚がるので、早めに入れて焼く感覚で揚げないと、焦げやすいですよ。カリカリのフリッターの歯ざわりを楽しむために、ソースは掛けずにお皿に敷いて盛り付けましょう。

Ampresso(アンプレッソ)

東京都文京区春日1-11-14
TEL:03-3816-4788　FAX:03-3811-2377
E-mail:ciao@gozzo.com
HP:http://www.gozzo.com/ciao/
営業時間
平日12~14時、18~22時　日曜・祝日18~22時(水曜定休)

伊藤　覚(いとう・さとる)

東京都文京区出身。立教大学在学中よりバンド活動に専念、卒業後1年で音楽の道をあきらめ、イタリアの洋服雑貨を扱う輸入アパレル会社に転身。イタリア料理店を食べ歩き、こんな店があったらなあ……と思い料理人に転身、帝国ホテルに入る。その後イタリア料理店「テネドール」「リコルド」で学び、「アンプレッソ」をオープン。趣味は音楽、釣り、船、ゴルフ、テニス、女(うそうそ)。海ばかり行ってたため現在独身……うう……。

Today's Ciao! さと丸 Special

オラータ・ディ・クルデ・コン・ネロ・エ・ビアンコ

マダイのカルパッチョ　白と黒の粒コショウの風味

アルフォルノ・ディ・オラータ・コン・チャンボッタ

マダイのソテー　彩り野菜のチャンボッタ添え

マダイは釣れなかったものの、魚屋さんで買い、事なきを得ました(おいおい)。乗っ込みのマダイは時期が微妙で、産卵に近くなりすぎると栄養が卵に行きわたり、身のほうはバサバサになってしまいます。そんな脂がなくて味気ないマダイを釣ったときに撮った写真を見ると、頬がこけ、腹はえぐれた激痩せマダイでした。そうはいっても、旬を見極めて休みをとって、その日が天気がよくて船を出せて、しかも運よくマダイが釣れる確率って、どれぐらいあるんだろう……?

[料理・文]伊藤　覚 [写真]宮崎克彦(本誌) [コーディネート]田上亜美子

今月のワンポイント

チャンボッタ（ラタトゥイユ）の作り方

タマネギ、パプリカ（ピーマン）、ナス、ズッキーニなどの野菜を炒め、完熟トマトを入れ、塩とバジルを加え、冷めてからいただく料理があります。ご存じ、フランスのラタトゥイユ、イタリアではカポナータと呼ばれる一品です。冷蔵庫で長期間保存できる便利な料理で、すぐに食卓に並べられる、日本の漬物みたいな料理ですね。イタリアでは、それを温めるとチャンボッタと呼びます。

＊

❶タマネギ、赤・黄パプリカ、ナス、ズッキーニを大きめに切り、香りの少ないサラダオイルで炒めます。絶対に焦がしてはいけない料理なので、厚手のアルミ製フライパンや鍋でソテーすることをおすすめします。なかったら、弱火でじっくりね。

❷しんなりして野菜のジュースが出てきたら、完熟トマトを手で潰して入れます。ただしトマトの水気が多いとソースが薄くなってしまうので、潰して出た汁は入れないでください。

❸煮詰まってきたら塩をし、乾燥バジルを入れて一煮立ちさせます。量にもよりますが、ここまででゆっくり20〜30分くらいかけてください。

❹炒め終わったら、最低でも30分はフタをして置いておきます。ここで上がった蒸気が落ちて、旨味を増すのです。炒め終わった直後にくらべて、クタクタになった野菜から、よい香りが上がってきます。これで冷めたら冷蔵庫で1週間は持ちます。どんどん甘みが増してきますよ。そのまま食べても、サラダに入れてもよし。温めてスープやリゾットにしても美味しいですよ！

オラータ・ディ・クルデ・コン・ネロ・エ・ビアンコ

マダイのカルパッチョ　白と黒の粒コショウの風味

白身魚のカルパッチョにはよくレモンを使いますが、今回はあえてそれをやめて、淡泊なマダイを香りと刺激の強い粒コショウで和えてみました。二つの相反する風味を包み込む、なんともいえない甘みは、粒コショウの強さを突出させないために使った、オリーブオイルのなせる技なんですね。

材料（1皿分）
●マダイ：刺身の大きさの切り身を6〜7切れ　●塩、バージンオリーブオイル、ニンニクのアッシェ：適宜　●黒と白の粒コショウ：各10粒くらい　●刻みパセリ（普通のでもイタリアンパセリでも可）：小さじ1/2

作り方　1.まな板に粒コショウを置き、ラップをかぶせて（コショウが飛び散るからね）、肉叩き棒か金づちで、ゆっくり叩き潰していきます。強く叩くとラップがやぶけるYO！ そうさゆっくりねYEAH！ 2.ボウルにマダイの切り身を入れ、塩、バージンオリーブオイル、ニンニクのアッシェ（おろしニンニクでも可）を入れ、手で和えます。3.そこに潰したコショウを入れて、また和えます。彩りで刻んだパセリを散らし出来上がり。4.少なめのソースがマダイの身に絡みつく程度にしたいので、箸でソースを切って盛り付けてください。オイルを少なくすることで、粒コショウのピリリ感が際立つはずです。

アルフォルノ・ディ・オラータ・コン・チャンボッタ

マダイのソテー　彩り野菜のチャンボッタ添え

マダイは、淡泊な、くせのない味の白身の魚。身は柔らかいので、煮るより焼くほうが、やさしい歯ごたえが味わえると思います。今回のマダイのソテーのパートナーは、季節の野菜のソース。色とりどりの野菜をたっぷり使うラタトゥイユを温めたもの、チャンボッタを載せます。マダイも野菜も主役の一品です。

材料（2人前）
●マダイ：適当な大きさの切り身を3〜4枚　●白ワイン（フランベ用）：適宜　●ニンニク：1片　●オリーブオイル（ソテー用）：適宜　●塩、コショウ：適宜　●チャンボッタ（ラタトゥイユ）：左記参照

作り方　1.フライパンにオリーブオイルを入れ、ニンニクを1片入れて、火をつけます。塩、コショウをしたマダイの切り身を、皮目を下にして入れます。反らないように、レードルなどで押しつけながら焼きます。焦げ目がついたらひっくり返します。このとき、ニンニクが焦げ始めていたら取り出してください。2.いったん火を止め、白ワインを入れます。再び火をつけ、フランベをしてアルコールを飛ばしましょう。続いてオーブンに入れる（220度で6〜7分）か、フライパンにフタをして焼いてください（弱火で3〜4分）。3.鍋にラタトゥイユを取り、温めます。トマトソースが少なければトマトを足しましょう。塩で味を調えます。4.マダイは食べやすい大きさに切って皿に置き、そこにチャンボッタを盛り付けます。ドサッと載せないで、マダイの焼き色が見えるようにすると、食欲をそそりますよ。

Ampresso（アンプレッソ）

東京都文京区春日1-11-14
TEL：03-3816-4788　FAX：03-3811-2377
E-mail：ciao@gozzo.com
HP：http://www.gozzo.com/ciao/
営業時間
平日12〜14時、18〜22時　日曜・祝日18〜22時（水曜定休）

伊藤　覚（いとう・さとる）
東京都文京区出身。立教大学在学中よりバンド活動に専念、卒業後1年で音楽の道をあきらめ、イタリアの洋服雑貨を扱う輸入アパレル会社に転身。イタリア料理店を食べ歩き、こんな店があったらなあ……と思い料理人に転身、帝国ホテルに入る。その後イタリア料理店「テネドール」「リコルド」で学び、「アンプレッソ」をオープン。趣味は音楽、釣り、船、ゴルフ、テニス、女（うそうそ）。海ばかり行ってたため現在独身……うう……。

Today's Ciao! さと丸 Special

ペッシ・アルフォルノ・サルサ・ジェノベーゼ・コン・リモーネ

アカムツのソテー　ジェノベーゼ　レモン添え

ペッシ・クルデ・アラ・サルサ・タップナード

アカムツとアラのカルパッチョ　タップナードソース

魚は秋から冬にかけて脂が乗っておいしくなるといわれますが、深海にいるアカムツやアラには当てはまりません。深場の魚は一年中冷たい海底にいるので、春でも夏でも脂たっぷりこってりさんなのです。これらの魚、鍋料理が定番ですが、陸の上には四季があるから、夏に鍋は食べたくないよね(笑)。そこで今回は、ソテーとカルパッチョのレシピを紹介します。あこがれの高級魚(と、今回は大きく出ました!)の旨さを味わってください。

[料理・文]伊藤　覚　[写真]宮崎克彦(本誌)　[コーディネート]田上亜美子

今月のワンポイント

自家製 野菜のマリネの作り方

イタリアのレストランで、注文してすぐに出てくる一品をブロンチピアットといいます。すでに調理ずみの料理（皿）という意味です。野菜のマリネなどがいい例ですね。これからの夏、ビールの季節にはとてもさわやかな箸休め（フォークですが）だと思います。簡単なので、自分で作ってみましょう!

＊

❶スーパーで簡単に手に入る野菜で作ります。ここでは、赤パプリカ、黄パプリカ各1、セロリ1本、エシャロット20本、キュウリ2本、ダイコン約7センチ分を使用。それぞれを、なるべく同じ大きさに切りそろえます。

❷大きなタッパーなどの保存容器に、白ワインビネガーまたはドレッシングビネガーまたはリンゴ酢（混ぜてもおいしいです）を360cc入れ、同量の水で割ります。マリネ液の量は、野菜の量に応じて調整してください

❸酢と水を混ぜたところに塩をします。今回の量なら大さじすりきり1杯くらい。漬け込みが終わったところで味を見て塩を足せますので、この段階では塩は少なめにしておきましょう。

❹野菜を漬けます。ヒタヒタになる量で漬けましょう。フタをして冷蔵庫に入れ、約1週間で味が染み込みますが、僕は3日目くらいの浅漬けも好きかな（笑）。1カ月くらい持ちますので、肉や魚、ジャガイモのソテーの添えものとしても重宝する一品です。

ペッシ・アルフォルノ・サルサ・ジェノベーゼ・コン・リモーネ

アカムツのソテー　ジェノベーゼ　レモン添え

脂たっぷりのアカムツの身を、どんなソテーにしていただくか――。粉を付け、オリーブオイルでこんがりと香ばしくソテーして、夏にぴったりの香り高いバジルペーストをソースにしようと考えました。白いお皿に緑のソースときたら、イタリアンカラーでプチトマトを飾りましょう! その身をひと口ほお張れば、シアワセになれること間違いありません。

材料（1皿分）

●良型の立派なアカムツ：半身　●塩、こしょう、小麦粉、オリーブオイル：適宜　●プチトマト：2個　●バジルペースト：大さじ3　●バージンオリーブオイル：大さじ3　●クレソン、セルフィーユ、バジルなど：適宜

作り方　1.アカムツを三枚におろし、半身に塩、こしょうを振り、小麦粉を付け、余分な粉を落とします。 2.フライパンにオリーブオイルを入れて火をつけ、オイルの温度が上がらないうちに皮のほうを下にして身を入れ、中火で焼きます。身が反り返りそうになったら、フライ返しで軽く押さえて反りを防ぎます。皮がキツネ色に焼けたら裏返し、具合よく火が通ったらフライパンから取り出します。 3.バジルのソース（ジェノベーゼソース）を作ります。この連載でも何回か作り方を紹介しましたが、今回は瓶詰めで売っているバジルペーストを利用します。ペーストを同量のバージンオリーブオイルで伸ばすだけです。市販のペーストはメーカーによって塩味がかなり違うので、かならず味を確かめて調えてください。 4.お皿にソースを敷き、魚をそっと乗せてください。彩りで赤いプチトマトを、そしてクレソン、セルフィーユ、バジルなどの緑の香草を飾ると夏らしいです。レモンも添えてね。

ペッシ・クルデ・アラ・サルサ・タップナード

アカムツとアラのカルパッチョ　タップナードソース

深海で脂を蓄えているアカムツやアラ。刺身で食べない手はないですよね。とくにアラは鍋の超高級ネタとしても有名です。それ（コアラですが）を刺身で食べられるっていうのも、ボート釣り師の特権ですよね。今回は、オリーブとドライトマトを使ったタップナードソースが決め手のレシピです。

材料（1皿分）

●アカムツ、アラ：刺身サイズ各3〜4切れ　●ドライトマト（瓶詰めのオイル漬けタイプ）：3〜4枚　●黒オリーブ、緑オリーブ：各3〜4個　●バージンオリーブオイル：大さじ3　●ニンニクのアッシェまたはおろしニンニク：耳かき1　●レモン汁：小さじ1　●塩：小さじ1/2弱　●セルフィーユ、イタリアンパセリなど：適宜

作り方　1.ドライトマト、黒オリーブ、緑オリーブを刻みます。ドライトマトが乾燥タイプのものなら、ぬるま湯に漬けて柔らかく戻し、絞って水気を切ってから使いましょう。 2.大きめのボウルに、刻んだドライトマト、黒オリーブ、緑オリーブ、バージンオリーブオイル、ニンニク、塩、レモン汁を入れ、濁るまでかき回します。 3.魚の身を刺身サイズの半分くらいに切り、ボウルに入れます。手を使ってやさしく和えましょう。 4.お皿に盛りつけます。レモンを入れてあるので身が白くなりますから、食べるまでに時間が空く場合には、レモン汁は食卓に並べる直前に和えたほうが、魚の自然の色が楽しめてよいと思います。セルフィーユ、イタリアンパセリなどの緑の香草を飾るときれいですね。

Ampresso（アンプレッソ）

東京都文京区春日1-11-14

TEL：03-3816-4788　FAX：03-3811-2377

E-mail：ciao@gozzo.com

HP：http://www.gozzo.com/ciao/

営業時間

平日12〜14時、18〜22時　日曜・祝日18〜22時（水曜定休）

伊藤　覚（いとう・さとる）

東京都文京区出身。立教大学在学中よりバンド活動に専念、卒業後1年で音楽の道をあきらめ、イタリアの洋服雑貨を扱う輸入アパレル会社に転身。イタリア料理店を食べ歩き、こんな店があったらなあ……と思い料理人に転身、帝国ホテルに入る。その後イタリア料理店「テネドール」「リコルド」で学び、「アンプレッソ」をオープン。趣味は音楽、釣り、船、ゴルフ、テニス、女（うそうそ）。海ばかり行ってたため現在独身……うう……。

Today's Special

釣っちゃオーね
食べちゃオーね
Ciao! さと丸

西風がドン吹きで出航できず、2回も取材が延期になったなんて、沼津では珍しいことです。三度目の正直でひさびさの食材をゲットしたら、見慣れたはずのアマダイさんが新鮮に見えてしまいましたよ。松に、カルパッチョ用にガシラ（関東ではカサゴ）釣ってね！と頼んでおいたのですが今回は型を見られず、オキトラギスになりました。しかし、これが負けず劣らず、なかなかの味を持っているナイスな外道でした！

［料理・文］伊藤　覚　［写真］宮崎克彦（本誌）
［コーディネート］田上亜美子

インサラタ・ディ・ペッシェ・コン・ポモドーロ
オキトラギスのカルパッチョ トマトとハーブのサラダ仕立て

アマオラータ・イン・クレマ・アッラ・グラチネ
アマダイと季節野菜のグラタン風クリーム煮

今月のワンポイント

ゆで野菜の下ごしらえ

サラダ、スープ、ソテー、ガルニ(メイン料理の添え野菜)などにサッと出して使える、ゆで野菜の仕込み方を紹介しましょう。ここまで作って冷蔵庫にしまっておけば、便利なことこの上なし。ゆでる時間さえ覚えれば、簡単に作れます。

＊

❶鍋に水を入れてグラグラ沸騰させ、塩を少々入れます。鍋に芽キャベツを加え、タイマーをセット。

❷3分経過したら、同じくらいの大きさに切ったブロッコリーを入れます。

❸1分経過したら、ゆで上がり。

❹野菜を一つずつ取り出しているとゆですぎてしまうので、一気にザルに取ります。やけどに注意ね。ザルに取った野菜はそのまま放置し、余熱で芯まで火を通します。サラダに乗せる固さですね。冷えたら冷蔵庫で保管できます。

❺時間がない場合は、ゆで時間を1分くらい延ばし、すぐに冷水に。水にさらすと緑がきれいに出ます。カリフラワー、インゲン、オクラ、ジャガイモなど、野菜によるゆで時間の違いを把握すれば、あなたはお料理名人ですよ!

インサラタ・ディ・ペッシェ・コン・ポモドーロ

オキトラギスのカルパッチョ トマトとハーブのサラダ仕立て

アマダイ釣りの外道のうち、ホウボウやレンコダイはキープしても、オキトラギスはリリースしがちです。しかし魚体が“新幹線型”でおろしやすく、身は大きいので料理には好適。今回、その淡泊な白身は粒マスタードと強めの塩で仕上げても、ソースの味に負けない上品さが口のなかで広がりました。

材料 (1皿分) ●オキトラギス:2〜3尾 ●マヨネーズ:大さじ1 ●粒マスタード:大さじすり切り1 ●塩:小さじ1/2 ●バージンオリーブオイル:大さじ1〜2(ソースの滑らかさで調節してね) ●パセリみじん切り:小さじ1/2 ●ベビーリーフ:適宜 ●トマト(今回はイエロートマトを使用):適宜

[作り方]

1. トラギスを三枚におろします。15センチくらいの魚だと、半身がちょうど一口サイズです。 **2.** ボウルにマヨネーズ、粒マスタード、塩、バージンオリーブオイル、パセリを入れ、かき混ぜます。固すぎず、柔らかすぎずの濃度は、オリーブオイルの量で仕上げてください。 **3.** 塩味を調節したら、オキトラギスの身を入れて、しっかり身に絡めます。 **4.** 薄切りにしたトマトとベビーリーフを盛り付け、そこに魚の身を載せます。ベビーリーフがなければ水菜やルッコラ(ロケット)でもOK。

アマオラータ・イン・クレマ・アッラ・グラチネ

アマダイと季節野菜のグラタン風クリーム煮

異常な寒さなので、アマダイのクリーム煮、しかも熱々のグラタン風、早春の野菜で彩りを添えるレシピにしました。ポイントは、塩を使わないこと。生クリームの柔らかいソースに、焼けたアンチョビーの香り、ピリッとした塩気が、淡泊なアマダイの味を引き立てます。スウェーデン料理からヒントを得たレシピです。

材料 (1皿分)●アマダイ:中型なら半身 ●芽キャベツ:2〜3個 ●ブロッコリー:2〜3房 ●プチトマト:1〜2個 ●ジャガイモ:中1/4 ●タマネギ:中1/4 ●生クリーム、ミルク:器に合わせて適宜 ●アンチョビーペースト:適宜(アンチョビーのフィレ3〜4枚でも可) ●バター:適宜

[作り方]

1. キャセロールの底にバターを塗ります。そこに薄く切ったタマネギとジャガイモを敷き詰め、下ゆでした野菜(左記参照)、一口大に切ったアマダイの切り身を入れます。 **2.** 写真のキャセロールの場合で、生クリーム140cc、ミルク70ccを注ぎます。器の八〜九分目が目安です。 **3.** アンチョビーペーストをぐにゅーっと回し掛け。ペーストがなければ、アンチョビーのフィレを1センチ弱に切って並べます。塩を使わないので、ちょっと多めでも大丈夫。 **4.** プチトマトをカットして載せ、熱くなっているオーブンへ。細身のグラタン皿にすればオーブントースターでも作れますよ。220度で10分、クリームソースがぽつぽつ焦げてきたら出来上がりです。

Ampresso (アンプレッソ)

東京都文京区春日1-11-14
TEL:03-3816-4788 FAX:03-3811-2377
E-mail:ciao@gozzo.com
HP:http://www.gozzo.com/ciao/
営業時間
平日12〜14時、18〜22時 日曜・祝日18〜22時(水曜定休)

伊藤 覚(いとう・さとる)

東京都文京区出身。立教大学在学中よりバンド活動に専念、卒業後1年で音楽の道をあきらめ、イタリアの洋服雑貨を扱う輸入アパレル会社に転身。イタリア料理店を食べ歩き、こんな店があったらなあ……と思い料理人に転身、帝国ホテルに入る。その後イタリア料理店「テネドール」「リコルド」で学び、「アンプレッソ」をオープン。趣味は音楽、釣り、船、ゴルフ、テニス、女(うそうそ)。海ばかり行ってたため現在独身……うう……。

Today's Special

釣っちゃオーネ
食べちゃオーネ

Ciao! さと丸

暖かくなって、夏はもうすぐって感じになってきました。毎年この季節になると、友人やお客様にバジルペースト（ジェノバソース）の作り方についてよく聞かれます。イタリアのジェノバで愛されているこのペースト、一般の家庭でも1年分を樽みたいな容器で作ります。日本のみそのような食材で、郷土の誇りなのでしょうね。まあ、いま家庭でみそを作る日本人は少ないですけれど。

[料理・文]伊藤 覚 [写真]二見勇治
[コーディネート]田上亜美子

ペッシ・クルデ・コン・サルサ・ジェノベーゼ
カワハギのカルパッチョ たっぷりの春のバジルペースト

アクアパッツア・ディ・ガシラーノ・アッラ・カーサ
カサゴと春野菜のわが家風アクアパッツア

今月のワンポイント

バジルペーストの作り方

バジルの葉が青々と茂る5~6月は安く手に入るので、たくさん作っておきましょう。ソテーした魚や肉にも合うし、パスタに和えるだけでもOKの、重宝するソースです。夏の冷製パスタにも最高だよ。今回の大葉入りの違いも味わってみてください。密封容器に入れ、冷蔵庫で長期保存できます。その場合は、塩を強めに、ペーストが空気に触れないようにオリーブオイルを多めにね。

＊

❶フードプロセッサーまたはミキサーに、バジルの葉をわさわさ、大葉(青ジソ)10枚くらい、松の実を二つまみ、ニンニク1片を入れます。

❷オリーブオイルを加えます。少ないとミキサーが材料を回せないし、多いと油っこくなってしまうので、ミキサーを軽く回しながら、量を調整して加えてください。

❸塩をしながらミキサーを回します。塩加減は用途(バジルペーストだけで味付けする、ほかの味付けと組み合わせる、保存用、など)によって調整しましょう。すぐ料理に使うのであれば、レモン汁を加えると一層おいしくなりますよ。

市販のバジルペーストは固めですよね。このくらいゆるい濃度のほうが使いやすいです。ニンニクや松の実の粒々が多少残っていても、自家製風でおいしいと思います。

＊

スーパーでバジルの葉をたくさん買うと高くつきますが、家庭菜園ショップやハーブ農場といったところではお手ごろ価格で売っているので探してみましょう。簡単なので、プランターでバジルを栽培するのも賢い方法です!

ペッシ・クルデ・コン・サルサ・ジェノベーゼ

カワハギのカルパッチョ たっぷりの春のバジルペースト

白身魚のMVPカワハギと季節のバジルペースト(ジェノバソース)の組み合わせ。ご存じの方には言うまでもなし、ご存じない方にはぜひ! のおいしさです。今回のバジルペーストには大葉(青ジソ)も入れてあります。一味違う香りと刺激がカルパッチョにはピッタリ。お試しあれ!

材料 (1皿分)●カワハギ:大1尾 ●バジルペースト(作り方は左記):大さじ2 ●プチトマト:適宜 ●レモン汁:小さじ1 ●バージンオリーブオイル:大さじ1 ●塩:小さじ1/2

[作り方]

1. カワハギを三枚におろし、一口大の切り身にします。口当たりをよくするために、薄皮も取りましょう。ボウルに身を入れ、レモン汁、バージンオリーブオイル、塩を加えて手でやさしく和《あ》えます。 **2.** バジルペーストをお皿に敷き詰めるように伸ばします。ペーストの粘度はオリーブオイルで調整してください。松の実やニンニクが残っていても、ホームメード風でいいと思います。 **3.** バジルペーストの上にカワハギを並べましょう。切り身の大きさはお好みで。**4.** デコレーションは、その料理の国の国旗がおすすめ。プチトマトを飾ってイタリアンカラーにしましょう。日本人なら日の丸弁当だ(若者たちよ、知ってるかい?)。

アクアパッツア・ディ・ガシラーノ・アッラ・カーサ

カサゴと春野菜のわが家風アクアパッツア

カサゴ、メバル、ホウボウなどの魚にアサリ、プチトマトなどを並べ、オイルと水だけで火を通すアクアパッツアは有名です。その応用版ともいえるのが、このカサゴのホイル焼き。アサリを省いた代わりに、白ワインとレモンを使っています。魚と野菜のうま味がギュッと詰まって、うまい!

材料 (1皿分)●カサゴ:1~2尾 ●ブロッコリー、カリフラワー:5~6枚 ●プチトマト:2~3個 ●レモンスライス:数枚 ●白ワイン:大さじ2~3 ●バージンオリーブオイル、塩:適宜

[作り方]

1. ウロコを落としたカサゴは丸のまま使いたいので、口から割り箸を入れてグリグリ回してワタを引き抜きます(つぼ抜きね)。キッチンバサミでエラを切り取ります。背ビレの両側に切れ目を入れ、火の通りをよくします。オーブン皿にアルミホイルを広げ、レタスなどの葉を敷き、カサゴを並べ、塩をします。ちょい強めでOK。**2.** 生のブロッコリーとカリフラワーを小分けにして入れ、レモンスライスを載せます。グリーンアスパラもいいでしょうね。彩りでプチトマトも半分に切って入れましょう。 **3.** 白ワインとバージンオリーブオイルを回しかけ、野菜たちにも塩を振ります。 **4.** アルミホイルをしっかり閉じます。止め口は2~3回巻き込み、蒸気が漏れないように。220度に熱したオーブンで10~12分くらいで出来上がり!

Ampresso (アンプレッソ)

東京都文京区春日1-11-14
TEL:03-3816-4788 FAX:03-3811-2377
E-mail:ciao@gozzo.com
HP:http://www.gozzo.com/ciao/
営業時間
平日12~14時、18~22時 日曜・祝日18~22時(水曜定休)

伊藤 覚 (いとう・さとる)

東京都文京区出身。立教大学在学中よりバンド活動に専念、卒業後1年で音楽の道をあきらめ、イタリアの洋服雑貨を扱う輸入アパレル会社に転身。イタリア料理店を食べ歩き、こんな店があったらなあ……と思い料理人に転身、帝国ホテルに入る。その後イタリア料理店「テネドール」「リコルド」で学び、「アンプレッソ」をオープン。趣味は音楽、釣り、船、ゴルフ、テニス、女(うそうそ)。海ばかり行ってたため現在独身……うう……。

スクラップブック of 森山塾長

今年の夏こそ、台所デビュー! 森山塾長直伝のカンタン釣魚料理 62
サバのおろし方（二枚おろし）／サバの煮つけ
サバの塩焼き／アジのおろし方（三枚おろし）
アジのなめろう／アジのさんが焼き

森山利也直伝! 冬のオススメ あっつあつ釣魚鍋料理 68
カサゴとホウボウのチゲ／キンメダイの和洋鍋
カワハギの肝コク鍋／イワシのシャキシャキつみれ鍋

揃えておきたい調理器具 72

カワハギの煮付け 74
カワハギの肝和え

マルイカの刺身 76
マルイカの姿寿司
マルイカの沖漬け

シイラの照り焼き 78
シイラのフライ

メジマグロとチーズのサラダ 80
サバのフリッター中華風

スズキの塩釜焼き 82
スズキのから揚げ五目あんかけ

カサゴの洋風豆乳鍋 84
カサゴの豆乳仕立てリゾット風

鯛めし 86
ウマヅラハギの薄造り

アオリイカのガーリックソテー 88
エンペラのイカ納豆

タチウオの天ぷら 90
タチウオのチャンジャ風

イイダコのタコめし 92
コウイカの肝和え

イナダのセビーチェ風 94
ブリ大根

イシモチのハンバーグ風 96
イシモチの酒蒸し

マダイのちらし寿司 98
マダイの潮汁

締めサバ 100
サバの焼きみそ風

アジと香味野菜ののっけもり 102
イシモチの空揚げキノコあんかけ

スズキの変わり揚げ 104
スズキのつみれの揚げ浸し

スズキの酒蒸し銀あん仕立て 106
スズキの梅肉和えかつお風味

ムギイカのソテー キモソースがけ 108
マルイカのエスニックチャーハン

森山塾長の
激ウマ魚料理

**『ボート倶楽部』で「快釣激ウマ 森山ボート塾」を連載していた森山利也さん。
記事では居酒屋を経営するプロの料理人であり、かつベテランボートアングラーでもある森山さんが、簡単でおいしい料理をテーマに数々のレシピをお届けしてきた。
森山さんは、迫力の風貌からはちょっとイメージしづらい“気配りの人”。そんな森山さんが、ビギナーにも無理なく作れるものとして紹介してくれた定番メニューから創作料理までがズラリと並ぶスクラップ記事……
これはもう「永久保存版」だ。**

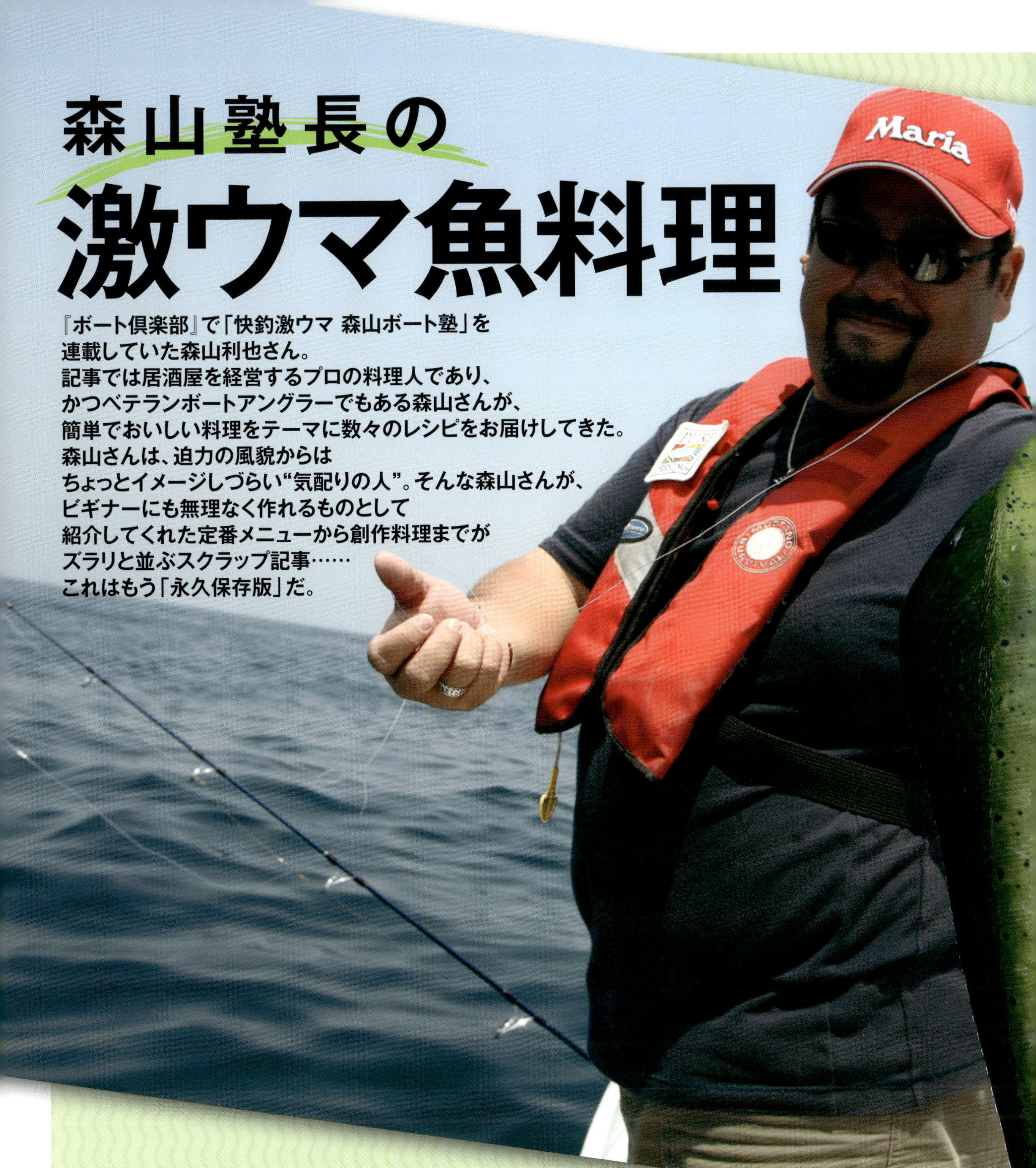

森山利也（もりやま・としや）：
千葉県富津市で居酒屋「はいから屋」を営む料理人。同店では、旬の魚や自家製の野菜など、新鮮な食材を使ったさまざまなメニューを楽しめる。
またアングラーとして各方面で活躍し、特にルアーフィッシングについては豊富な経験と見識を持つ。
『ボート倶楽部』の記事では、釣りと料理の両方で、その腕前を見せてくれた。

■ はいから屋　千葉県富津市青木1646　TEL:0439-87-9408

今年の夏こそ、台所デビュー！

森山塾長直伝のカンタン釣魚料理

自分で釣った魚は、自分で料理しておいしく食べたいもの。でも、どうやったらいいかわからない……。そんな魚料理ビギナーを代表して、本誌編集部員のホリウチが、隔月連載「快釣激ウマ 森山ボート塾」でおなじみの森山利也塾長に魚料理のイロハを伝授していただいた。釣る楽しみ、料理する楽しみ、味わう楽しみ……。魚料理の基本を覚えれば、釣りの楽しみは何倍にも広がるはず。これを読んで、あなたも今日から台所に立ってみませんか？

［文・構成］堀内 藍（本誌）　［写真］山岸重彦（本誌）

森山　私が魚料理をするのは、料理ももちろん楽しいけど、自分で釣ってきた魚をおいしく食べたいというのが一番の理由なんだ。

ホリウチ　でも、魚をおろすのはむずかしそうだし、ちょっぴり面倒くさそう。それに、どうやって始めたらいいかわからないんです……。一度、アジの三枚おろしにチャレンジしたんですが、身がぐちゃぐちゃになったり、中骨にたっぷり身が残ってしまったり、ひどい出来栄えだった覚えがあります。

森山　ポイントは、できるだけ魚にさわらないように、手早くおろすこと。でも、最初はうまくできなくて当然だよ。小魚なら、もし中骨に身が残ってしまっても、揚げて骨せんべいにすればいいしね。今回紹介する「なめろう」も、最後は身をすべてたたくから、きれいにおろせなかったり小骨が残っていても、気にしなくてOK。とにかくやってみることが大切だよ。

ホリウチ　なるほど。気楽に考えればいいんですね。

森山　失敗を減らすためにも、包丁やまな板なんかの道具類は最低限揃えよう。道具を揃えてしっかり準備しておけば、料理もうまくいくはずだよ。

ホリウチ　自分の魚用包丁があれば、気分も盛り上がりそう！　今回は、スーパーなどでも簡単に手に入って、ボート釣りのターゲットとしてもねらいやすい、サバとアジのおろし方を教えていただけるんですよね？

森山　うん。日本人になじみの深いサバとアジは、形もスタンダードだから、紹介した2種類のおろし方を覚えれば、ほかの魚にも応用が利くんだ。それに、料理の応用範囲も広いしね。私も大好きなサバは、足が早いこともあって、火を通す料理に向いてるんだ。アジなら刺身で食べるのがおいしいよ。身を叩いて生のまま食べてもいいし、それを焼いたりすまし汁に入れてもいい。食べ方のバリエーションも豊富なんだよ。

ホリウチ　想像しただけでよだれが出てきそう。腕に自信はないけど、魚料理って、なんだか楽しそうに思えてきました。

森山　そうそう。それに、何回かやるうちに慣れてくるよ。家族や仲間も喜んでくれるだろうし、ぜひやってみよう！

ホリウチ　はい、よろしくお願いします！

今回、講師役を務めていただいた森山さんが営む「はいから屋」は、千葉県富津市にある居酒屋。本来は焼き鳥屋だが、東京湾の旬の魚や自家製の野菜など、新鮮な食材を使ったさまざまなメニューを楽しめる。店内には、釣りの写真や使い込まれたルアーなどが置かれていて、釣り好き、魚好きにはなんとも居心地がいい空間だ。

海・山・里の味 はいから屋
千葉県富津市青木1646
TEL:0439-87-9408
営業時間 17:00〜22:00
定休日 月、火曜日

まずはこれだけ揃えたい
調理器具あれこれ

ここでは、魚料理を始める前に、揃えておきたい調理器具を紹介する。まず必要なのは、包丁とまな板。包丁はできれば魚専用のものを、まな板は大きいサイズのものを準備しよう。そのほかのものは、必要に応じて購入したり、家庭にあるもので代用してもいい。

包丁　本来は出刃包丁と刺身包丁が必要だが、ビギナーなら、刃渡り15～18センチの出刃包丁もしくは身卸《みおろ》し包丁が一本あればOK。出刃包丁は刃が厚くて重いが、骨を切るときなどは、包丁の重みを利用して切れるので便利。身卸し包丁は「舟行《ふなゆき》」ともいい、出刃包丁より刃が薄く、軽いので扱いやすい。これ一本で、魚をおろすところから刺身を作るところまでできる。価格は5000円から1万円くらいが目安だ。鋼の和包丁は錆びやすいので、使ったらすぐに洗って乾かしておくのが鉄則。電話帳などの厚い印刷物にはさんで保管しておくと、インクの油で錆が付きにくくなる。

まな板　木製でもプラスチック製でもよい。作業がしやすいよう、できるだけ大きなものを用意しておきたい。

砥石　包丁の切れ味を保つには欠かせない砥石《といし》。荒いほうから荒砥《あらと》、中砥《なかと》、仕上げ砥があるが、まずは中砥があればよい。使う前は、砥石を水に浸けておく。

ウロコ落とし　ウロコが少ない魚や小型魚の場合は包丁の刃先を使ってもいいが、専用のウロコ落としがあると便利。サイズも大小あるので、魚やウロコの大きさに合わせて使い分ける。

骨抜き　小骨を抜くための骨抜き。三枚におろした半身をそのまま刺身にする場合など、血合い骨を抜くときに必要。なお、この骨を抜く作業のことを「骨を当たる」という。

ペーパータオル　包丁やまな板の汚れを拭き取ったり、魚に付いた水分を吸い取るときに便利なペーパータオル。厚手のものが使いやすい。もちろん、清潔なふきんでもよい。

鍋　煮魚を作る際に使う鍋は、材料が多いときでも食材に均等に煮汁が浸かる、浅くて径の大きなものが使いやすい。深めのフライパンでも代用できる。

焼き網　焼き網を使えば、焼き魚をパリッと仕上げられる。火がまんべんなく当たるよう、セラミックスの板や網が付いたものがいい。

プラスチック製のまな板に載せた、調理器具いろいろ。左から、砥石、見卸し包丁、ウロコ落とし、骨抜き、ペーパータオル

鍋は、魚の量に合わせてサイズを選ぶ。焼き魚を作るときは、パリッと仕上がる焼き網を使うのがおすすめ

魚料理のキモは下準備にあり！

魚をおろすときに大切なのが下準備。始める前に、作業台のセッティングをしておこう。たとえば下の写真のように、中央にまな板を置き、左のバットにおろす前の魚を入れて、右のバットにおろし終わった魚を入れると決めておく。すると、左から右への流れができて、作業がしやすい。もちろん、方向は逆でもよい。

取り除いた内臓や骨を入れるボウル、キッチンペーパーも準備しておく。大きめのボウルに水をはっておき、包丁や手が汚れたら面倒くさがらずにそのつど洗うこと。また、ウロコを取って内臓を取り出すまでは、まな板の上に新聞紙を何枚か重ねて敷く。こうするとウロコや血でまな板が汚れず、そのあとの作業もスムースに行えるし、不要なあらなどの処理もラクだ。

流しが近くにない場合は、水を入れたボウルを用意。包丁や手が汚れたら、すぐに洗おう

料理を始める前にこのように準備しておくと、作業がスムースに行える。新聞紙もぜひ用意したい

サバのおろし方（二枚おろし）

まずは、基本的なおろし方である「二枚おろし」をマスターしよう。一尾の魚を骨が付いた半身と付いていない半身の2枚に分けるこのおろし方は、焼き魚や煮魚を作るときに使う。大きいサバだと包丁を握る手もつい力んでしまうが、力を入れず、スッと押すか引くかすると切りやすい。包丁を使う際は、まな板の中央ではなく、手前を使うこともポイント。

サバはウロコが細かいので、包丁の先端を使って、尾から頭へこするようにしてウロコを取る

胸ビレを残し、頭の付け根に包丁を入れ、中骨を切って頭を落とす。包丁は魚に対して垂直に入れる

肛門から浅く包丁を入れ、腹を切る

包丁を使って内臓をかき出す。中骨に向けて入れた刃を、外側に回転させるようにするとやりやすい

包丁の刃先で、中骨に付いている血や汚れをこそげ取る

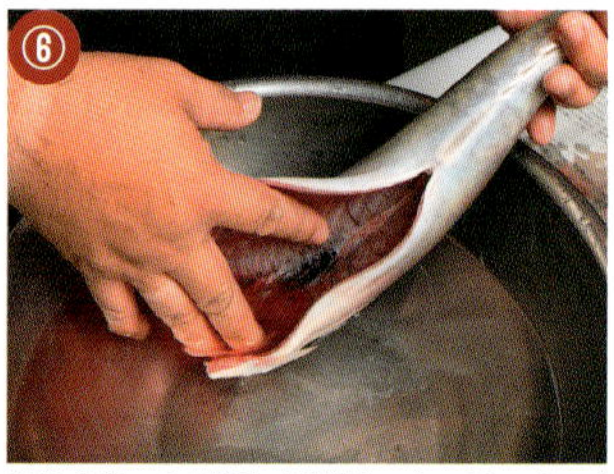

腹を水洗いして汚れを落とし、キッチンペーパーで水気を拭き取る。これ以降、極力水洗いしないようにする。一方、不要なあらなどと一緒に、まな板に敷いていた新聞紙を取る

魚の左面を上に、尾を手前にしてまな板に置き、背から尾にかけて中骨に沿って包丁を入れる。刃先が中骨に触れているのを確かめながら切ると、きれいにできる

魚を180度回転させ、頭を手前に置いて、尾から腹まで切り進める。腹ビレのところは切りにくいので、写真のように先に切っておくとよい

魚を横にして、尾の少し前に、腹側から背側へ向けて包丁を入れる。左手で尾を押さえながら中骨に沿って腹まで切る

尾のところでつながっている部分を切り離したら、二枚おろし完了

サバの塩焼き

定食などでおなじみのサバの塩焼きは、シンプルながら抜群においしい、サバ本来の味を楽しめるメニュー。焼く前に塩を振ってしばらく置いておくことで、味がなじむだけでなく、サバの臭みを取る効果もあるそうだ。焼いている最中は、できるだけいじらないようにするときれいに仕上がる。皮をパリッと焼き上げるのがポイントだ。

［材料］(4人分)

●サバ(30cm級)：1尾　●塩：適量

［作り方］

①サバの半身を適当な大きさに切り分ける。それぞれの大きさが均等になるようにしよう。

②熱が通って皮が縮むのを防ぐため、皮に浅く切り目を入れる。これを飾り包丁という。

③切り身の両面に塩を振る。30cmくらい上から振りかけると、均一になる。10分ほど置いて塩をなじませる。

④焼き網を十分に熱しておき、皮面(もしくは盛りつけるときに上になる面)から強火で焼く。焼き色が付いたら、身が崩れないようにトングやターナーを使ってひっくり返す。全体に火が通ったらできあがり。

サバの煮つけ

むずかしそうに見えて実は手軽にできるサバの煮つけは、炊きたての白いごはんにぴったりの味。身が崩れないよう、煮ているときはひっくり返さないようにし、盛りつけのときはターナー(フライ返し)を使いたい。みそ煮にする場合は、しょうゆの分量を減らしてみそを入れたり、しょうゆをみそに替えて作る。

［材料］(4人分)

●サバ(30cm級)：1尾　●ショウガ(薄切りにしたもの)：3～4枚

［煮汁］●酒：80ml　●砂糖：80ml　●しょうゆ：80ml　●みりん：80ml

●水：80ml(酒：砂糖：しょうゆ：みりん：水＝1：1：1：1：1が目安)

［作り方］

①鍋に煮汁と薄切りにしたショウガを入れる。煮汁はすべての材料を合わせて鍋に入れたとき、切り身がひたひたになるくらいの量を目安にする。青魚は臭みがあるので、味付けを濃いめにするとよい。

②沸騰させた煮汁に、皮を上にしてサバの切り身を入れる。

③アルミホイルで落としぶたをし、強火のまま煮る。こがさないようにときどき鍋をゆすり、煮汁がトロッとするまで煮詰める。

④アルミホイルの周りに泡が付いてきたら、火を止める。身が崩れないよう、盛りつけにはターナーなどを使うとよい。

アジのおろし方

（三枚おろし）

次は、もっとも一般的な「三枚おろし」に挑戦しよう。
一尾を半身2枚と中骨に分けるおろし方で、
二枚おろしの応用ともいえる。
残った中骨は、小型の魚なら
片栗粉をまぶして二度揚げすれば、
カルシウムたっぷりの骨せんべいとして食べられる。
また、アジはゼイゴ（ゼンゴ）と呼ばれる
硬いウロコがあるので、
皮を引かずに調理する場合は、
最初に包丁で取り除く。

魚が小さく細かな部分が多いので、包丁の先端を使って、尾から頭へこすするようにしてウロコを取る。皮をはぐときは取らなくてもよい

包丁を寝かせて入れ、ゼイゴを取る。尾から頭のほうへ包丁を細かく動かしながら刃を進める。ウロコと同様に、皮をはぐときは取らなくてもよい

後頭部から胸ビレの後ろに引いた、斜めの線に合わせるように包丁を入れ、カマ下落としにする。切り落とした断面も斜めになるように、包丁を少し寝かせて切る

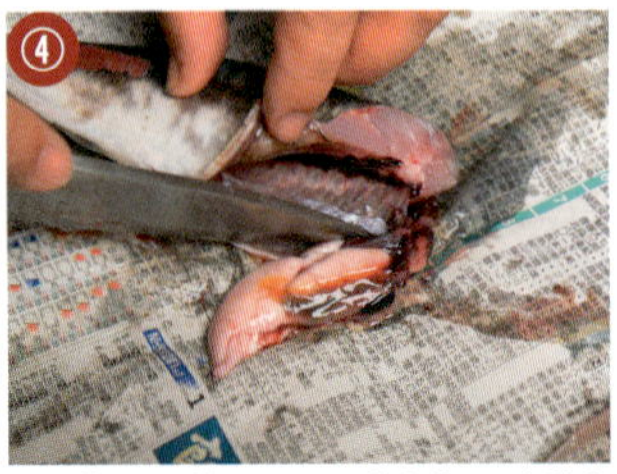

頭を落とした断面から、刃先を使って内臓をかき出す。取り出しにくいときは腹に切り目を入れるとやりやすい。血合いを取って腹を水洗いし、水気を拭き取る。新聞紙は取り除く

魚の左面を上に、尾を手前にしてまな板に置き、背側に頭から尾へと包丁を入れる。包丁の先端が中骨に当たっているのを確認しながら、尾まで切る

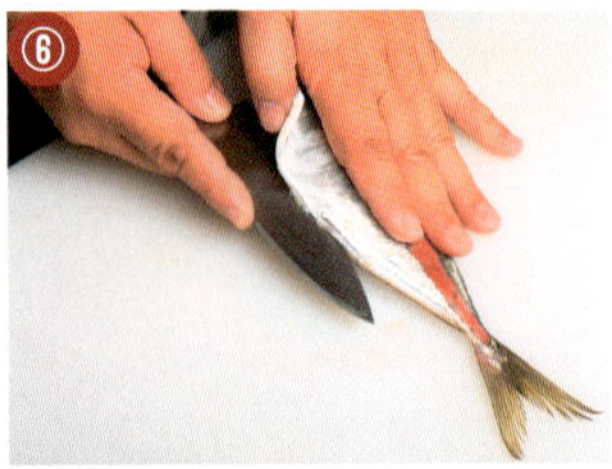

魚を180度回転させて頭のほうを手前にして置き、腹から尾にかけて切る

魚を横にして、尾の少し前に、腹側から背側へ向けて包丁を入れる。左手で尾を押さえながら、中骨にそって腹まで切る

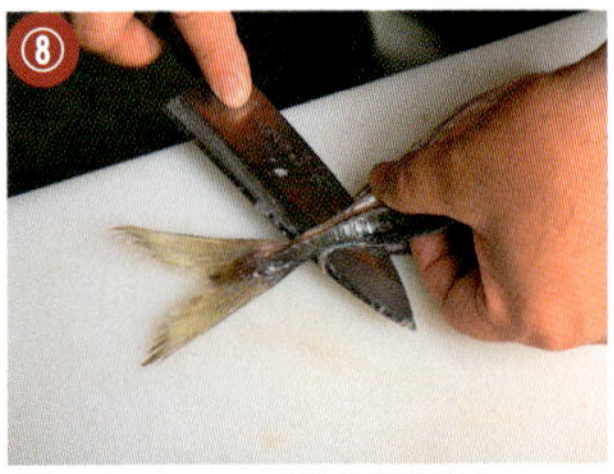

尾とつながっている部分を切り離す

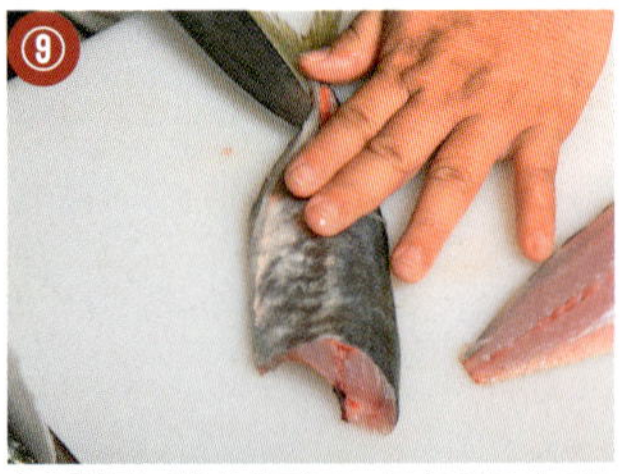

魚を裏返して中骨を下にし、尾を手前にしてまな板に置いて、腹側に頭から尾に向かって包丁を入れる。⑤と同様、包丁の先が中骨に当たっているのを確認しながら、尾まで切る

魚を180度回転させて腹を手前に置き、背側を尾から頭へ向けて切る

⑦と同じように、尾を右側にして横に置き、尾の少し前に、背側から腹側へ向けて包丁を入れる。中骨に沿って腹まで切ったあと、尾を切り離す

包丁を寝かせて腹骨をすき切る。このとき、身を切りすぎてしまわないように気をつける。三枚おろしのできあがり

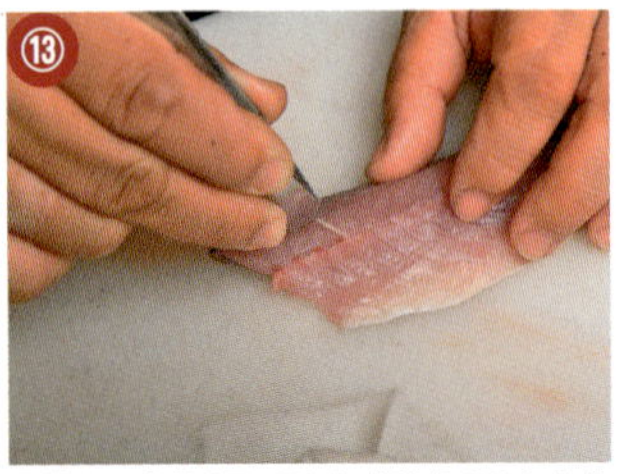

骨抜きで小骨を取り除く。押さえる手や骨抜きで身を傷めないように注意する。今回のように身を細かく切るときは、少しくらい骨が残っていてもOK

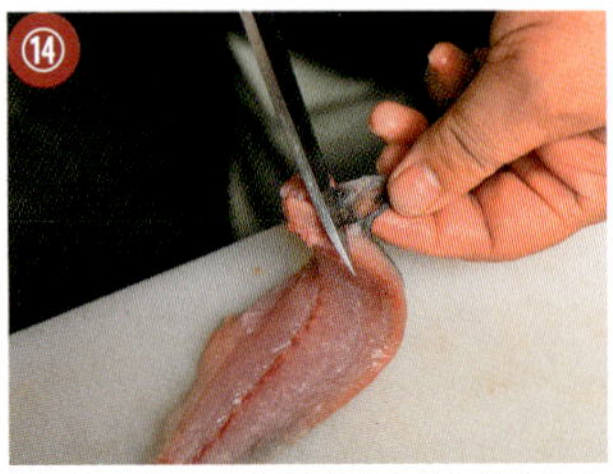

包丁の刃先で、頭のほうから少し皮をむく。そのまま、身をはがさないように注意しながら、手でむいてもよい

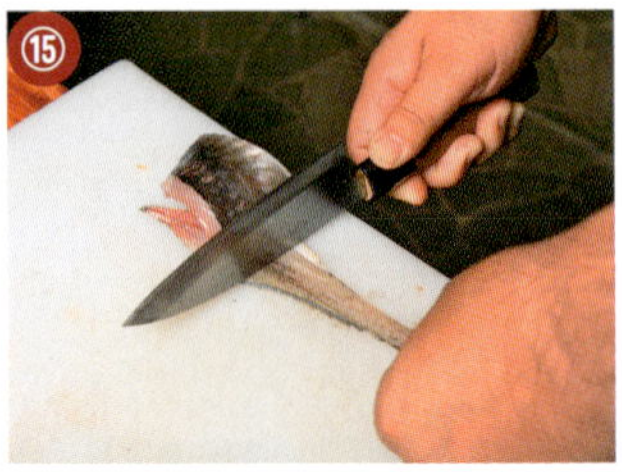

手でむくと皮に身が付いてしまうことがあるので、包丁を使うのがおすすめ。左手で皮を押さえ、包丁の背をまな板に押しつけながら右に動かして、皮をはいでいく

アジのさんが焼き

本来はアワビの貝殻になめろうをつめて焼く「さんが焼き」は、耐熱容器を使えば手軽に作れ、なめろうとはひと味違ったおいしさが楽しめる。ほかに、なめろうを大葉で巻いてフライパンで焼いたり、まとめて魚ハンバーグにしても美味。スプーンですくってまるめ、すまし汁に入れれば、つみれ汁になる。

［材料］(4人分)
●なめろうと同じ

［作り方］
①薄く油をひいた耐熱容器になめろうを入れて、大葉を載せる。
②上火のあるオーブンやトースターなどで、強火で焼く。ある程度火が通り、表面に軽く焦げめがついたらできあがり。

アジのなめろう

房総の郷土料理として有名な「なめろう」は、漁師が釣りの合間に船上で作ったのが始まりといわれる。あまりのおいしさに、皿までなめてしまうからこの名がついたのだとか。手軽にできておいしく、切り身の形を気にすることもないので、魚料理のビギナーも安心してできる一品だ。イサキやムツなど、刺身で食べられる魚ならなんでも応用できる。

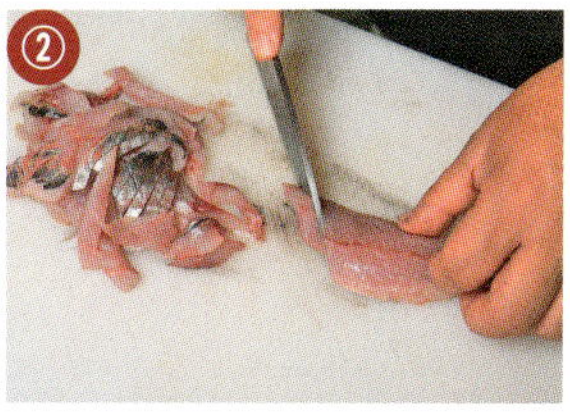

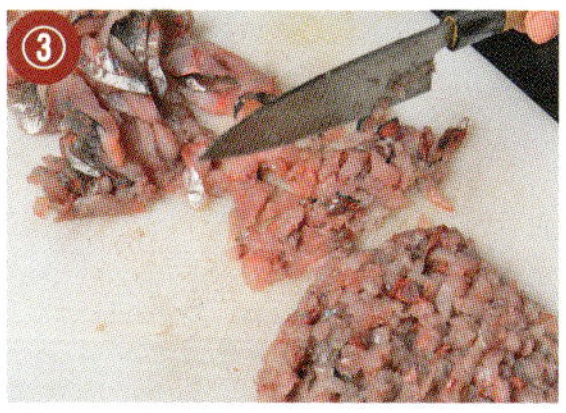

［材料］(4人分)
●アジ(25cm級):4尾　●アサツキ(万能ネギでも可):1/3把　●大葉:3〜4枚　●ショウガ:1/3かけ　●みそ:大さじ2弱

［作り方］
①アサツキを小口切りに、大葉とショウガをみじん切りにする。味がなじみやすいよう、できるだけ大きさをそろえて切る。ショウガはすりおろさずにみじん切りにすることで、食感や香りを楽しめる。
②アジの身を細切りにする。
③手首を使い、まな板に包丁の根元を当てる要領で少量ずつ叩いていく。ひととおり終えたら、ほかの材料と同じくらいの大きさになるまで、もう一度叩く。
④叩いた身をひとまとめにし、真ん中にアサツキ、大葉、ショウガ、みそを入れて、周りから包むようにして混ぜる。包丁の刃全体を使い、ねっとりするまでさらに叩く。味が足りなければ、みそを足して調節する。

森山利也直伝！

冬のオススメ あつあつ釣魚鍋料理

今月から本誌で連載もスタートした森山利也さんは、エサ釣りからルアー釣り、さらに海外での大物釣りなど、幅広い釣りをこなすアングラーにして、居酒屋「はいから屋」の店主の顔を持つ。そんな森山さんには、冬の釣魚を使って和食系の鍋4品を提案してもらうことにした。どれもが手軽で、しかも、とっても美味しい鍋なので、ぜひ自身で作って食してみてください。ハマること請け合いだ。（編集部）

[文]森山利也　[写真]赤羽真也

photo by Jun Arata

森山 利也（もりやま・としや）

千葉県富津市にある居酒屋「はいから屋」の店主。エサ釣りからスズキのルアー釣り、海外での大物ねらいのジギング＆キャスティング、あるいは淡水でのマス釣りなど、幅広い釣りをこなす。東京商科学院専門学校の非常勤講師、ピュアフィッシングジャパン・プロスタッフ。マイボートはシーレイ・ラグーナ24。今月から本誌の連載「快釣激ウマ 森山ボート塾」もスタートした。

「はいから屋」

TEL：0439-87-9408

暖冬とはいえ、鍋料理の恋しい季節になってきました。うれしいことに、昨年は鍋料理の主役のひとつ、白菜が豊作。私のお店でも、鍋を始める時期の基準は、仕上がりのよい白菜（葉が詰まり、なかが黄色いもの）が出回るようになってからです。ほかの具材がよくても、白菜がスカスカでは美味しくないですからね。

さて、釣魚で鍋を作る場合、どんな魚が適しているのでしょうか。まあ、ほとんどの魚は使えますが、個人的にはいわゆる「底もの系」がオススメ。底ものの魚は、ほどよい脂と淡白な身質が鍋料理にピッタリ合うんですね。

鍋料理というのは、それぞれの具材の集大成です。ある程度、それぞれの持ち味を生かせる組み合わせはあると思いますが、あまりこだわらずに挑戦してみてください。ただ和食系の、薄味の素材を生かす際にオススメできないのは、魚の鍋に「肉類を入れること」。それぞれの個性が出すぎてしまい、まとまりのない味になってしまいます。魚主体の鍋には、貝類や海藻類がやっぱり合います。肉類を入れたい場合は、鶏肉くらいにしておきたいところ。もちろん、キノコ類は鍋料理の万能選手ですから、たっぷり使いましょう。

今回の鍋には、自家製の白菜に自家製のシイタケ、キノコ類はエリンギ、シメジ、エノキを基本とし、さらにそれぞれの鍋に合わせた食材少々を加えて使います。魚に関しては、釣魚としてなかなかメインにはならないけれど、ひと工夫で美味しく食べられるものを選んでみました。

作る際の基本的な注意点としては、魚の下処理をしっかりすること。内臓や血合いが残っていると鍋のなかも濁りますし、雑味や臭みが出てしまいます。これを回避するには、まず下処理を終えた魚を食べやすい大きさに切り、平らなザルなどに、重ならないように並べます。次に、上から熱湯をかけ、すぐに冷水のボウルに入れ、再度ていねいに手でウロコや血合いなどを落とします。こうすると、臭みが消えてきれいになりますし、煮くずれも防げます。この方法は、アラ煮や潮汁《うしおじる》などを作るときにも使える、魚料理の基本技です。

また、あまりグツグツと煮込みすぎないことも大切です。魚は肉に比べて身くずれしやすいので、火にかける際は中火から弱火で。魚には火が通ればば十分。そのため、事前に骨やアラを使って別の鍋でスープ（少し濃いめのお吸い物くらいの味）を作っておき、これを材料が入った鍋に入れます。

最後に、最近はやりの豆乳鍋を作る場合、豆乳は成分無調整タイプを選びましょう。飲んだときに感じる独特の青臭さは、煮込むことで消え、代わりにきちんとコクが出ます。

寒い夜は根魚です　**キムチ味**

カサゴとホウボウのチゲ

鍋料理のなかでも体の芯からあったまるのがチゲ。今回は簡単に市販の「キムチ鍋の素」を使ってみましたが、豆板醤やXO醤などを使ってオリジナルの味にしてもいいですね。辛さが苦手の方は、リンゴをすりおろして入れると味が優しくなります。ニラも、煮すぎないようにしながらたっぷり入れましょう。

［材料（3人分）］

カサゴ、ホウボウ	3〜5尾	焼き豆腐	適宜
白菜	5枚	ニラ	適宜
ネギ	1本	キムチ	適宜
キノコ類（シイタケ、キエリンギ、シメジ、エノキ）	適宜		

1 別の鍋でスープ作り。鍋にダシ昆布を入れて火に掛け、市販の「キムチ鍋の素」を入れて味を調えます。最近の市販のスープのもとは、とっても美味しいので家庭料理には便利です

2 小さなカサゴはウロコを取り、内臓とエラを取って丸ごと鍋に。ホウボウは頭を落とし、内蔵を取ってぶつ切りに。白菜、ネギ、キノコ類、焼き豆腐なども入れましょう

3 市販の「キムチ鍋の素」だけでも十分美味しいですが、見栄えと彩りも考えてキムチも少々入れると、一段と鍋が引き立ちます

4 先ほどのスープを入れて火にかけます。魚に火が通ったら出来上がり。ニラは煮すぎないように一番最後に入れたほうがよかったですね

冬場のあったか鍋の代表格、チゲは、食べると身も心もポッカポカになります。今回、魚はカサゴとホウボウを使っていますが、タラやキンメダイなどでもグッドです

イメージとしてはクリームシチューのさっぱりした感じですかね？ でもコクもあって美味しいです。流行の豆乳鍋ですが、ヘルシーでやさしい味ですので、女性にも受けるのではないでしょうか

魚との相性は抜群！　豆乳味

キンメダイの和洋鍋

正直にいうと、初めて作った豆乳鍋。もともと豆乳は好きだったので、味のイメージはできていましたが、これほど魚と合うとは驚き。豆乳は成分無調整のものを使っています。今回はキンメダイを入れましたが、ほかにシロギスやアマダイ、イトヨリなど、洋食に合うような魚が、きっと美味しいと思います。

［材料（3人分）］

キンメダイ	小3尾
白菜	5枚
キノコ類（シイタケ、エリンギ、シメジ、エノキ）	適宜
オリーブオイル（できればエキストラバージン）	適宜
ショウガ	適宜
ニンニク	適宜
アサツキ	適宜
豆乳	1リットル

1

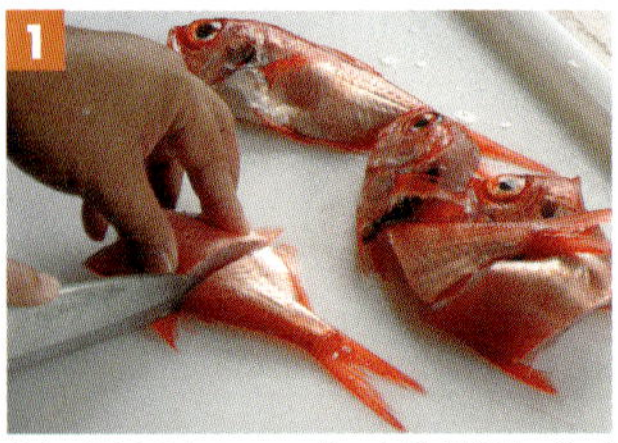

キンメダイのウロコ、エラ、内臓を取り、食べやすい大きさに切ります。下処理はすべて95ページの本文で述べたようなやり方で、ていねいに行いましょう

2

土鍋にオリーブオイル（エキストラバージン）を入れ、ショウガ、ニンニクのみじん切りを入れて炒めます。次にキンメダイの切り身を入れ、軽く塩を振って、からめます

3

いよいよ豆乳の投入。豆乳鍋の場合、ほかの鍋のように別の鍋でスープを作るのではなく、直接土鍋で作っていきます

4

白菜、エリンギ、シメジ、シイタケなどのキノコ類を多めに入れ、火にかけてひと煮立ちさせ味を調えます。最後にアサツキを散らせば出来上がりです

絶品の肝をみそ味で　みそ味

カワハギの肝コク鍋

鮮度が命の肝を使う鍋なので、やはり釣魚が最適。カワハギの肝が多いほど、濃厚な味が楽しめます。肝や内臓を取り出す際は、胆のう（緑の玉状のもの）をつぶさないように注意しましょう。苦くなってしまいますよ。みそ味ベースですが、お好みで唐辛子や豆板醤を入れても美味しくいただけます。

［材料（3人分）］

カワハギ	3～5尾
白菜	5枚
ネギ	1本
焼き豆腐	適宜
キノコ類（シイタケ、エリンギ、シメジ、エノキ）	適宜
みそ	適宜

1

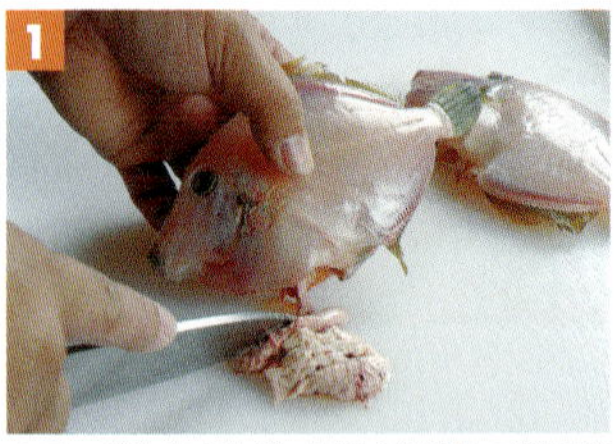

カワハギは皮をはぎ、内臓を処理して肝を取り出します。小さいカワハギだったら、丸ごと鍋に入れても大丈夫です

2

鍋にはあらかじめ具材を入れておきます。今回はカワハギのほかにシイタケ、エリンギ、シメジ、エノキ、焼き豆腐を入れました

3

肝は塩水で洗い、ペーパータオルなどで水気を切ったのち、包丁でたたいてペースト状にします。次に別の鍋に濃いめの味噌汁を作り、ペースト状になった肝を溶き入れます

4

スープの味が調ったら、先ほどの具材を盛り付けた鍋に入れ、火にかけて煮込めば出来上がり。唐辛子や豆板醤を入れると、ピリっとして、また別の味わいも楽しめます

鮮度のいい肝を使って作る鍋は、釣り人の特権。肝を入れるとスープにコクが出ます。みそ味の鍋は、肝はなくてもサバやイナダなどの青もので作っても、なかなかいけます

普段、扱いに困る雑魚だって、つみれにすれば美味しくいただけます。シャキシャキした水菜を入れると、つみれの味がグンと引き立つので、ぜひ試してみてください。お好みでポン酢でもどうぞ

雑魚も捨てずに上手に食す　**塩味**

イワシのシャキシャキつみれ鍋

サビキでアジなどをねらっていると、よく釣れるシコイワシ(カタクチイワシ)も、ひと手間で美味しいつみれに！　これは、そんなつみれのふわふわ感と水菜のシャキシャキ感を、コクのある塩味でさっぱりと味わう鍋。ネンブツダイやアジ、イサキ、トラギスなどで作ったつみれも、かなりいけますよ。

[材料(3人分)]

- カタクチイワシ、小サバなど――20尾
- 白菜――5枚
- ネギ――1本
- キノコ類――適宜
- 水菜――適宜

つみれ用調味料
- ショウガみじん切り――適宜
- みそ――適宜
- ネギ――適宜
- 小麦粉または片栗粉――適宜

1 イワシの頭と尻尾を落とし、内臓を出して、きれいに洗ってから水気を切ります。数が多いと少々面倒ですが、20尾くらいはほしいところです

2 下処理が終わったイワシを、まずはぶつ切りにして、端からていねいにたたいていきます。真ん中からたたいていくと、身が飛び散りますから注意しましょうね

3 ある程度たたいたらショウガ、みそ、ネギ、小麦粉を加えて混ぜ合わせます。このとき、ショウガはすりおろすのではなく、みじん切りで。こうすると、食べたときに口のなかでショウガの風味が生きてきます

4 鍋にダシ昆布を入れてお湯を沸かし、沸騰したら火を弱めて、先ほどのイワシをスプーンで形を整えながらつみ入れます(強火だと、つみれがバラバラになってしまうので、かならず弱火で)

5 つみれが浮いてきたら取り出し、残ったスープに塩を入れて味を調えます。好みでお酒を少々入れてもいいですね

6 具材を盛り付けた別の鍋に、**5**のスープを入れ、火にかけます。具材にある程度火が通ったら、水菜とつみれを投入。ちなみに、つみれの語源は、作る際に「摘(つ)む十入れる」ところからきてるって、知ってました？

今回の鍋料理は、
家庭で作ることが前提。
だから、なるべく手軽に、
でも、美味しくがモットー。
基本を押さえ
楽しく作りましょう

揃えておきたい調理器具

○**出刃包丁または身おろし包丁**
（刃渡り15センチ前後）
○**刺身包丁**
（刃渡り12センチ前後）
○**ウロコ落とし**
○**まな板**
○**砥石**

ここでは、釣魚料理に欠かせない道具、包丁について少しだけお勉強しましょう。

基本となるのは「出刃包丁」。刃には角度がつき、峰は厚く、ちょっと重いけど、これ一本あれば、おろす、切る、（頭などを）割るをすべてこなせ、魚料理は無敵です。

家庭で使うなら、刃渡り（刃の長さ）15センチが目安。包丁の長さは基本的に一寸（約3センチ）刻みなので、これより短いと12センチ、長いと18センチになります。

余裕があれば、これに「刺身包丁」を加えれば完璧。もしくは、この2本を「身おろし包丁」1本でまかなうのも手です。

魚用の和包丁は通常の包丁より少し高めですが、1万円くらいのものを買えば一生もの。大切に使いましょう。和包丁は研ぎながら使うのが基本なので、よい包丁を買ったら砥石《といし》も用意し、使うたびに研いで、しっかり水気を切っておくと長持ちします。

まな板のサイズも重要です。自分の釣る魚とキッチンの大きさに合わせて、少し大きめ（あまり見栄は張らない程度に）を用意するのがオススメです。よく見かけるプラスチック製の白いまな板でOKです。

包丁の種類と手入れ

ここでは、魚用の和包丁としてメジャーな出刃包丁と刺身包丁に加え、これらの機能を兼ね備えた身おろし包丁と、和包丁には欠かせない包丁研ぎについて解説します。みなさんも、ぜひお気に入りの一本を手に入れてください。

1

上が身おろし包丁、下が出刃包丁。身おろしのほうが幅が狭く、扱いやすいが、大きな魚には向かない。漁師が船に積んでいたことから「舟行（ふなゆき）」とも呼ばれる

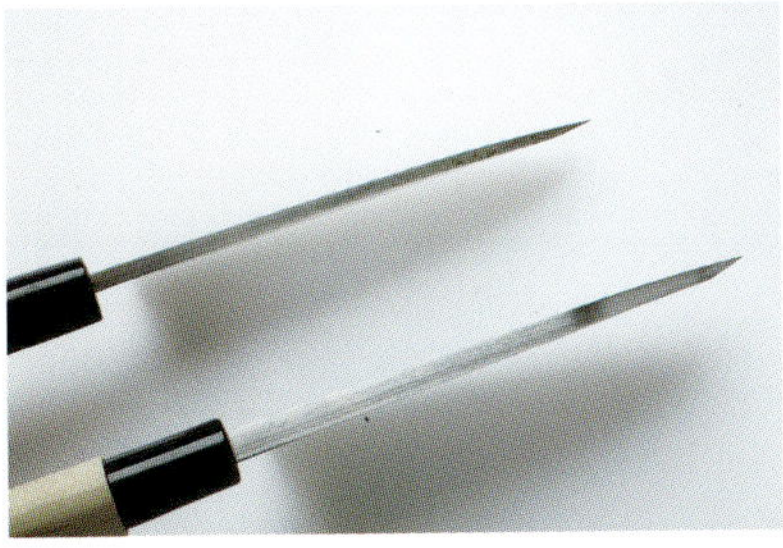

2

身おろし包丁（上）は、出刃包丁（下）に比べると刃も薄く、ちょっとした刺身ならばこれ1本ですべて事足りる。あまり売っていないのが難点だが、最初の一本としてもオススメだ

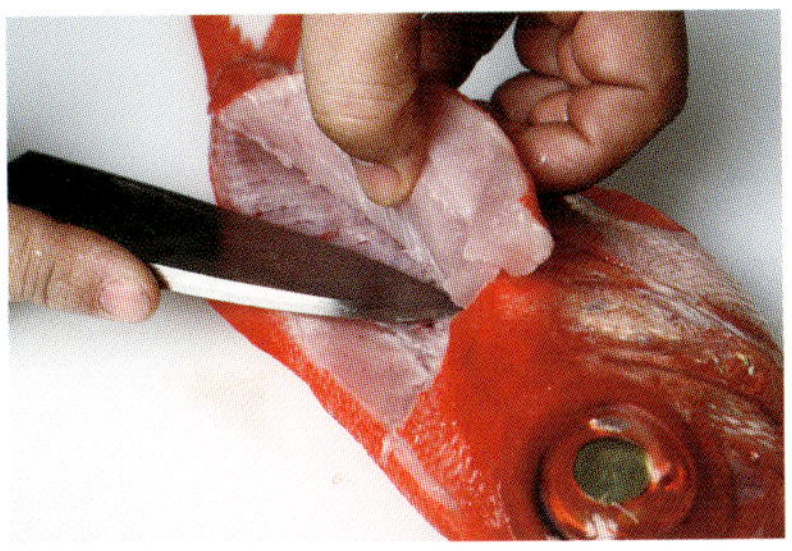

3

魚をさばく際には、刃先を中骨に沿わせるようにしながら、刃の角度を利用して切り進む。最初は無理して一度に切ろうとせず、なんどかに分けて包丁を入れよう

4

出刃（下）と比較すると細く長い刺身包丁（上。柳刃包丁ともいう）。峰の先端が丸い柳刃は関西で、角張っているタコ引きは関東でよく使われる

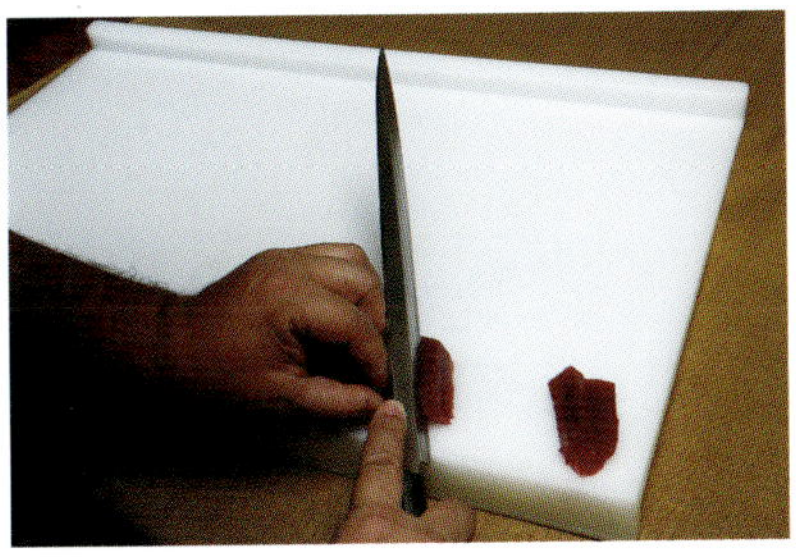

5

刺身包丁は、アゴ（刃の後端）の部分から刃を入れて、切っ先まで一気に引くように、長い刃渡り全体を使って刺身を切る。なお、さばくとき、刺身にするときは、基本的に魚をまな板の手前に置く

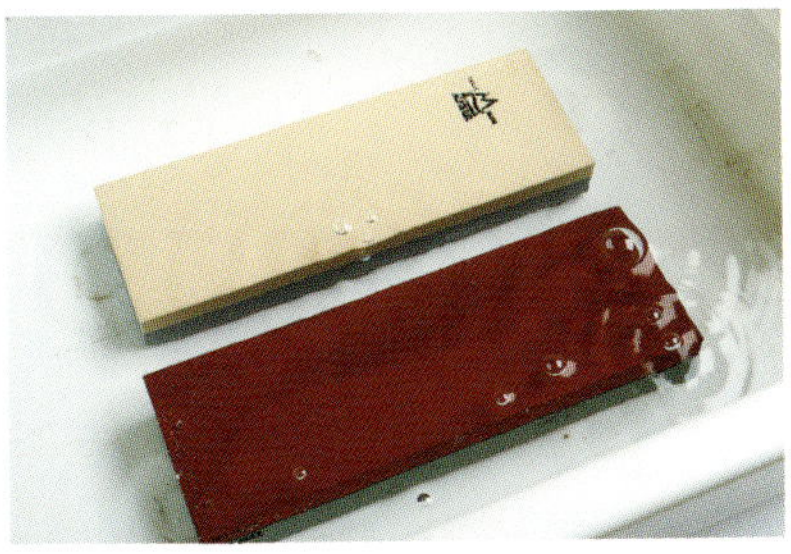

6

包丁は切れ味の良さが肝心。砥石は、鋼の和包丁ならば中砥と仕上げ砥、ステンレス包丁なら荒砥と中砥を用意しよう。砥石は、使う前には十分に水に浸けておく

7

包丁をしっかり握り、力まず、一定の角度（100円玉1枚を挟んだ程度）を保って、根元、真ん中、刃先の順に砥石の上を滑らせるように研ぐ。裏側は「かえり」（裏側にできるバリ）を平らにする程度で十分

8

塾長は、古くなった電話帳や分厚いマンガ雑誌などに包丁を刺して保管している。こうすると、余分な水分が吸収され、インクの油分で錆を防ぐことができる

今月のワンポイント● ウロコ取りの秘密兵器

魚をさばくにあたり、まずネックになるのがウロコ取り。通常、広い部分は市販のウロコ落としを（写真A）、頭周りやヒレ周りなどの細かな部分には包丁を（写真B）使うものの、取れたウロコがあちこちに飛び散り、魚臭くなってしまうのが難点です。

そこで今回は、自作できる便利なウロコ取りの道具をご紹介。

材料は、今ではどこにでもあるペットボトル。飲み口を残し、10センチくらいのところを、カッターのようなもので斜めに輪切りにするだけで完成！

ペットボトルを斜めに切ることで、ヒレの付け根などの取りづらいウロコにも対応。飲み口部分をしっかりつかんで、尾から頭に向かってウロコを剥がすと、取れたウロコの多くがペットボトルのなかに溜まるので後始末も簡単です。

これぞ、「目からウロコ」って感じでしょ？

A

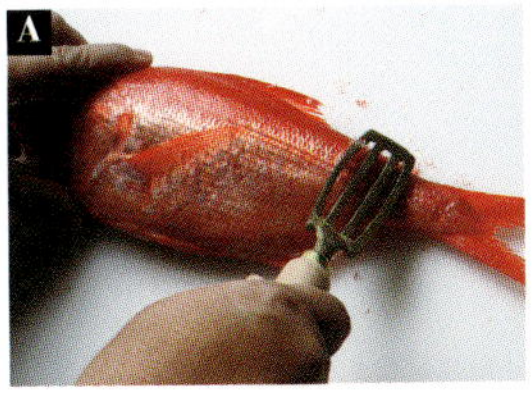

B

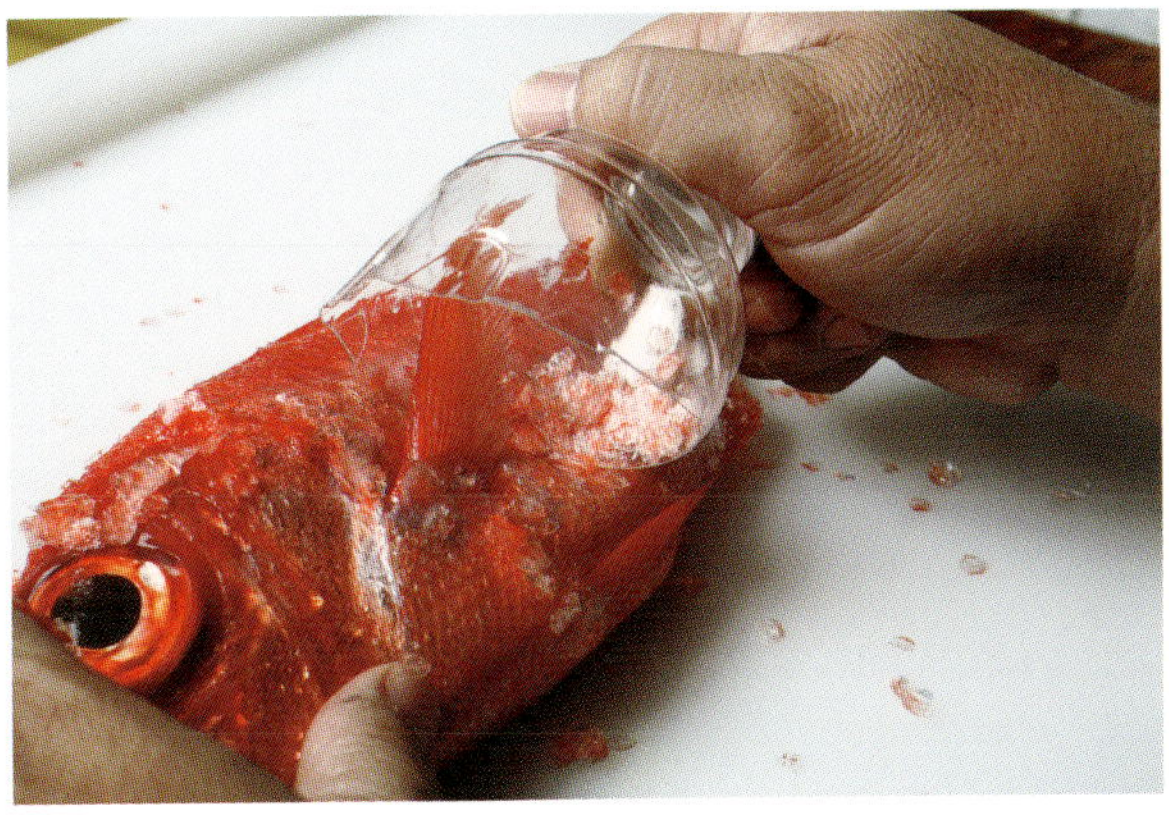

冬が旬、肝のうまさがたまらない

カワハギ料理二種

カワハギの肝和え

［材料］2人分
20センチ級カワハギ……1尾
大葉……2枚
ワケギ……適量

カワハギの煮付け

［材料］2人分
18センチ級カワハギ……4尾
砂糖……50ml
酒……50ml
醤油……50ml
みりん……50ml
水……50ml
※調味料と水はすべて同量
ショウガ……適量
三つ葉など……適量

カワハギは、ほかの魚と同様、きちんと冷やして持ち帰りましょう。

氷をたっぷり用意したクーラーに海水を入れて庫内を冷やしておき、そのなかへ、ビニール袋などに入れたカワハギを入れればOKです。

持ち帰ったらできるだけ早く皮をはぎ、内臓を出しましょう。雑食性の魚ですから、内臓がいつまでも入っていると、そこから臭みが出てしまいます。

冬場のカワハギは特に肝を食べたいので、その処理は迅速に！　なお、肝にはニガ玉（胆のう）が付いていて、これが破れると全体が苦くなってしまって台なしです。肝を扱うときは、肝自体もつぶさないように注意しつつ、このニガ玉をきちんと取り除きましょう。

カワハギは身はがれも良く、小骨も少ないので、調理しやすく食べやすい魚ですよね。フグの仲間ですから刺身も美味。今回作った「肝和え」（「とも和え」ともいいます）も美味ですが、身を薄造りにして肝を醤油に溶いて食べる「肝醤油」も最高においしいですよ！

「カワハギの肝和え」の作り方

カワハギの料理は肝が決め手。今回作った肝和えは、肝のコクと身の歯ごたえがマッチした、魚好きにはたまらない一品です。冬限定の濃厚なおいしさをぜひ楽しんでみてください。

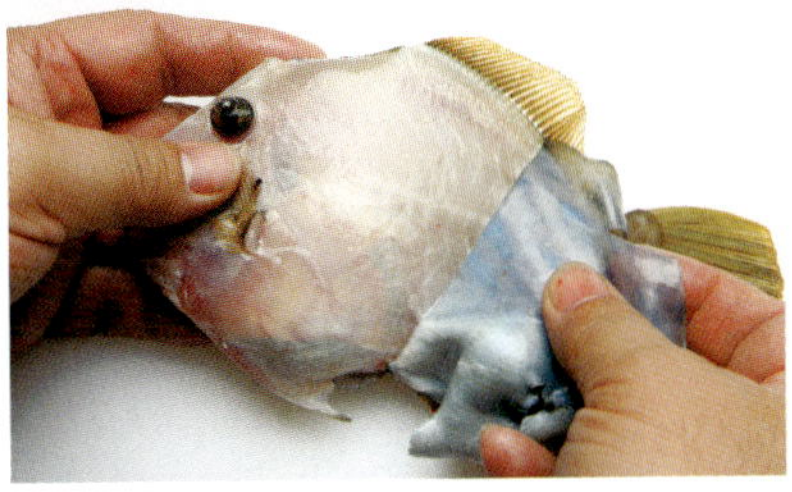

1

口の先端とツノを切り落とし、口の部分に横に包丁で切れ目を入れ、そこから皮をはぐ

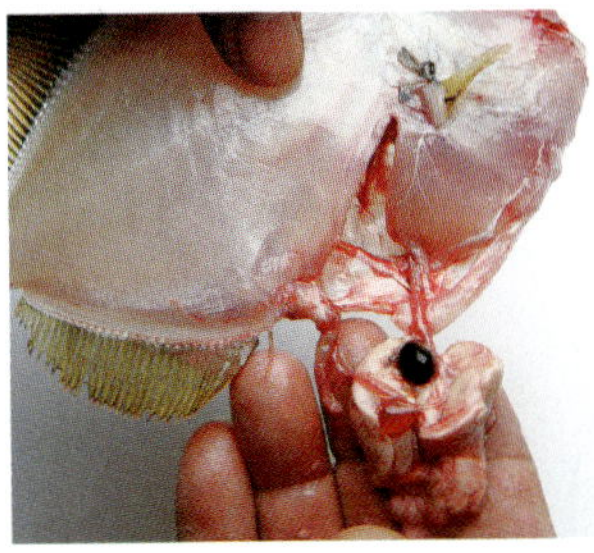

2

右側の腹に包丁目を入れ、内臓、肝を取り出す。煮付けも、ここまでの手順は同じ。包丁を右側に入れるのは、煮付けを盛り付けたときに包丁目が隠れるようにするため

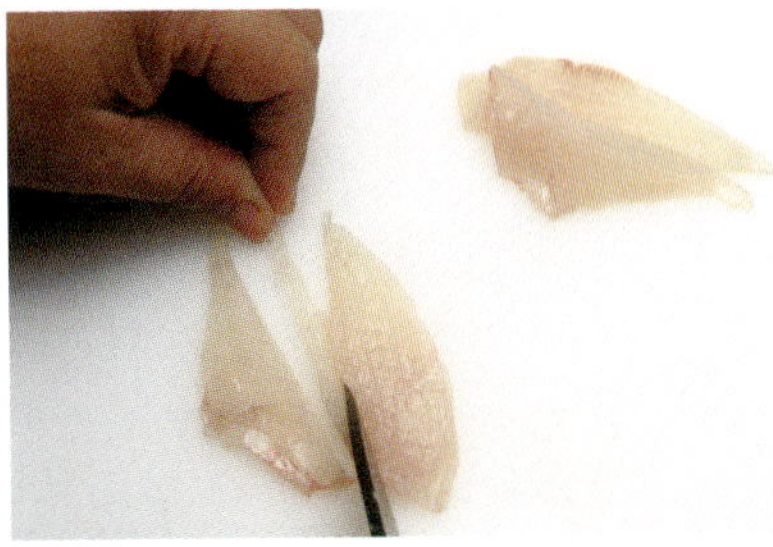

3

全体を水洗いして水気を拭き取り、頭を落としたら三枚におろす。続けて、血合い骨の部分を取り除きながら半身を二節に切り分ける

4

節取りした身は、細めの糸造りに。肝醤油で食べる場合は、この段階で薄造りにする

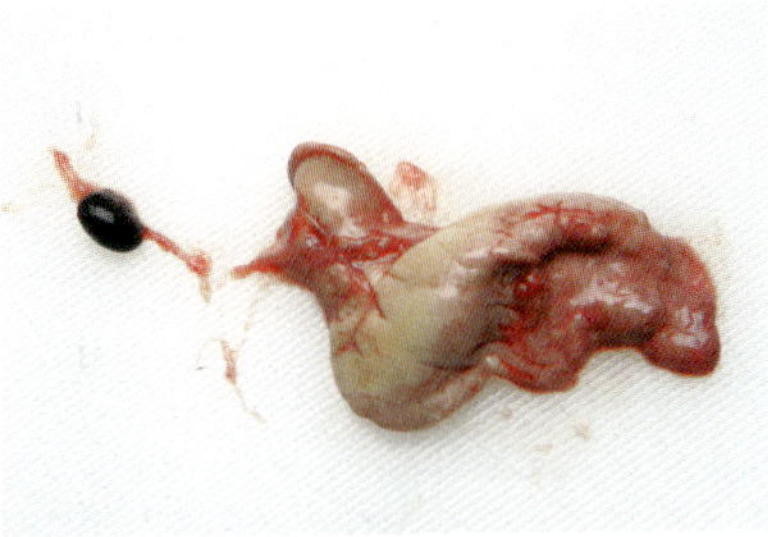

5

肝を扱うときは、つぶさないようにていねいに。写真左側に見えるのがニガ玉。これをつぶしてしまうと料理全体が台なしになるので気をつけよう

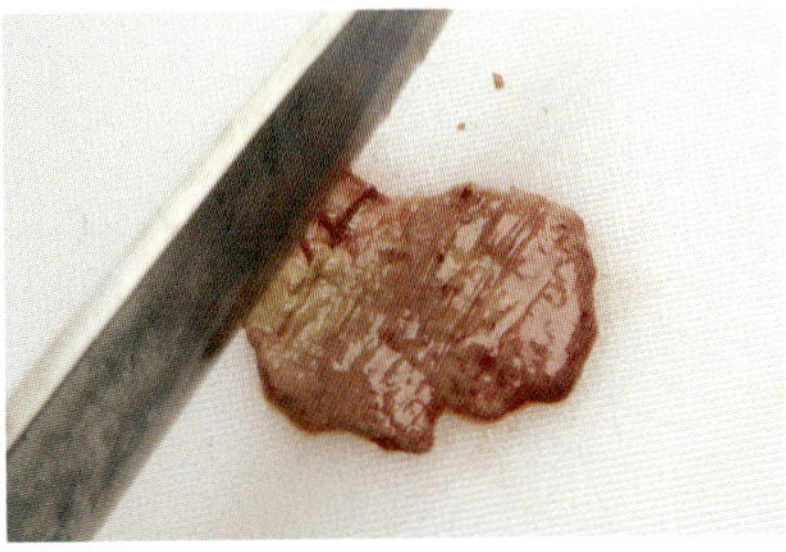

6

肝を包丁で叩き、ネットリさせる。こうすることで、肝のなかの細かな繊維が切れて、口当たりが良くなる

完成 4と6とをボウルに移してよく和え、大葉を敷いた小鉢の上に盛る。その上に、彩りとしてワケギの小口切りなどをあしらってもよい。ほんの少し醤油をたらして召し上がれ

今月のもう一品 ● カワハギの煮付け

手順A カワハギの下処理は、肝和えの手順2までと同じ。水洗いして水気を拭き取ったら、腹のなかに肝を戻しておく。魚がひたひたになる程度の煮汁(砂糖：酒：醤油：みりん：水の割合は1：1：1：1：1)と薄くスライスしたショウガ数枚を浅い鍋に入れて火にかける。沸騰したところでカワハギを入れ、アルミホイルで落としぶたをして強火のまま煮る

手順B 魚が全体に白くなったら弱火にし、もう数分煮る。外側が飴色で、なかの身は白い程度を目安に、煮すぎないように注意しよう。煮上がった魚を皿に取ったら、煮汁だけを煮詰めてとろみを付ける

完成 皿に盛ったカワハギの上に、煮詰めた煮汁をかける。彩りとして、ゆでた三つ葉やシイタケなどを添え、針ショウガなどを乗せてもよい。身を濃いめの煮汁に付けながら食べる

A

B

マルイカの刺身

身の柔らかさと独特な甘みがこたえられない

マルイカの刺身

［材料］3人分

25センチ級マルイカ ……………… 2尾

大葉 ……………… 適量

クラッシュアイス ……… 適量

釣れるときに釣らなければならないのがイカ釣り。大きな群れに当たれば、ゆっくり保存してもいいのですが、そんな機会はなかなかありません。

そこで、艇内に取り込んだイカはとりあえずイケスなどで生かしておき、釣れなくなったときにまとめて処理します。

イカは、水のなかで死んでしまうと白くなるし、氷に直接当ててもダメ、真水に触れてもダメです。本来なら、手で触るのも避けたほうがいいくらい。まぁ、そこまで神経質にならなくてもよいのですが、持ち帰るときは、水を吐かせてから冷凍保存用のファスナー付きの袋に入れ、それからクーラーにしまうと鮮度を保ったまま持ち帰れます。

そんなイカ類のなかでもマルイカの食味のよさはダントツで、イカ好きで有名な日本人なら、マルイカをまずいと言う人はいないでしょう。伊豆諸島の新島などでは、青ものの泳がせ釣りのエサとして重宝されますが、魚に食べさせるのがもったいないくらいです。

刺身に焼き物、煮物に干物、どうやって食べてもおいしいマルイカですが、なかでも新鮮な刺身は絶品！ 透明感のある身の独特な甘みを堪能してみてください。

「マルイカの刺身」の作り方

独特の甘みを持つマルイカは、数あるイカ類のなかでも抜群のうまさといわれます。今回は、新鮮なマルイカならではの透明感が楽しめる刺身を作ってみました。クラッシュアイスを敷いた皿に盛れば目にも涼しげで、夏にピッタリの一品です。

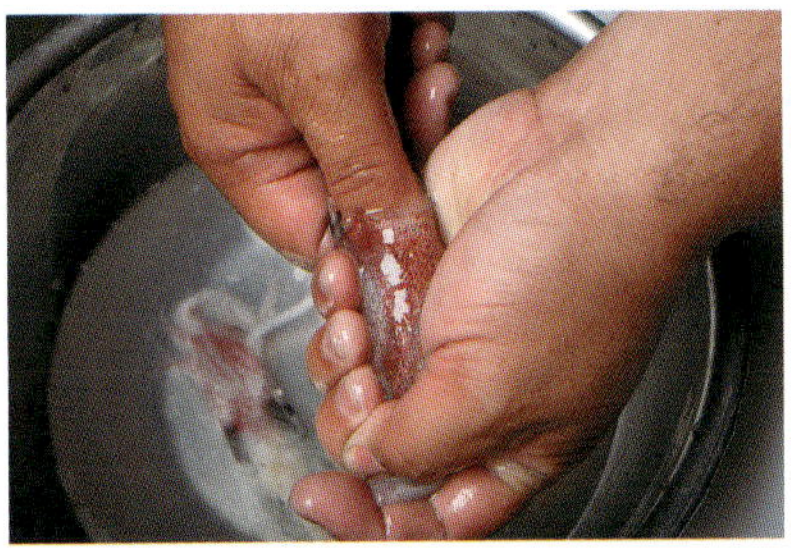

1

目がある側（漏斗が付いているのと反対側）を上にして、胴の裾から指を入れ、胴と頭がつながった部分を外す

2

頭（目がある部分）をつまんで、内臓を引き抜く。このとき、内臓と一緒に出てくる墨袋を破らないように注意

3

胴のエンペラ側に入っている軟甲を引き抜いたら、身が白く濁らないよう塩水を入れたボウルで全体をきれいに洗う。ここまでの下処理は、下の姿寿司を作る際も同じ

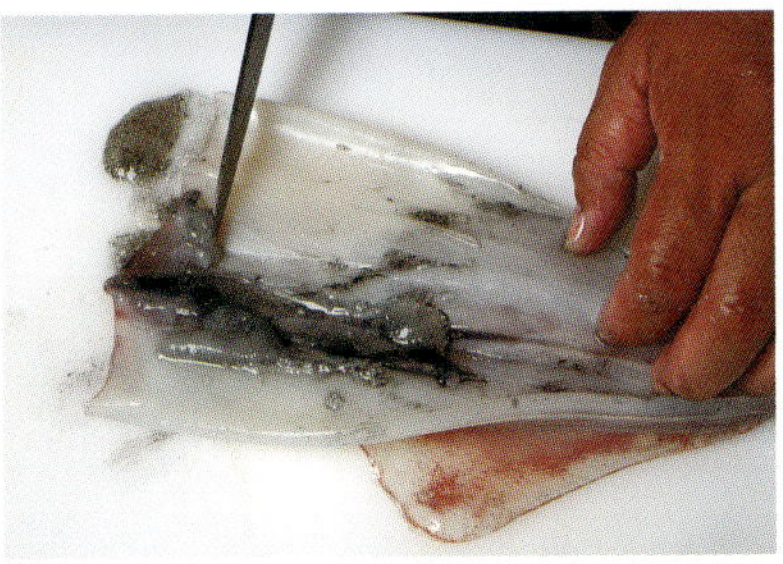

4

胴のエンペラと反対側の中央を切り開き、なかの汚れを包丁でこそげ取る

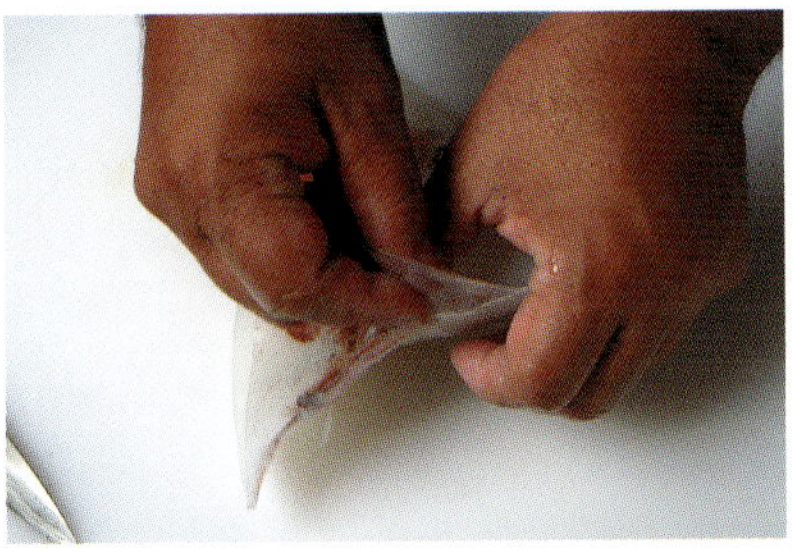

5

新鮮なイカなら、裾のほうをつまむと比較的簡単に皮がむける。続けて身からエンペラを外し、これも皮をむく

6

身の内側にある薄皮は、ペーパータオルを使うとむきやすい

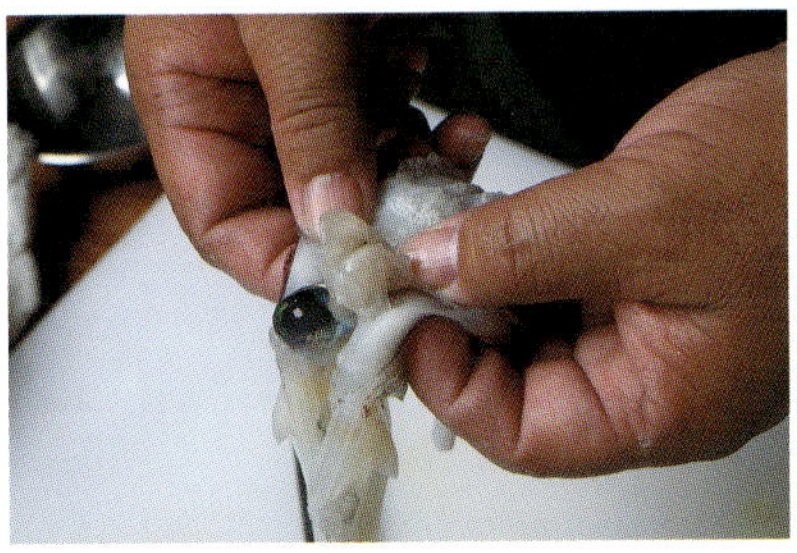

7

ゲソの部分は、頭の目と目の間に包丁を入れ、目と口（カラストンビ）を取り除く。目を潰してその汚れが衣服に付くと取れなくなるので要注意

8

縦半分に切った身の表に、斜めに包丁目を入れる。これで、かんだときの口当たりが良くなる。その後、細く切って皿に盛り付ければ完成

今月のもう一品● マルイカの姿寿司と沖漬け

釣れたての新鮮なイカの味を楽しめるのは釣り人の特権。そこで、新鮮なマルイカならではの味わい方をご紹介します。

まずは、マルイカの姿寿司。作り方はいたって簡単。内臓と軟甲を取り除き、内側をきれいに洗った胴のなかに、市販の寿司酢としょうがのみじん切りを混ぜた寿司飯を詰めるだけ（写真A）。皮をむく必要はありません。これに醤油をつけて食べてみてください。お弁当がいらなくなります。寿司飯と醤油を用意しておけば、凪の日なら艇上でも楽しめる一品です。

もう一方の沖漬けは、釣れたてでないとできない一品。漬けだれ（醤油：みりん：酒＝1：1：0.5を、一度煮立てて冷ましたもの）をあらかじめ用意しておき、そこに水を吐かせた生きたイカを漬け込む（写真B）と、イカが漬けだれを吸ってしっかり味が染み込みます。軟甲だけを抜き取って冷凍し、凍ったまま輪切りにしたものを半解凍の“ルイベ”状態で食べると絶品。マルイカに混じって釣れるムギイカ（スルメイカの子ども）で作ると、肝が詰まっていて、これまた美味です。

A

B

濃いめの味付けや油との相性抜群

シイラ料理二種

シイラのフライ

シイラの照り焼き

見た目がグロテスクなので敬遠されがちなシイラですが、食材としては一級品で、鮮度が良ければ刺身もOKです。少々水っぽさがあるものの、見た目はブリやヒラマサなどに似ているので、スーパーなどでは「沖ブリ」という通称で切り身が売られたりしています。

シイラは淡泊な白身なので、今回は甘辛の漬け汁に漬けた照り焼きをメインに紹介しました。仕上げに「つめ」(漬け汁と同じものを別鍋で煮詰めたもの)を塗ると、照りが出て、見た目にもおいしく仕上がります。

ちなみに、シイラは英語圏で「ドルフィン」や「ドルフィンフィッシュ」(イルカのようにジャンプするから?)とも呼ばれます。ヘミングウェイの小説『老人と海』で、このドルフィンフィッシュが登場する場面を、当初、イルカと和訳したところ、魚類学者の指摘でシイラに直して出版されたとか、捕鯨禁止を叫ぶ国でイルカを食べているじゃないかと抗議したら実はシイラだった、というエピソードも。

日本でのシイラは、古くから各地の祭りや祝いごとにも登場する魚で、高知では、雄雌が仲良く泳いでいることから、塩干ししたものが結納品になっていたそうです。

シイラの照り焼き

[材料] 2人分

シイラ………… 400g程度
醤油、みりん ………… 適量
(漬け汁、「つめ」に使う醤油とみりんは1:1)
大葉など ………… 適宜

シイラのフライ

[材料] 2人分

シイラ ………… 400g程度
塩、コショウ ………… 適量
小麦粉、溶き卵、パン粉 ………… 適量
揚げ油 ………… 適量
レモン、タルタルソース ………… 適宜

シイラのさばき方と「照り焼き」の作り方

シイラは、1メートルを超える程度の大きなもののほうがおいしい魚です。しかし、そんな大型魚をさばくのはなかなか難しいもの。そこで今回はさばき方を中心に解説します。なお、頭と内臓は、大きなゴミ袋などのなかで処理しておきましょう。

1

頭を落とし、内臓を処理し終わった状態からスタート。まな板の下に新聞紙を大きく広げておくと、あとの処理がラクになる。ウロコは、皮ごと取り除くので落とさなくてもよい

2

背側、腹側の両方から、中骨まで包丁を入れる。しっかりした骨があるので、その骨に包丁を沿わせるようにして切り進めるのがコツ

3

尾の部分から包丁を入れ、中骨と身を切り離す。骨に身が残る「大名おろし」になっても構わないので、大胆に切り進めよう

4

半身を切り分けたところ。反対側も同様に切り分け、三枚おろしにする。その後、それぞれの半身から腹骨をすき取る

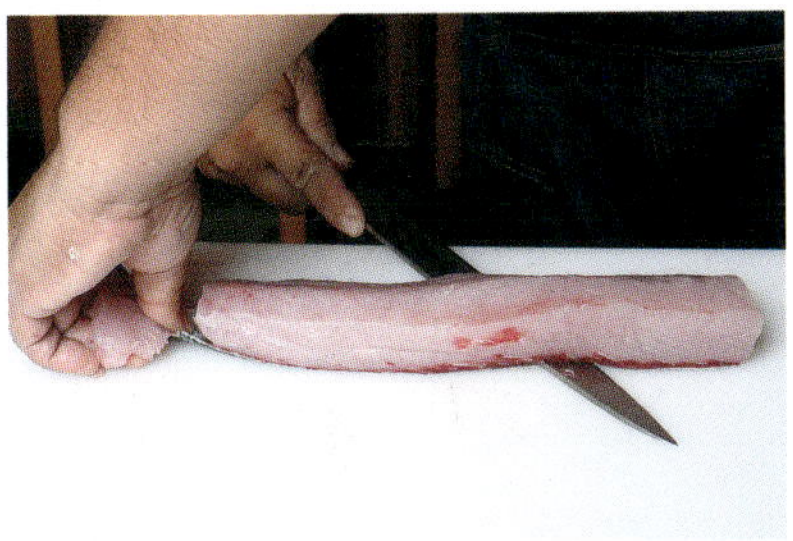

5

柵取りと皮の引き方①。半身を血合い骨の部分で切り分け、適当な長さに切って柵にする。皮の端を押さえ、包丁をまな板に沿わせながら皮を引くのがスタンダードな方法

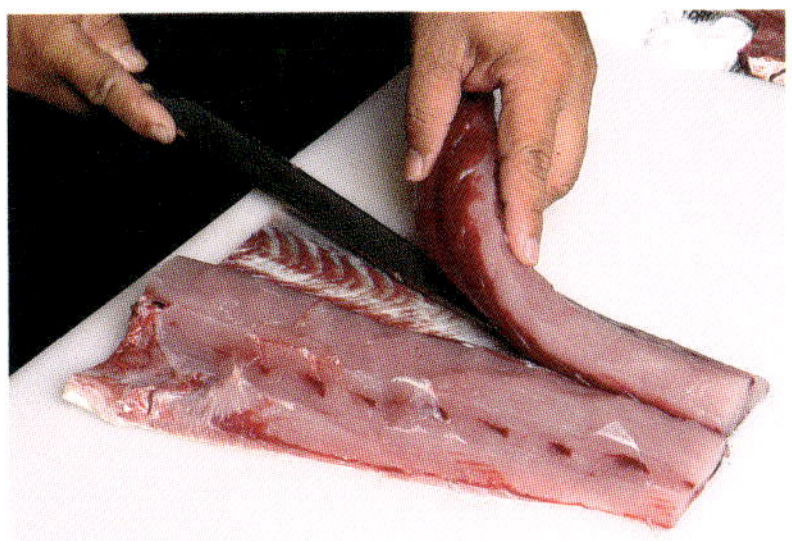

6

柵取りと皮の引き方②。半身を適当な長さに切り分けたあと、血合い骨の部分から包丁を入れる。皮に当たったところで包丁の向きを変え、皮を引きながら柵取りする

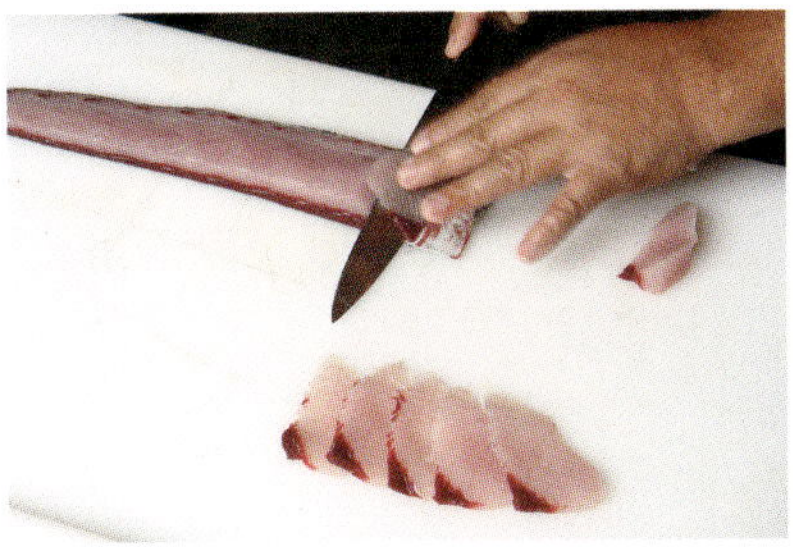

7

柵取りと皮の引き方③。刺身や切り身で使う場合は、皮付きのまま柵取りし、身を削ぎ切りにして、最後に皮から切り離す。②、③は、皮の厚い魚で有効な方法

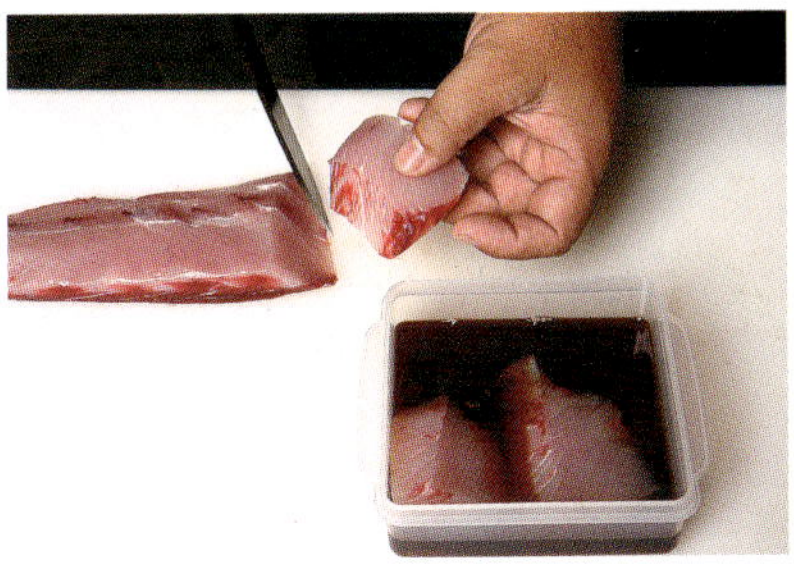

8

照り焼きは、漬け汁（同量の醤油とみりんを合わせたもの）に、厚めの削ぎ切りにした身を漬け込んでから、あらかじめ熱しておいた網で中火で焼く。「つめ」を塗りながら仕上げるとよい

今月のもう一品 ● シイラのフライ

サンゴが生息する南の島では、カンパチやヒラアジなどの大型魚類の多くが、食物連鎖によってシガテラ毒を持つので食材になりにくく、この毒を持たないシイラは人気です。ハワイではマヒマヒというマオリ語の名前で知られていますね。

さて、淡白な身質のシイラは、バターや油を使った料理に最適。切り身を素揚げにして、市販の中華あんのレトルトと和えると、メニューのバリエーションが増えますよ。

油を使ったレシピで私がおすすめするのは、断然フライ。塩、コショウを振ったバットに切り身を載せ、両面にしっかり下味を付け（写真A）、衣（パン粉は堅くなった食パンを粗くすりおろしたものがよい）を付けて、180度のサラダオイルでカラッと揚げます。これにレモンをしぼり、タルタルソースを付けて食べると絶品。これをパンに挟んだシイラバーガーも激ウマです。

なお、大きくておいしいシイラほど、家庭では一度に食べきれないこともしばしば。そこで、柵取りした段階（写真B）、または下味を付けた段階でラップに包み、冷凍すると保存が利きます。調理するときは、室温で自然解凍すればOKです。

A

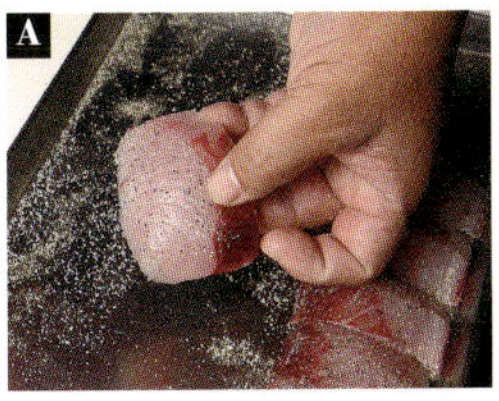

B

メジとチーズのサラダ

マスカルポーネチーズとの意外な出合い

サバのフリッター中華風

メジマグロとチーズのサラダ

食器提供：伊万里コーポレーション

四季のある日本で、一番魅力的な季節がやってきました。秋といえば海も山もおいしい季節。海の魅力的な魚も食べごろです。そこで今回は、釣れたらうれしいメジマグロ（クロマグロの幼魚）と、私の好きなサバを使った簡単料理をご紹介します。

青ものをおいしく食べるためには、釣ったあとの処理が重要。きちんと血抜きしてから、たっぷりの氷と海水と一緒にクーラーに入れれば、鮮度抜群の状態で持ち帰れます。血抜きをしておくと、特有の臭いも感じにくくなり、特に刺身などの生食の場合、味に明らかな差が出ます。

なお、ここでご紹介する料理自体は、下ごしらえが終われば完成したようなもの。釣りから帰ってきて疲れていても手軽に作れます。ほかの魚でも応用できますから、ぜひチャレンジしてください。

青ものの刺身をサラダ仕立てにする場合は、脂もほどよくのっているので、ドレッシングはシソなどのさっぱり系のほうがマッチします。一方で、マスカルポーネチーズは、マグロとアボカドが合うように、絶妙なコクを加えてくれる意外な脇役です。

メジマグロとチーズのサラダ

［材料］2人前
○メジマグロ
（50センチ級）……四半身
○水菜、サラダ菜、
ワカメなど ……適宜
○マスカルポーネチーズ
……100グラム
○白ゴマ ……適宜
○ドレッシング……適宜

サバのフリッター中華風

［材料］2人前
○マサバ、ゴマサバ
（40センチ級）……半身
○小麦粉 ……大さじ2
（ほかに衣用適量）
○片栗粉 ……大さじ3
○卵（Lサイズ）……1個
○中華風レトルトソース
……適宜
○サラダ菜……適宜
○揚げ油……適量

さばき方と「メジマグロとチーズのサラダ」の作り方

ときに大釣りすることもある青ものは、きちんと血抜きして内臓とエラを取り、濡れ新聞に包んで冷蔵庫で保存すれば、2〜3日後でも十分おいしく食べられます。さて、今回は、メジマグロとサバのさばき方を中心に手順を見てみましょう。

1

まずはメジマグロから。頭をたすき落とし(エラの後ろから中骨に向かって斜めに包丁を入れる)にして、内臓を処理し、三枚おろしにする

2

幼魚とはいえ、メジマグロも立派なマグロ。中骨周りに残った身を、スプーンを使ってこそげ落とせば“すき身”が取れる

3

半身を血合い骨部分で切り分けて柵取りしたら、皮を引く。身をまな板の手前側の縁に置き、皮の尾の部分をつかんで、水平にした包丁をまな板に沿わせるようにするとうまくいく

4

皮を引いた柵を刺身にする。青ものは比較的身が崩れやすいので、やや厚めのそぎ切りに

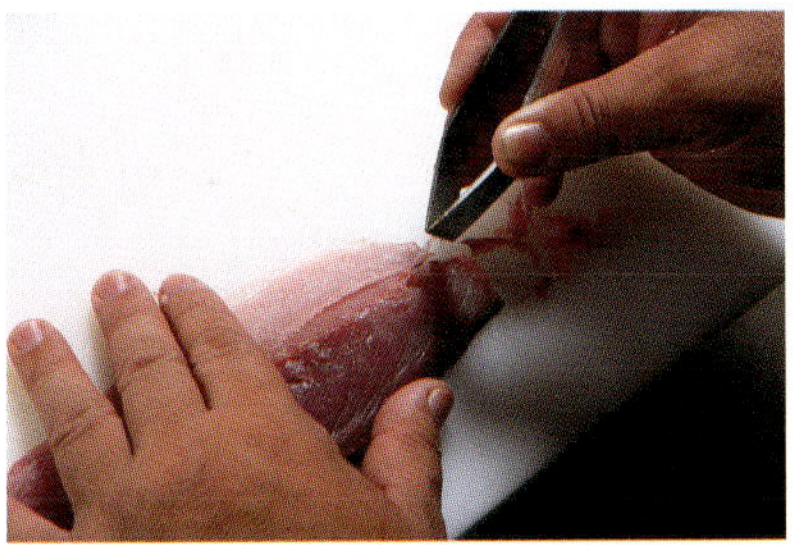

5

続いてサバの下処理。三枚におろしたら、骨抜きを使って血合い骨を抜く。残っていると食感に影響するので、指であたりながらていねいに取り除こう

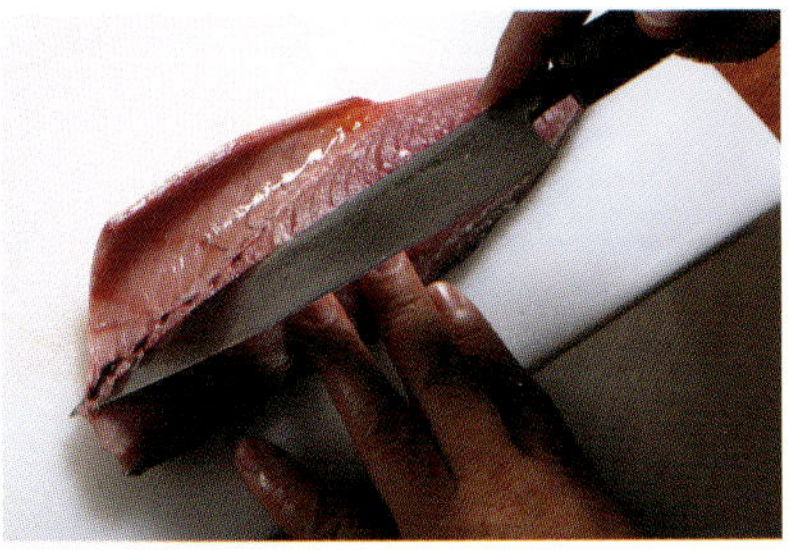

6

腹骨を取る。身が柔らかく包丁が入りにくい場合は、包丁を刃を上に向けて使い、血合い骨の部分に切れ目をいれるとよい

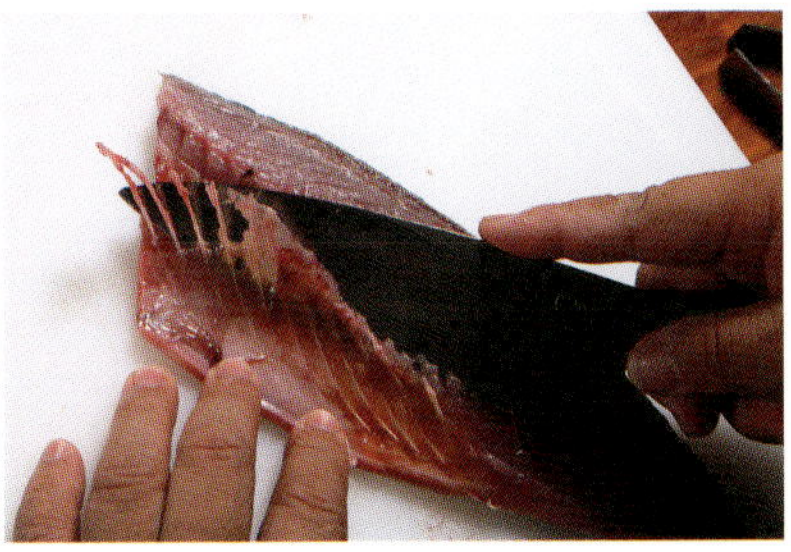

7

6で入れた切れ目から包丁を入れ、腹骨に沿って刃を進める。もっとも脂がのっておいしい部分なので、骨に身が残りすぎないようにしよう

8

サラダの盛り付け。サラダ菜の上に水菜とワカメを盛り、その上に刺身を並べ、チーズを乗せる。白ゴマを振りかけ、ドレッシングをかけて出来上がり。大胆に混ぜて食べよう

今月のもう一品● サバのフリッター中華風

最近でこそ漁獲量が減って高級魚の仲間入り(？)を果たしたサバですが、我々釣り好きは、わりと簡単に手に入れられます。それだけでも幸せですね。まぁ、今回は釣れませんでしたが……。

さて、今回紹介するフリッターは、空揚げよりワンランクアップのサクッとした食感と、ホクホクの魚が食欲をそそります。魚は、サバやカツオ、イナダなど、なんでも合います。ソースがからまりやすいのもフリッターの長所ですが、切り身に、塩、コショウで軽く下味を付けておけば、ソースなしでもおいしく食べられます。ソースが濃いめの場合、下味はいりません。

さて、フリッターは、水を入れずに卵(全卵)だけで片栗粉と小麦粉を溶いた“衣”がポイントです。これをそぎ切りにした身に付け、片栗粉をまぶし(写真A)、高めの油温(180度)で揚げましょう。

今回、ソースには、エビマヨとエビチリの2色を選んでみました。手軽な市販のレトルトでいろいろな味を試してみてください。おいしい組み合わせがあったら教えてくださいね。ちなみに、衣がしんなりしないよう、食べる直前に和えるのがポイントです(写真B)。

A

B

上品な白身のうまさを堪能

スズキの尾頭付き料理二品

スズキのから揚げ五目あんかけ

スズキの塩釜焼き

釣りではシーバスですが、食材としてはやはり、スズキと呼びましょう。

スズキと日本人の関わりは古く、多くの貝塚からその骨が出土しているほか、古事記にもスズキに関する記述が多数見られるそうです。

一時期、公害で汚染された魚の代表のように扱われたスズキですが、実はマダイ以上に神事に欠かせず、上品な味は貴族、庶民を問わず人々を魅了してきました。本当は高級魚の代表、それがスズキだったのです。

そんなおめでたい魚なら、やはり「尾頭付き」でいただきたいもの。そこで今回は、食卓が華やかになること間違いなしの豪華な二品をご紹介します。どちらも簡単に見栄えよくできる上、おいしさも保証付き。クセのない上品な白身を再確認してみてはいかがでしょう?

ちなみに、冬のスズキ釣りでは大型ねらいがメインとなりますが、家庭で料理して食べるには、小型のセイゴクラスで十分です。

スズキの塩釜焼き

[材料]4人前
- ○スズキ(40センチ級)‥1尾
- ○塩 ………………… 適量
- ○卵白… Mサイズ4個分

スズキのから揚げ五目あんかけ

[材料]4人前
- ○スズキ(40センチ級)‥1尾
- ○塩、コショウ……… 適量
- ○片栗粉(から揚げ用、とろみ用)………… 適量
- ○揚げ油 …………… 適量
- ○サラダ菜 ………… 適宜
- ○タケノコの水煮、シイタケ、タマネギ、ニンジンなど…… 適宜
- ○水 …………… 500cc
- ○卵黄 … Mサイズ4個分
- ○砂糖 ………… 大さじ5
- ○酢、醤油 …… 大さじ4

さばき方と「スズキの塩釜焼き」の作り方

スズキの旬は夏といわれ、落ちスズキはかならずしも脂の乗りがいいとはいえませんが、塩釜焼きにすると、蒸し焼きの効果でジューシーなおいしさが味わえます。マダイで作ることが多いこの料理は、適当な大きさの白身魚であれば、幅広く応用も可能です。

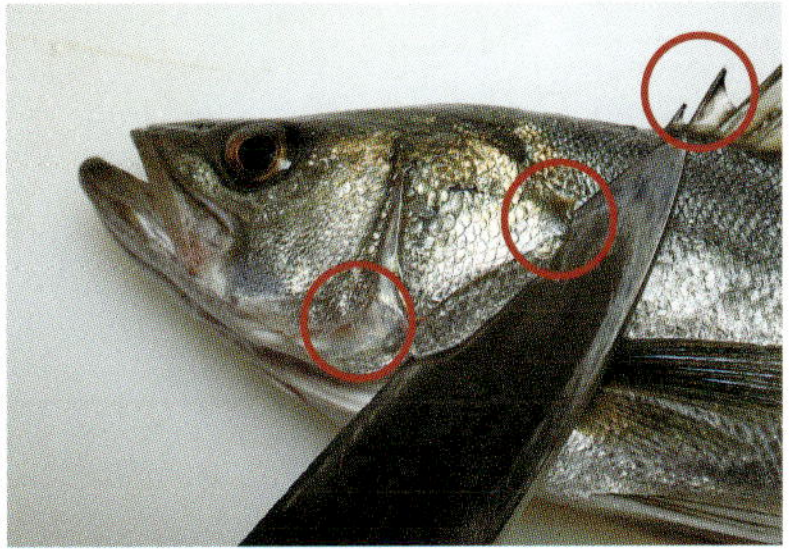

1

スズキは、エラ蓋の部分に2カ所の鋭いトゲがある。背ビレも手に刺さりやすいので、これらに注意しながらさばいていこう

2

今回の料理は、いずれも尾と頭を落とさずに（中骨につなげたまま）下処理する。塩釜焼きは、ウロコを取り、エラと内臓を抜いたら完了。から揚げにするほうは三枚におろす

3

適量の塩をボウルに入れ、卵白を混ぜながら、適度な粘り気が出てくるまで混ぜ合わせる

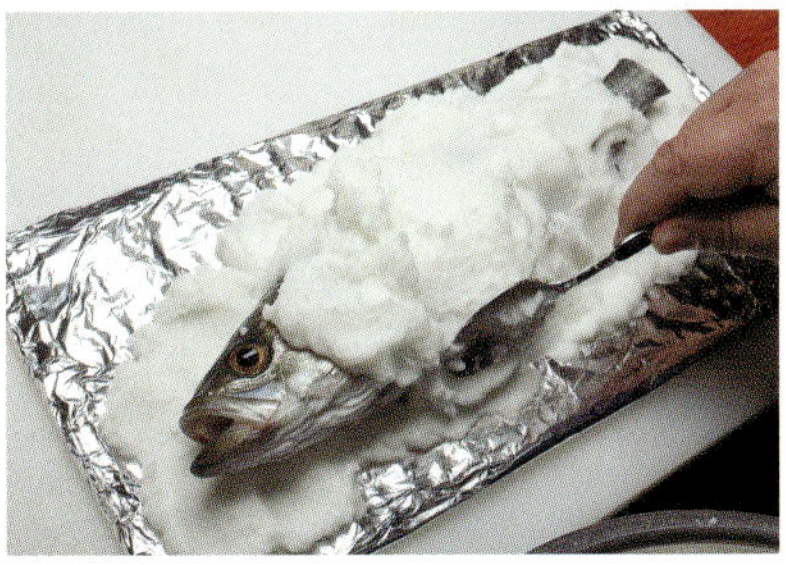

4

焼き網にアルミホイルを巻き付けるなどして台を作り、その上に3の塩と下処理をしたスズキを乗せ、さらに3の塩を盛ってスズキを包み込む。台よりも魚が大きい場合は尾を落としても構わない

5

スズキ全体を塩で覆ったら、竹串などで魚の形（輪郭、目、エラ蓋、ウロコ、ヒレ）を描く。遊び心を生かして楽しもう

6

オーブンなどに入れ、180度程度の温度でじっくり焼き上げる。焼き時間は30分程度を目安に、焼き色を見ながら確認しよう

7

焼き上がりの色の目安はこのとおり。全体がきつね色になり、5で描いた魚の形がわかるようになればOK

8

木槌や出刃包丁の背などで軽く叩き、できるだけきれいに塩釜を外す。4の段階で魚の外周に沿って塩の厚みを減らしておくと、きれいに外せる

今月のもう一品● スズキのから揚げ五目あんかけ

前回はレトルトの中華ソースを使った一品を紹介したので、今回はあんも自分で作る和風のから揚げを紹介します。

頭と尾を中骨につなげたまま三枚におろしたら、身から腹骨、血合い骨を取り除き、これを一口サイズに切り分けます。皮は残したままでも構いません。その後、塩、コショウをして片栗粉をまぶし、から揚げにします。身を外したあとの頭と尾の付いた骨にも片栗粉をまぶし、こちらもから揚げにします。これは食べるわけではないので、揚げ時間は短くてOK。一度に鍋に入りきらないので、頭側、尾側と、順に揚げていきましょう（写真A）。

この尾頭付きの骨を大皿に乗せ、その上に切り身のから揚げを盛り付け、きのこなど季節の野菜をたっぷり入れた「甘酢あん」を上からかければ出来上がりです（写真B）。

ここでは、塩釜焼きで余った卵黄をあんに入れてみましたが、先にとろみをつけてから溶いた卵黄を入れると、細かくきれいに仕上がります。また、あんに「八角」（スターアニス）などの香辛料を入れるだけで、本格中華に変身しますよ。お試しあれ。

A

B

赤と白のコントラストが美しい

カサゴと豆乳で作る洋風鍋料理二品

オリーブオイルとニンニクが決め手。魚入りあっさりシチューって感じかな

今回は釣果がなかったので、地元の鮮魚が充実したスーパーに食材を調達しに行ったのですが、取材の前後の数日間、カサゴ、メバル類は市場にも水揚げされていないとのこと。どおりで釣れないハズです。

さて、一般的にカサゴと呼んでいる魚は、カサゴ目フサカサゴ科の魚です。関西方面では「ガシラ」、九州方面では「アラカブ」と呼ばれることが多いようですね。沖釣りで釣れるカサゴ類には多くの種類がありますが、全般的にとてもおいしく食べられます。

今回の料理は、豆乳を使った洋風の鍋にしてみました。カサゴ類の赤と豆乳の白のコントラストが美しく、味も抜群。ぜひ、お試しください。

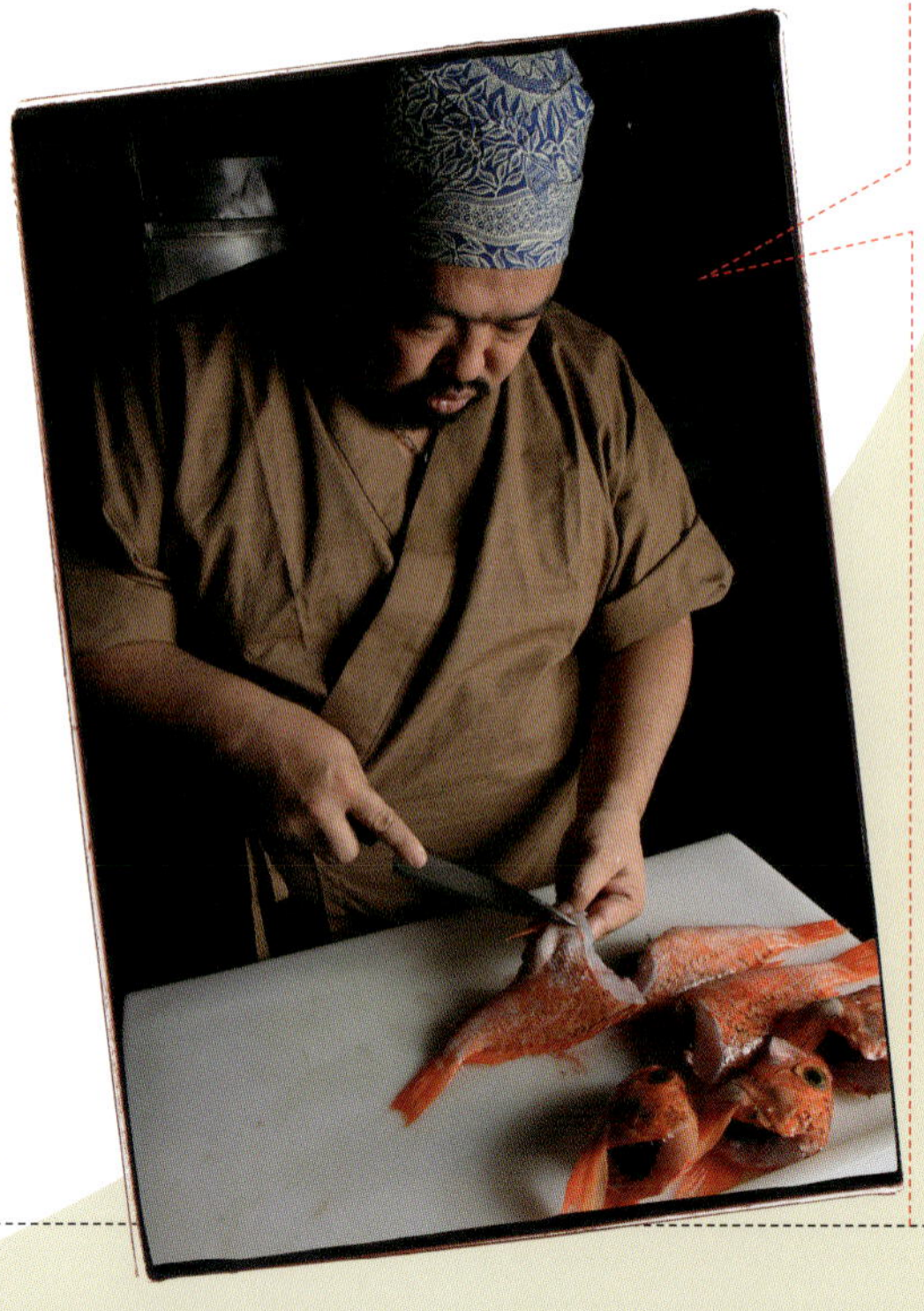

カサゴの洋風豆乳鍋

●材料／4人前

カサゴ類（25センチ級）	2尾
オリーブオイル	適量
ニンニク	1カケ
タマネギ	1個
豆乳	800cc
塩	適量
ジャガイモ、ブロッコリーなど	各適宜

カサゴの豆乳仕立てリゾット風

●材料／4人分

カサゴ類（25センチ級）	1尾
オリーブオイル	適量
塩、コショウ	適量
ご飯	適量
パルメザンチーズ	適宜

さばき方・作り方

「カサゴの洋風豆乳鍋」

カサゴ類は、一般的な種類の小型のものであっても、背ビレに毒を持っていることがあるので、十分注意して調理しましょう。なお、鍋料理などでは、中骨や頭も一緒に入れるとおいしいだしが出るので、ぜひ、あらも活用してみてください。

1

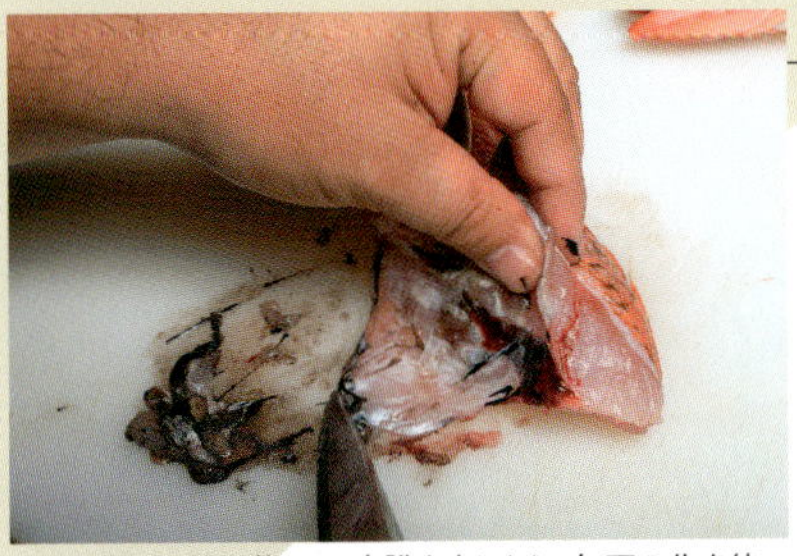

カサゴ類は、頭を落とし、内臓を出したら、包丁の先を使って、腹膜の黒い部分もきれいに取り除く。なお、さばく前に、ハサミなどでヒレを落としておくと安全だ

2

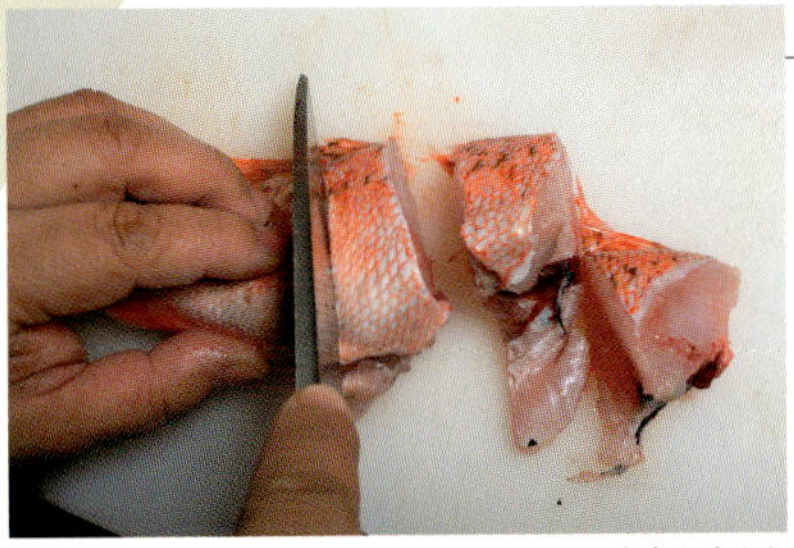

腹のなかをきちんと洗ったら、骨付きのまま、適度な大きさのぶつ切りにする

3

頭の付け根部分をしっかりまな板につけ、口の中央に出刃包丁を入れると、案外すんなりと頭が割れる

4

オリーブオイルと、つぶすかみじん切りにしたニンニクを土鍋に入れたら、火を付けて炒める。ニンニクの香が出てきたら、荒みじんに切ったタマネギを入れさらに炒める

5

タマネギが透き通ってきたら、ぶつ切りにした身を入れ、さらに炒める

6

魚の表面に火が通ったところで豆乳を加え、弱火で煮る。カサゴ類は身離れがよいので、火が強すぎると崩れすぎる。なお、豆乳は調整、無調整のいずれでもよい

7

表面に張った膜やアクをていねいに取り、最後に塩で味を整える

8

別ゆでしたブロッコリーや青菜、粉吹きイモなどを入れた皿によそって完成。仕上げにパルメザンチーズ（粉チーズ）を振りかけてもよい

今月のもう一品　カサゴの豆乳仕立てリゾット風

淡白な味のカサゴ類は、ちょっとコクがある豆乳との相性抜群です。そんな鍋を楽しんだら、締めはリゾット風にして召し上がれ。

鍋の具をすべて取り出したら、残ったスープにご飯を入れるだけ（写真A）と、作り方は至って簡単。

骨を取り除いた切り身に塩、コショウで軽く味を付け、これをオリーブオイルでグリルしたもの（写真B）を載せると、鍋の残りで作ったとは思えない、ちょっと豪華な一品に仕上がります。

なお、豆乳を使ったスープなので、和風の鍋のあとに作る雑炊のように、溶き卵を入れたりはしません。そのかわりといってはなんですが、パルメザンチーズを振りかけ、最後に小口切りにした万能ネギなどを散らして完成です。

あっさりしたなかにも魚の旨味が凝縮されていて、ついつい、お代わりしたくなるはずです。

A

B

尾頭付きの豪華さがうれしい

鯛めし

貴重な1尾をみんなで無駄なく食べるための簡単レシピ

タイの名は、その体形から「たいらうお」と呼ばれていたのが縮まったものとか。いずれにせよ、その風貌と色の鮮やかさは、古来から日本の慶事に欠かせない存在です。

もちろん食味も最高。最もおいしいとされる桜が咲くころに獲れたものは、「桜鯛」などとも称されます。刺身にするなら、皮目を湯引きして氷で締めた皮霜造りがおいしいですよね。個人的には塩焼きした鯛が一番好きですが、頭などのアラも潮汁やかぶと煮などに使える万能の食材です。

分類学上でマダイの仲間とされている魚は意外に少なく、マダイ、チダイ、クロダイなど10種程度しかいません。ほかのタイは、みんな名前にあやかりたい魚です。

さて、今回釣れたチダイは、マダイに引けを取らないおいしさですが、やや水っぽいので、鯛めしにすると最適。小型のものなら炊飯器で炊くのにピッタリの大きさです。

鯛めし

●材料／4人前

チダイ(20センチ級)	1尾
米	3合
だし昆布(8センチ角)	1枚
昆布だし	4カップ
塩	適量
醤油	少々
三つ葉	適宜

ウマヅラハギの薄造り

●材料／4人前

ウマヅラハギ(25センチ級)	1尾
もみじおろし	適量
万能ネギ	適量

さばき方&作り方

「鯛めし」

豪華な見た目が楽しめるご馳走料理「鯛めし」は、比較的簡単に作れます。冷めてもおいしく、残ったものをおにぎりにするのもオススメです。なお、タイ科の魚は、ウロコが比較的大きく、骨も硬いので、下処理はていねいに行いましょう。

1

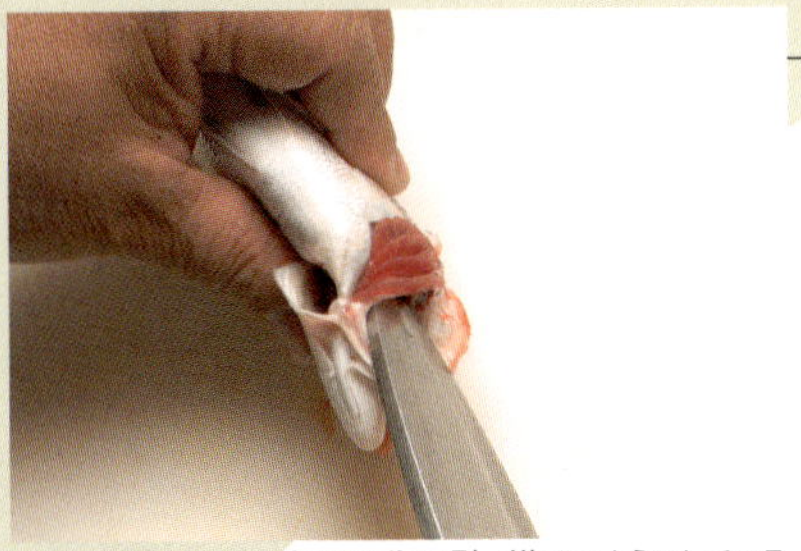

ウロコを落としたら、包丁の先に引っ掛けるようにしてエラを取り出す

2

右面(盛り付けた際の裏面)の腹に隠し包丁を入れ、内臓を取り出したら、流水でよく洗い、水気を拭き取る

3

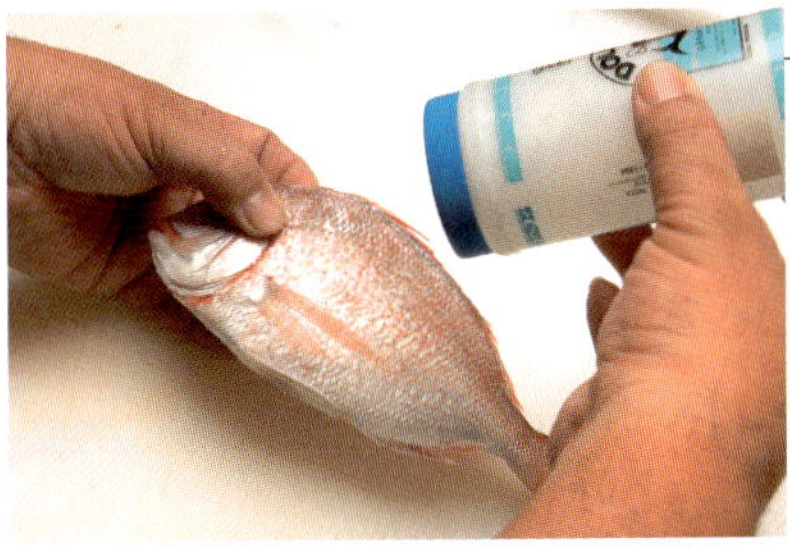

全体にごく薄く塩を振る。この塩の効果で旨味が増す

4

網やグリルを使って、両面を焼く。香ばしさを出すため、焼き色が付く程度までしっかり火を通す

5

研いだ米を炊飯器の内釜に入れ、昆布を敷いた上に4を載せる。この昆布は、だしを取るだけでなく、あとで魚を取り出しやすくするためのものでもある

6

色付け程度の醤油を入れ、塩で味を調えた昆布だし(薄めの吸い物程度の濃さ)を張る。魚が水気を吸うので、米の分量プラス1カップ弱を目安とする

7

炊き上がったら魚を取り出し、身をほぐす。タイ科の魚は骨が太いので、子どもやお年寄りが食べる際には、ていねいに骨を取り除こう

8

ほぐした魚の身をご飯に戻し、混ぜたら出来上がり。盛り付けの際に三つ葉などを散らすとよい

今月のもう一品 「ウマヅラハギの薄造り」

以前はマダイ釣りやアジ釣りの際の定番外道としてよく見かけていたウマヅラハギですが、ここ数年、すっかりその姿を見かけなくなっていました。ところが、最近になって、またポツポツ釣れるようになり、復調の兆しが見えています。

カワハギよりもワンランク下に見られがちなウマヅラハギですが、決して粗末にできないおいしさを持った魚です。

さばき方は至って簡単。肝を傷つけないように頭の後ろに包丁を入れ、頭を落とし、肝と内臓を取り出して水洗いしたら、頭のほうから皮をはぎます(写真A)。

その後、五枚おろしにして節取りし、できるだけ薄いそぎ切りにします(写真B)。このとき、薄皮をまな板に残すように切ると、さらに食感がよくなります。

今回は身の薄いピンク色を生かし、桜の花をイメージして盛り付けてみました。肝は、汚れを拭き取ってからサッと湯通しし、適当な大きさに切って盛り付けます。もみじおろしと小口切りにした万能ネギ、ポン酢醤油で召し上がれ。

A

B

新鮮なものに火を通す、釣り人ならではの贅沢な一品

アオリイカのガーリックソテー

アオリイカとニンニクは抜群のコンビネーション

釣り好き、魚好きにはおなじみのアオリイカですが、一般的にはまだそれほど知られていません。その理由の一つは、値段が高いことにあるのではないでしょうか。寿司店でも高級なネタの一つに数えられますし、ましてや、都市部のスーパーでは、店頭に並ぶことも珍しいでしょう。幸いなことに、私の家の近くのスーパーでは、丸のままのアオリイカも並んでいます。

さて、ほかのイカに比べて食感が優しいアオリイカは、身がおいしいのはもちろんですが、個人的にはエンペラやゲソが好きです。ゲソは軽く塩を振ってあぶって食べると抜群。エンペラの刺身も独特の歯応えがたまりません。

今回は、刺身でも食べられる新鮮な身とゲソにニンニクを効かせて、塩、コショウで炒めてみました。食べる直前にレモンを絞ってどうぞ。パスタにからめても最高です。

アオリイカのガーリックソテー

●**材料／4人前**

- アオリイカ（1.5キロ級の身とゲソ） ―― 1/2パイ
- ニンニク ―― 3片
- 塩、コショウ ―― 各適量
- 炒め油 ―― 適量
- アサツキ ―― 適宜
- レモン ―― 1/8個

エンペラのイカ納豆

●**材料／4人分**

- アオリイカ（1.5キロ級のエンペラ） ―― 1/2パイ
- 納豆 ―― 1パック
- タマネギ、大葉、ショウガ、アサツキ ―― 各適量
- 卵黄 ―― 1個
- 醤油 ―― 適量

さばき方・作り方

「アオリイカのガーリックソテー」

イカ類は食感をよくするため皮を剥《む》く必要がありますが、アオリイカは比較的簡単に皮が剥けます。なお、刺身でも食べられる新鮮なイカを使っているので、ソテーする場合は、柔らかな食感を楽しむためにも、火を通しすぎないよう注意しましょう。肝を加えると、よりコクのある味も楽しめますよ。

1

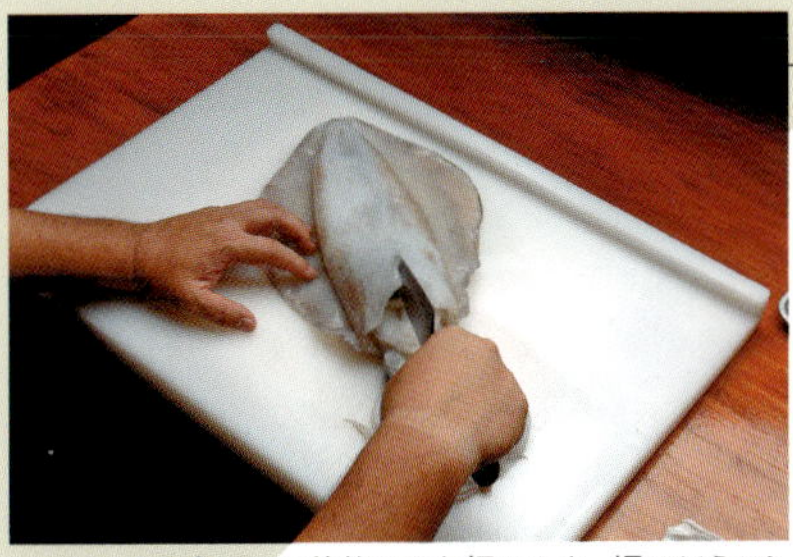

アオリイカを裏返した状態でまな板におき、裾のほうから包丁を入れ、胴の中心を切り開く

2

内臓と身がつながっている膜状の部分を包丁でていねいに切ったら、頭(目がある部分)を持って、崩さないように注意しながらワタを外し、そのあとで骨も取り外す

3

墨袋を破かないようにしてワタを取り除いたら、目と目の間を包丁で切り開き、水のなかで目と口を取り除く。口の周りはおいしい部分なので捨てずに利用する

4

骨があった部分に包丁を入れて、身を二つに切り分ける。身とエンペラを分けたのち、包丁を入れた断面部分から皮を剥く。エンペラ部分も同様に皮を剥く

5

薄皮はペーパータオルや布巾を使うとつかみやすい。これを取り除くと食感がよくなるが、それほど神経質にならなくてもよい

6

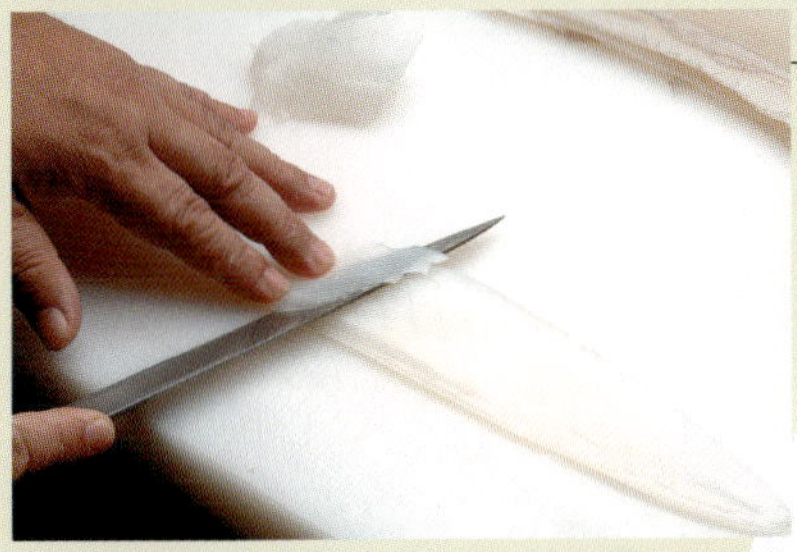

身に浅く細かい包丁目を入れたのち、やや厚みのあるそぎ切りにする。ゲソは、そぎ切りにした身の長さに合わせてぶつ切りにする

7

軽く塩、コショウを振ったのち、みじん切りかすりおろすかしたニンニク1片を加えてよく混ぜ、下味を付ける

8

フライパンに炒め油(今回はグレープシードオイルを使用)をやや多めに入れて7を炒め、塩、コショウ、残りのニンニクで味を調える。火を通し過ぎないように注意。小口切りのアサツキを散らし、レモンを添えて完成

今月のもう一品　エンペラのイカ納豆

アオリイカはエンペラもおいしいので、無駄にせず、ぜひおいしく食べてください。炒め物にしたり、細切りにしてイカそうめん風の刺身にしたりと、さまざまな調理法で楽しめます。今回は、シンプルな刺身にちょっと手を加えて、歯応えを生かしたイカ納豆にしてみました。ごはんのおかずとしても、肴としても最適な一品です。

作り方はいたって簡単。皮を剥いたエンペラを、包丁の先を滑らせるようにして細切りにし(写真A)、そこに、納豆、粗めのみじん切りにしたタマネギ、千切りにした大葉、細かなみじん切りにしたショウガ、卵黄1個を加えてよく混ぜるだけ(写真B)。タマネギを加えることで、味と食感に変化がつきます。釣れたてのコリコリしたエンペラと納豆の粘りで、いつものイカ納豆とはちょっと違ったおいしさが楽しめます。

特別な仕事のいらないシンプルな料理ですが、そのぶん、食材のよさが生きる料理です。

A

B

ふんわりした白身とサクサクの衣は相性抜群

タチウオの天ぷら

タネも衣もよく冷やすのがカラッと揚げるポイント

太刀のような姿だから、あるいは、立ち泳ぎをするからと、名前の由来がいろいろあるタチウオは、その釣り味と食味のよさにリピーターが増え、すっかりメジャーな釣りものになりました。船釣りでは冬場のイメージが強いタチウオですが、東京湾では古くから「カッタクリオモリ」と呼ばれる鉛で出来た和製ルアーの上下にカットウバリを付けた、メタルジグのような仕掛けを使って、夏の浅場の釣りが行われていました。また、味の好みも分かれるところで、冬の脂が乗ったものよりも、夏のさっぱりしたものが好きという方もいます。

下ごしらえが簡単で、おすそ分けしても喜ばれるタチウオは、どのように食べてもおいしい魚。釣りがこれだけ盛んになれば、レシピもいろいろ増えるはず。最近は、船上でタチウオを干している遊漁船もよく見かけます。しゃぶしゃぶや炙《あぶ》りもおいしいので、いろいろな食べ方に挑戦してみてください。

タチウオの天ぷら

●材料／4人前

タチウオ（指3本サイズ）	2尾
天ぷら粉（小麦粉でも可）	1カップ
卵	1個
冷水	1カップ
氷	数個
塩	適宜

タチウオのチャンジャ風

●材料／4人前

タチウオ（指3本サイズ）	1尾
塩	適量
ニンニク	2片
豆板醤	大さじ2
砂糖	大さじ1
ゴマ油	大さじ1
ニョクマム	適量

さばき方&作り方

「タチウオの天ぷら」

タチウオはさばき方が簡単な魚です。ただし、中骨が結構太いので、普通の魚のように三枚おろしにすると、骨に身がたくさん残りがちです。そこで、適度な長さの筒切りにしたら、五枚おろしの要領でさばくのがポイント。熱いうちに、さっぱりした塩で食べるのがおすすめです。

1

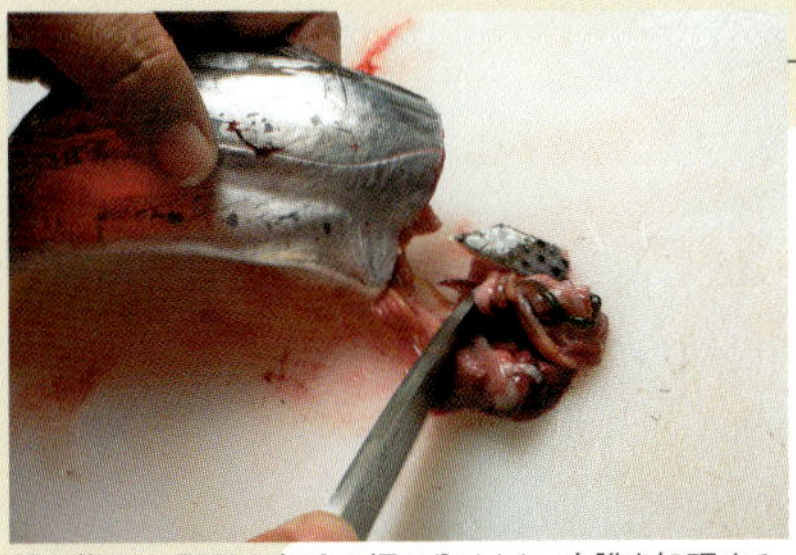

頭を落とし、肛門の部分で切り分けたら、内臓を処理する。端の部分を包丁の刃先で押さえ、身のほうを動かすと、簡単に取り除ける

2

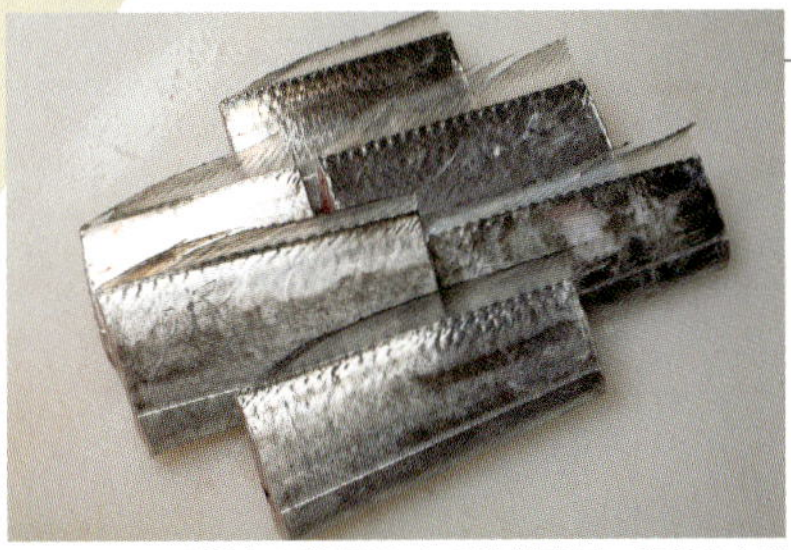

一つ15センチ程度の筒切りにして準備完了。塩焼きなどにする場合は、このまま調理する

3

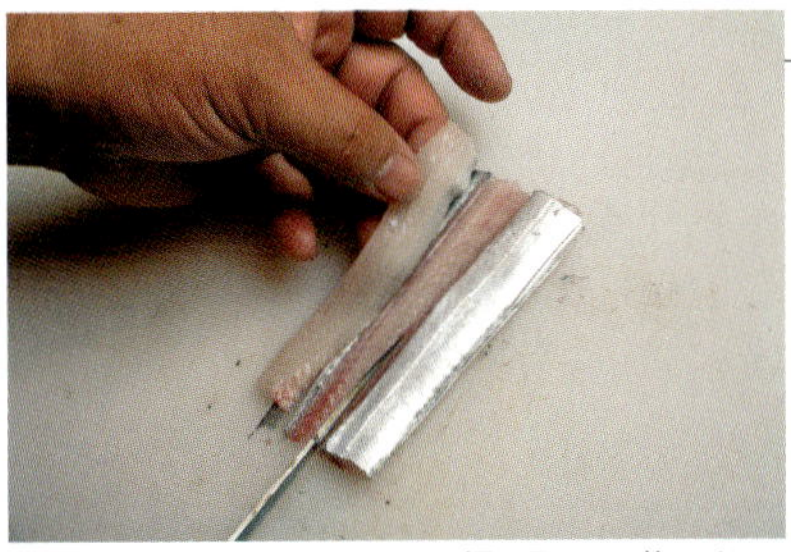

中骨の上に包丁を入れたら、その切れ目から五枚おろしの要領で背側と腹側の身を取っていく。このとき、ヒレの周りの小骨も一緒に取り除く

4

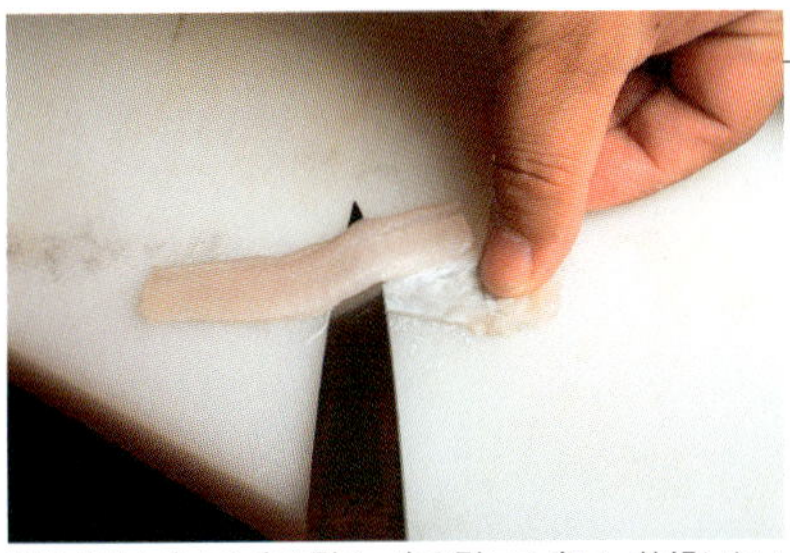

切り分けた身から皮を引く。皮を引いた身は、乾燥しないようにラップをかけるなどして、冷蔵庫で冷やしておく

5

4に天ぷら粉または小麦粉をまぶす。この粉をそのまま衣にすれば無駄がない

6

天ぷら粉または小麦粉に冷水と合わせた溶き卵を加え、さっくり混ぜ合わせる。混ぜすぎて粘りが出ないように注意。なお、氷を数個入れておくとカラッと揚がる

7

揚げ油の温度は180度程度が目安。箸で衣を落とし、すぐに浮き上がってくればよい

8

油の温度が下がりすぎないよう、一度に揚げるのは油面の半分程度にとどめる。タネが浮き上がり、泡が小さくなって、衣がカラッとしたら出来上がり

今月のもう一品　タチウオのチャンジャ風

夏場のタチウオの数釣りを楽しんだ今回は、暑い季節にうれしいピリ辛の肴も作ってみました。韓国料理のチャンジャとは、本来、塩漬けにしたタラの胃袋を、ゴマ油、唐辛子、ニンニクに漬け込んだ、いわばタラの塩辛です。あっさりとした白身で、新鮮な刺身ならプリプリの歯ごたえも楽しめるタチウオは、こうした料理にもピッタリです。

作り方はいたって簡単。細切りにした身に塩をして30分ほどなじませたあと(写真A)、おろしニンニクと豆板醤、砂糖、ニョクマム(ベトナムの魚醤)を加え、よく和えます(写真B)。味がなじんだら、小鉢に盛り付け、白ゴマを振って出来上がり。

ちなみに、唐辛子系の味付けの際には、砂糖をやや多めに入れると、角が取れた辛味が引き立ちます。また、ニョクマムは、なければ入れなくても構いませんが、適量入れることで旨味が加わり、より奥深い味になります。酒が進む、左党には見逃せない一品です。

A

B

食器提供：酒津榎窯（武内立爾 作）

ユニークな姿を生かしたボイルとともに

イイダコのタコめし

生臭さを出さないためにもみ洗いしてヌメリを取る

釣って楽しく、食べておいしいタコ類のなかでも、お手軽度ナンバーワンのイイダコは、私が住む富津では、これからの季節の風物詩的な釣りものです。小学生や初心者でも安心して釣果が得られ、その姿は愛くるしいほど。

料理のポイントはヌメリをしっかり取ること。ただし、イイダコは真水で洗うだけでもヌメリが取れるほどなので、ヌメリ取りのために使う塩の量は、マダコと違い、ごく少量でOKです。

下処理が済んだものを、色が変わる程度に熱湯でゆでれば、「イイダコのボイル」になります。

数が多い場合は、「しゃぶしゃぶ」にしてもおいしいですよ。さっと火を通して、好みの付けダレでどうぞ。

「タコめし」も簡単。下処理が済んだイイダコを縦に割って、水の代わりの薄めのだし汁と一緒に炊飯ジャーに入れ、スイッチを入れればOK。ぜひお試しを。

イイダコのタコめし

●材料／4人分

イイダコ ―― 12ハイ程度
米 ―― 4合
だし汁（吸い物程度の濃さ）―― 800ml程度
塩、醤油 ―― 少量

コウイカの肝和え

●材料／4人分

コウイカ（胴長20センチ程度）―― 1パイ
ショウガ、アサツキ、大葉 ―― 各適量
味噌、醤油 ―― 各少量

さばき方・作り方

イイダコとコウイカの下処理

イイダコは、胴（頭と呼ばれるところ）をひっくり返して下処理してもいいのですが、数が多い場合には、後ろ側を切ると手早く作業できます。一方のコウイカは大量のスミが出るので、新聞紙を敷いて下処理しましょう。なお、イイダコもコウイカも冷凍保存が可能。特にコウイカは、半解凍状態で内臓を処理すると簡単です。

1

イイダコの下処理の仕方。最初に、胴の後ろ側（目が付いているのと反対側）をハサミで切る

2

スミ袋を潰さないように注意しながら、内臓を取り除く

3

ハサミで目（写真左）、口吻（写真右）を切り取る。これらを取らないと食感が悪い

4

「みかんネット」に入れたまま、少量の塩を加え、188ページの写真のように十分にもみ洗いする。一度、流水でヌメリを落としたら、もみながら2度ほどすすぎ洗いする

5

イイダコのタコめしの作り方。分量の米、だし汁と調味料、縦に割ったイイダコを炊飯器にセットして炊く。イイダコが水分を吸うので、だし汁は通常の水の分量より少し多めにする

6

コウイカの下処理の仕方。胴の裏側の中央に包丁を入れ、身を開いたら、スミを潰さないよう、ていねいに内臓を取り出す。スミを料理に使う場合はこれをとっておく

7

胴の中央に入っている甲を取り出す。このとき、肝を潰さないように注意。その後、ゲソを外す

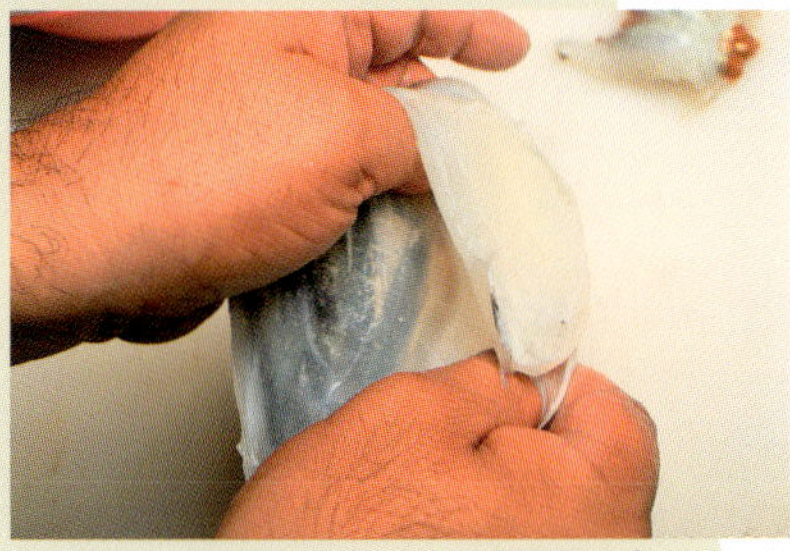

8

身に入れた切れ目の部分から、表裏両面の皮をむく。キッチンペーパーを使うと、簡単にむける

今月のもう一品　コウイカの肝和え

コウイカは、大量のスミを吐くため、別名スミイカとも呼ばれるほど。このスミは、「イカスミのパスタ」をはじめとして、さまざまな料理に利用されています。このスミ袋を取るのに一生懸命になってしまうためか、コウイカでは肝の存在を忘れがちですが、今回、釣りに同行してくれた忍ちゃんから、「コウイカの塩辛は、肝が濃厚で絶品！」と教えてもらいました。

そこで、塩辛のように漬け込まず、すぐに食べられるようにと考えて作ってみたのが、この「肝和え」です。確かに、濃厚な肝の味が格別で、日本酒にベストマッチ。薬味を入れずに強めの塩をして一晩ほど寝かせれば、絶品の塩辛にもなります。

ゲソの上部に入っている肝は、先端に包丁を入れ、スプーンを使ってこそぐようにするときれいに取り出せます。（A）

みじん切りにしたショウガ、小口切りにしたアサツキ、千切りにした大葉に、少量の味噌と醤油、そして、出刃包丁でよく叩いた肝を加え、皮をむいて、できるだけ細いイカそうめん状に切った身を入れて、混ぜ合わせれば出来上がりです。（B）

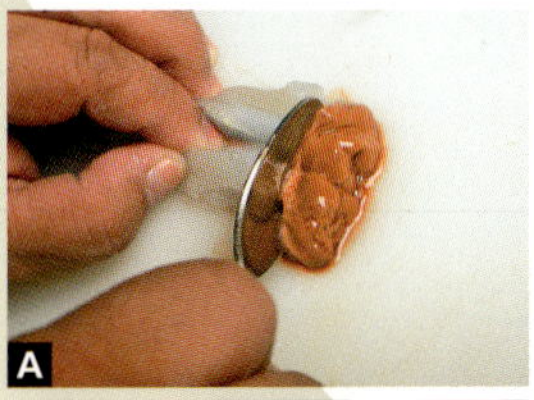

A

B

生でもおいしい、イナダと大根の名コンビ

イナダのセビーチェ風

ラテン系マリネで楽しむ"生のブリ大根"は食感最高！

ブリといえば「ブリ大根」が定番。少し濃いめの煮汁でしっかり味付けしたブリと、そのブリの旨味が染みわたった大根は最高で、酒もご飯も進みます。イナダは、家族で食べるなら2本もあれば十分ですが、たくさん釣れたときは、あらもしっかり煮て冷蔵庫で保存すれば煮こごりも楽しめ、下ごしらえした大根を加えて煮込めばブリ大根にもなります。

さて今回は、新鮮なイナダを生かし、相性ピッタリの旬の大根とともに、生で食べてみてはと、中南米の魚介類のマリネ「セビーチェ」風の一品を作ってみました。

細く切った大根と好みの青菜の上に、刺身大に削《そ》ぎ切りにしたイナダを乗せ、少し酸味のある青じそ風味のセビーチェ用ドレッシングで和えるだけ。シャキシャキした大根の食感とイナダの旨味がぴったりマッチします。シンプルに、スダチをたっぷり絞って、醤油で食べてもおいしいですよ。

イナダのセビーチェ風

●材料／4人分

- イナダ（1.5キロ級）―― 1尾
- 大根 ―― 1/2本
- 青菜（ほうれん草など）―― 1/2束
- セビーチェ用ドレッシング ―― 適量

ブリ大根

●材料／4人分

- イナダ（1.5キロ級）　骨付き半身とあら
- 大根 ―― 1/2本
- ショウガ（千切り）―― 適量
- 醤油、酒、みりん、水 ―― 各100ml

さばき方・作り方

イナダのさばき方／セビーチェ風の作り方

イナダはウロコが細かく、特にブリ大根にする場合は皮付きのまま使うので、しっかりウロコを落とすこと。あらも活用するので、頭周りのウロコもしっかり取る。大きめのビニール袋などのなかで作業すると、後始末が比較的簡単。なお、イナダの頭はわりと軟らかく、割りやすいが、包丁の扱いには十分注意しよう。

1

ウロコを落とし、内臓を処理したのち、頭を落とす。ブリ大根に使用するなど、あらを活用する場合は、写真のように「カマ下」を落とす

2

頭を割る。カマの部分を広げるようにしてまな板に置き、口の真ん中を割るように包丁を入れる。頭を割ったら不要な下アゴ部分を取り除き、適当な大きさに切り分ける

3

右がイワシの群れを追っていたイナダ、左がコマセで釣れたイナダ。写真ではわかりにくいが、身の張りや脂の乗り方、味が微妙に異なる

4

頭を落とした身をおろす。1尾すべてを刺身にする場合は三枚おろし、半身をブリ大根にする場合は二枚おろしにする

5

二枚おろしにしたうち、骨付きの半身は、そのまま適当な大きさに切り分けて、ブリ大根に使う

6

ブリ大根用の材料。身をすべて刺身にする場合は、中骨に身を少し残しておき、それをぶつ切りにしたものを加えてもよい

7

サラダ用の刺身を引く。骨なしの半身を血合い骨の両側で二節に切り分けたのち、ひと口大の薄い削ぎ切りにする

8

拍子木切りにして水にさらした大根と青菜を皿に盛り、その上に削ぎ切りにした刺身を乗せ、食べる直前に好みのドレッシングをかけて和える。今回は市販のセビーチェ用ドレッシングを使用。好みでゴマなどを振ってもよい

今月のもう一品　ブリ大根

定番メニューのブリ大根は、あらを使うことで旨味が増すので、1尾丸ごと無駄なく使える一品です。

ひと口大に切り分けたあらと身は、ウロコなどの汚れを取り、生臭さを抑えるために湯引きします。沸騰した湯にサッとくぐらせ、表面が白くなる程度でOKです（写真A）。

鍋に分量の調味料（醤油、酒、みりん、水は1：1：1：1）と千切りにしたショウガを入れ、沸騰してから、湯引きしたイナダを加えます。煮汁を沸騰させてから魚を入れるのがポイントで、煮汁が冷えた状態で魚を入れると、生臭さが出てしまいます。あとは、アルミホイルで落としぶたをして、たまに鍋を揺すって煮汁を行き渡らせながら、強めの中火で10〜15分ほど煮ます。泡が細かくなって煮汁にとろみが出たら（写真B）、米のとぎ汁などで軟らかくゆでた大根を加えて出来上がり。魚が煮上がる前に大根を加えて一緒に煮るのが理想ですが、軟らかくゆでた大根は、一緒に煮なくても煮汁を吸って味が染み込みます。

A

B

照り焼きソースで、子どもも大喜び

イシモチのハンバーグ風

醤油ベースの甘辛だれでごはんにピッタリの一品に

練り物の材料となることが多いイシモチですが、さまざまな料理でおいしく食べられます。これぞ釣り人の特権という食べ方が刺身。身に水分が多く、鮮度が落ちやすいものの、しっかり締めて持ち帰ればおいしくいただけます。

さて今回は、私が子どものころ、イシモチを釣って帰ったときによく作ってもらった、「魚のハンバーグ」を再現。当時はショウガを利かせ、醤油をかけて食べていましたが、今回はより子どもたちが喜ぶように、照り焼きソースで仕上げてみました。

そしてもう一品は、繊細で上品な身を生かすのに最適な「酒蒸し」に。電子レンジを使えば、たっぷりの野菜と一緒に、手軽にできるメニューです。

なお、イシモチを料理する際のポイントは、ウロコを落としたあとに、包丁でヌメリをとることです。そうすることで、魚臭さを抑えることができますよ。

イシモチのハンバーグ風

●材料／4人分

- イシモチ（25センチ級）——8尾
- タマネギ——1/2個
- 卵黄——1個
- 小麦粉——少々
- 塩、コショウ——適量
- サラダ油——適量

イシモチの酒蒸し

●材料／2人分

- イシモチ（30センチ級）——2尾
- 野菜（白菜、タマネギ、ニンジン、キノコ類）——適宜
- 塩——少々
- ポン酢——適宜

さばき方・作り方

イシモチのハンバーグ風の作り方

練り物の高級素材としても知られるイシモチは、サッパリした白身が特徴。たくさん釣れることもあるが、身が水っぽく柔らかい。今回のハンバーグ風の場合、保存するなら、焼いたあとで冷凍するのがオススメ。なお、ウロコを落としたのちに皮の表面をこそげることで、臭みを防げる。

1

ウロコを落としたら、包丁の先で全体をこそげるようにして、表面の銀色の色素を取り除き、水洗いする。これが臭みの原因となる

2

頭を落とし、内臓を処理したら、三枚におろす。その後、腹骨周辺の汚れもきれいに取り除く。これも臭みを出さないためのひと手間。なお、腹骨、血合い骨は取らなくてもよい

3

糸造りのように細切りにしたのち、細かなミンチ状に叩く。細かな骨が気にならなくなるよう、十分に叩くこと

4

全体をミンチ状にしたら、タマネギのみじん切り、つなぎの小麦粉、こってり感をプラスするための卵黄を加える

5

4をさらに叩いて、よく混ぜる。粘りが出て、全体がまとまってきたらOK。下味として、少量の塩、コショウを加える

6

手に薄くサラダオイルを塗って、5を形良くまとめ、火の通りをよくするために中央を少しくぼませておく。今回は全量をひとまとめにしたが、1人分ずつ小さくまとめてもよい

7

熱したフライパンにサラダオイルを敷いて6を焼く。焼き方はハンバーグと同じ。中火でなかまで火を通す。表面の周囲が少し焦げる程度にして香ばしさが出たら焼き上がり

8

酒、みりん、砂糖、醤油に、すりおろしたショウガを加えて鍋で沸かし、水溶き片栗粉でとろみを付けた照り焼きソースをかけて完成。このほかに、おろしポン酢などの和風ソースもマッチする

今月のもう一品　イシモチの酒蒸し

蒸し物は、魚の旨味を100％楽しめるところが魅力です。蒸し器を使うのは少々手間ですが、電子レンジを使えば簡単に作れます。

頭を付けたままエラと内臓を処理したイシモチは、飾り包丁を入れたら、キッチンペーパーを敷いたバットなどに置いて、下味を付け、余分な水分を出すために軽く塩を振り（写真A）、ラップをかけて冷蔵庫に30分ほど置いておきます。

皿に白菜を敷き、その上にイシモチを乗せ、周りにキノコ類（シメジ、エノキ、シイタケなどお好みで）と、彩りのニンジンなどの野菜を置いて、最後に日本酒を振りかけます（写真B）。これをラップで包み、電子レンジで10分ほど加熱。加熱時間は、ときどき様子を見ながら調節しましょう。全体に熱が入り、串がスッと通るようになったら出来上がり。ポン酢などのサッパリした付けだれで召し上がれ。

なお、小型のイシモチは、まるごと唐揚げにしてもおいしく食べられますよ。

A

B

お祝いの席にピッタリの華やかさがうれしい

マダイのちらし寿司

鮮やかな桜色を生かし
見た目も春らしい一品に

やっぱりマダイは、日本を代表する魚ですね。なんといっても姿がカッコイイ！　それに、鮮やかな赤も、めでたさ120％。そしてもちろん、味も抜群です。

養殖のマダイは広く市場に出ていますが、天然モノのマダイは別格。これほど知られていながら、本当のマダイ（天然モノ）はなかなか口に入らないのが現実で、そんな貴重な魚が食べられるのも釣り人の特権。どう料理してもおいしく、あらやウロコも食べられます。

この季節のマダイは、脂もほどよく乗っているので、刺身にする場合、皮もおいしく食べられるよう、「湯引き」して使うのがおすすめです。最近、回転寿司などで人気の「あぶり」も香ばしくておいしいですね。それと同じく、さっと熱を通すことで、生とは違ったおいしさが味わえます。

そこで今回は、湯引きした刺身を使った、お祝いやパーティーの席にピッタリの一品をご紹介します。

マダイのちらし寿司

●**材料／3人分**

マダイ（25センチ級）―― 1尾
米 ―― 2合
寿司酢 ―― 適量
好みの具 ―― 適宜
（錦糸卵、キヌサヤ、パセリ、市販のしそ生姜など）

マダイの潮汁

●**材料／3人分**

マダイ（25センチ級のあら）―― 1尾分
水 ―― 適量
だし昆布（5センチ角）―― 1枚
塩 ―― 適量
酒 ―― 適量
三つ葉 ―― 適宜

さばき方、作り方

マダイのちらし寿司の作り方

春に釣れる乗っ込み前後のマダイは脂の乗りがよく、皮と身の間がおいしいところなので、皮目を湯引きした「湯霜造り」にするのがおすすめ。サイズが小さい場合は、切り身を大きく取るため、血合い骨を毛抜きでていねいに抜いておこう。

1

ていねいにウロコを落とし、エラと内臓を処理したら、頭の後ろに斜めに包丁を入れ、カマ下を落とす

2

マダイはあらもぜひ活用したい。カマの部分を広げてまな板に置いたら、口の中央に包丁を入れて、頭を半分に割る

3

さばき終わった状態。今回の料理では、三枚おろしにした身の二枚をちらし寿司に、あら（頭と中骨）を潮汁に使用した

4

身を置いたまな板やバットを斜めに傾け、皮目にサッと熱湯をかけたら、すぐに氷水に取って身を締める。皮が縮んで丸まるのをできるだけ防ぐため、腹骨を付けたままにしておくとよい

5

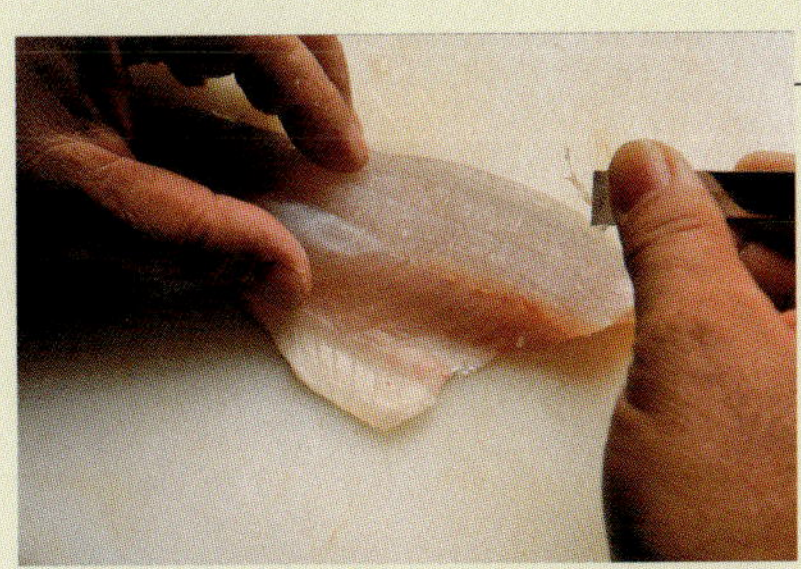

腹骨をすき取ったら、切り身を大きく取るため、毛抜きを使って血合い骨を取る。血合い骨が残っていると口のなかで当たるので、ていねいに抜き取ろう

6

身は、皮目を生かしつつ、薄めのそぎ切りにする。包丁を寝かせて切り口を大きくすると、切り身を大きく取りやすい

7

ご飯に市販の寿司酢を合わせ、しゃもじで切るように混ぜる。つや、照りを出すために、炊き立ての状態で寿司酢を合わせること。その後、うちわであおいで寿司飯を冷ます

8

寿司飯を器に盛り、その上に、彩りのバランスを考えつつ、好みの具とマダイの切り身を載せる。仕上げに、みじん切りにしたパセリと刻み海苔を散らして完成。細切りキヌサヤとみじん切りのパセリは、切る前にさっと湯がいておく

今月のもう一品　マダイの潮汁

マダイは、頭や中骨などの「あら」も、ぜひ活用したいもの。ちらし寿司との相性抜群の潮汁は、上品なおいしさを存分に味わえます。

潮汁を濁らないよう上手に作るコツは、煮る前に湯通しすること、水から煮ること、沸騰させないこと、そして、こまめにアクを取ることにあります。

適当な大きさに切り分けたあらは、熱湯でサッと湯通しし、その直後に氷水に取って、残った細かなウロコなどを指先できれいに掃除します。こうすることで、汚れと生臭さを取り除けます（写真A）。このあらとだし昆布を、水を張った鍋に入れ、弱火で煮ます。決して沸騰しないよう、火加減には十分注意しましょう（写真B）。

火が通ったら、日本酒と塩をそれぞれ適量入れて味を調えて完成。今回は、さっと熱湯にくぐらせ、氷水に取ったあと、ゆるく結んだ「結び三つ葉」を添えましたが、ユズの皮などをあしらってもおいしくできますよ。

A

B

酢締めを短時間にして、刺身風の仕上がりに

締めサバ

塩や酢の味をほとんど感じない生に近い仕上がりを楽しもう

小さな歯が並んでいることから「小《さ》歯《ば》」の名がついたサバ。かつては、たくさん獲れた大衆魚で、傷みも早いので、売るときに数をごまかす行商人が多かったことなどから、数をごまかすことを「サバを読む」と言うようになりました。このように、日本人にはなじみ深い魚ですが、ことわざの起源にもなっているように、足の早い魚の代表なので、しっかり血抜きすることと、持ち帰る際の保存の仕方が大切です。

マサバは、「寒サバ」と呼ばれる冬が旬。一方、夏場に多く獲れるゴマサバは、マサバにくらべて脂分が少なく、季節による味の変化もそれほどありません。

ゴマサバは、サバ節や缶詰などに加工されることが多いのですが、今回紹介する締めサバも、ゴマサバのほうが向いているかもしれません。しっかり処理して持ち帰れば、釣り人の特権でもある非常においしい料理が楽しめるので、ぜひ試してみてください。

締めサバ

●材料／4人前

サバ（35センチ級）	1尾
塩	適量
酢	適量
大葉	適宜
薬味（ショウガ、ミョウガ）	適宜

サバの焼きみそ風

●材料／4人分

サバ（35センチ級）	1尾
煮汁	適量
（酒、砂糖、しょうゆ、みりんを各同量。みそ少々）	
青唐辛子、大葉	適量

※大葉をたっぷり入れるのがポイント

さばき方、作り方

締めサバの作り方

ここで紹介する締めサバは、酢で身を白く固くした長期保存向きのものとは異なり、生に近い仕上がりで、脂の乗ったサバ本来のうまさを楽しめる。ポイントは、釣れた直後に行う艇上での下処理をしっかり行うこと。なお、身割れしないよう、さばき方やその後の処理にも気を使いたい。

1

釣れた直後に、エラの部分にナイフを入れ、バケツに汲んだ海水のなかに入れて血抜きしたあと、たっぷりの氷と海水が入ったクーラーボックスに入れる

2

海水氷のなかに1時間ほど入れておき、身が完全に硬直したら、頭を落とし、内臓を取って、三枚におろす

3

おろした身を、密封容器に入れたたっぷりの塩のなかに埋め、冷やして持ち帰る。これはあくまで、塩に水気(ドリップ)を吸わせて身を締めるための工程だ

4

三枚におろした身は、少なくとも3時間は塩漬けにしておく。半日ほど漬けたままにしても塩辛くはならない。ドリップが十分に抜けているのを確認したら、真水(流水)で塩を洗い落とす

5

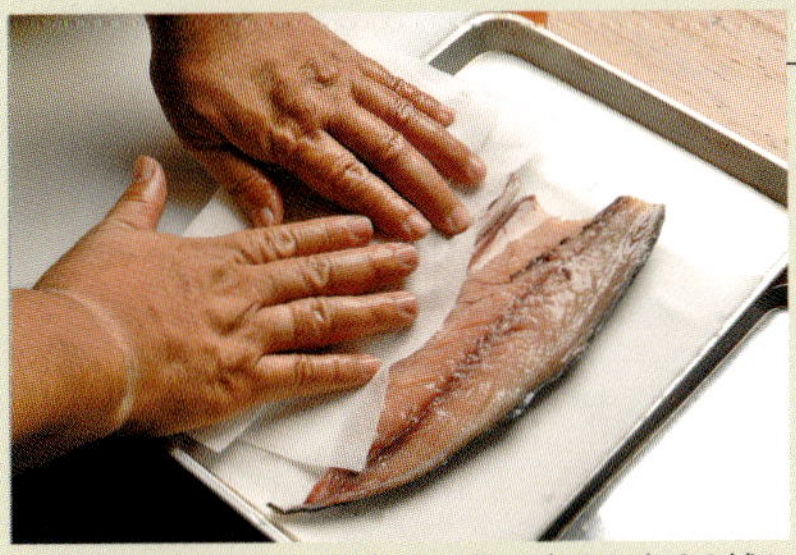

ペーパータオルなどで、水洗いした際の余分な水分を拭き取る。身割れしないよう、ていねいに扱うこと

6

バットなどに酢を入れて身を浸す。上にペーパータオルなどを乗せれば、少ない酢でも十分に漬かる。酢の味を染み込ませるのが目的ではないので、酢の種類はなんでもよい

7

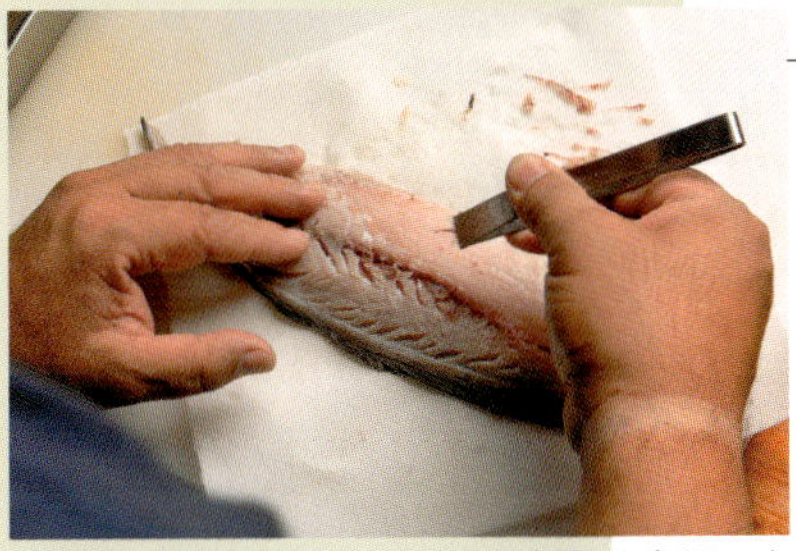

酢に漬けたまま冷蔵庫のなかで30分程度置いた身を取り出し、腹骨をすき取り、毛抜きで血合い骨を抜く。血合い骨を抜く際は、身割れしないよう頭のほうへ引き抜くこと

8

頭のほうから薄皮をていねいに剥ぐ。このあと、薄い刺身状に切り、おろしショウガ、千切りにしたミョウガなどの薬味を添えて出来上がり。酢、塩ともほとんど感じない刺身風の仕上がりなので、その日のうちに食べきるのがおすすめ

今月のもう一品　サバの焼きみそ風

素焼きにしてフレーク状にほぐしたサバやカツオ、マグロなどに、合わせみそ、みじん切りにした青唐辛子、細かく切った大葉(たっぷり入れるのがポイント)を混ぜ、アルミホイルなどに載せて、オーブントースターなどでサッと焼いたものを「焼きみそ」といいます(完成写真右奥)。みその塩気と青唐辛子のピリッとした辛さがご飯にピッタリで、おにぎりの具にも最適。夏バテしやすい時期でも食が進む一品です。今回はこの料理をヒントに、焼きみそ風のサバの煮焼きを作ってみました。

少量のみそを加えたサバの煮付け(みそ煮でも可)を作り、小口切りにした青唐辛子と、みじん切りにした大葉を加えて、ひと煮立ちさせます(写真A)。さらに、煮上がった切り身を網に乗せ、軽く焼き目を付けます(写真B)。これを皿に盛って煮汁をかけ、素焼きにした青唐辛子を添えて出来上がり。

焼きみそ、煮焼きとも、好みで夏の香味野菜(ミョウガ、ニンニク、ショウガ、木の芽など)を加えてもおいしくできます。

A

B

野菜や海藻もたっぷり食べられるヘルシーな一品

アジと香味野菜ののっけ盛り

アジのモッチリした歯ごたえと
野菜のシャキシャキ感が絶妙

アジを漢字で書くと「鯵」となります。そのうまさに参った、というところからこの漢字になったとも言われていて、実際、どのように食べてもうまいことに違いはありません。

私が住む千葉県の内房では、湾口にほど近いエリアで獲れる「金谷《かなや》の黄金鯵」が有名ですが、夏に釣れる東京湾湾奥の「中の瀬のアジ」も絶品！　豊富なプランクトンによって育った東京湾ブランドの魚はもっと、注目されてもよいはずです。

こういう魚が食べられるのも、ボートフィッシングの魅力だったりするわけで、たまには、ボート釣りを楽しむ自分をほめてみてはいかがでしょう？　おいしい魚を家族に食べてもらえれば、海に出る機会も増えるような気がします。

さて、今回は、アジの刺身と香味野菜をポン酢しょうゆで和える「アジののっけ盛り」を作りました。アジのおいしさが楽しめるのはもちろん、野菜や海藻がたっぷり食べられる、とてもヘルシーな一品です。

アジと香味野菜ののっけ盛り

●**材料／4人前**

アジ（20センチ級）	6尾
野菜類（ミョウガ、大葉、万能ネギなど）	適量
ワカメ	適量
ポン酢しょうゆ	適量

イシモチの空揚げキノコあんかけ

●**材料／4人分**

イシモチ（20センチ級）	4尾
キノコ類	適量
昆布だし、砂糖、酢	適量
塩、しょうゆ	少々
水溶き片栗粉	適量

さばき方・作り方

のっけもりと空揚げの作り方

今回のアジは小ぶりだったため、三枚におろして四半身に切り分けた状態で盛り付けたが、型がいい場合には、糸造りにして食べやすい大きさに切り分けよう。同様に小ぶりだったイシモチは、姿を生かした空揚げとした。水分の多い魚なので、身がしっかりするよう、二度揚げするとよい。

1

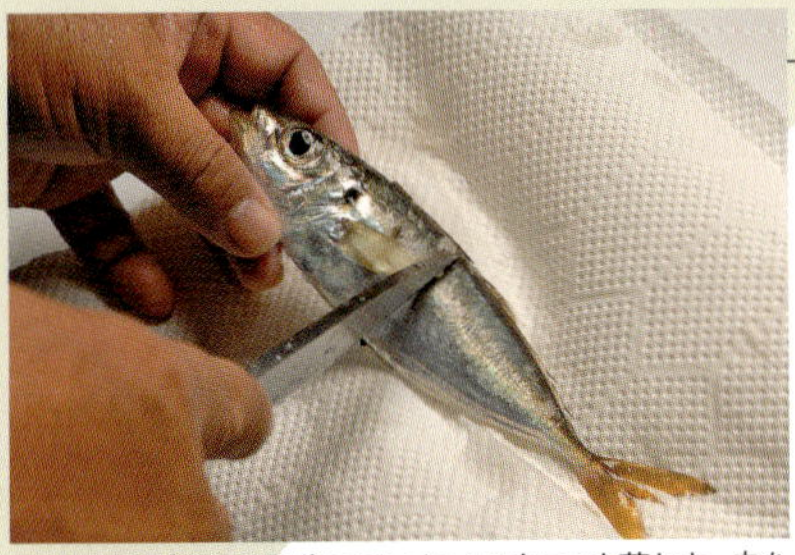

アジは出刃包丁の刃先でていねいにウロコを落とす。皮を引いて使うので、ゼイゴはとらなくてもよい

2

カマ下に包丁を入れたら、刃をそのまま中骨の上に沿わせて半身を取る。反対側も同様におろす

3

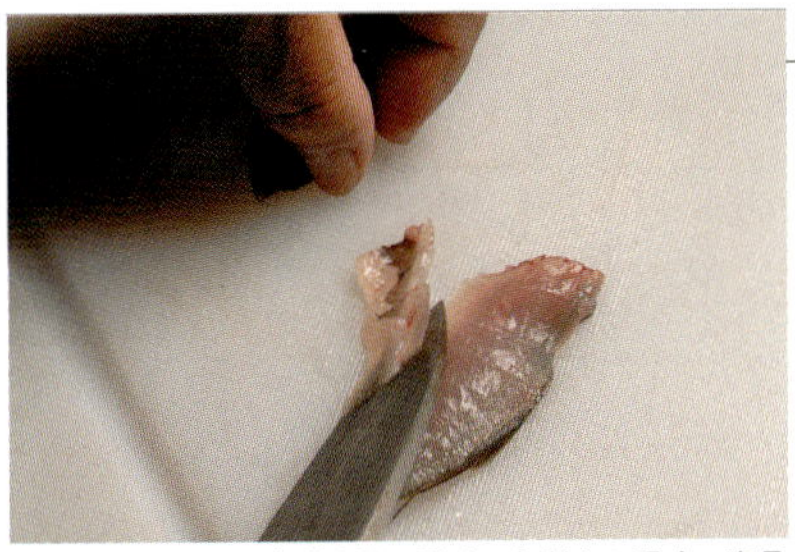

すき切るようにして腹骨を取り除く。右利きの場合、腹骨の上に左手の指を添えるようにするとうまく切れる

4

血合い骨を避けるように包丁を入れ、そのまま包丁を寝かせて皮を引く。上身、下身を取ると、皮に血合い部分が残ることになる。これでアジの下処理が完了

5

ミョウガの千切りとワカメをこんもり盛った上に、アジの切り身を載せ、万能ネギと大葉、白ゴマを散らして完成。アジの身が大きい場合は、適宜、食べやすい大きさに切り分ける

6

小皿に取り分けたら、ポン酢しょうゆをかけ、全体をよく混ぜ合わせて食べる。水菜、すりおろしたショウガや薄切りのニンニク、フレッシュチーズなどを和えてもおいしい

7

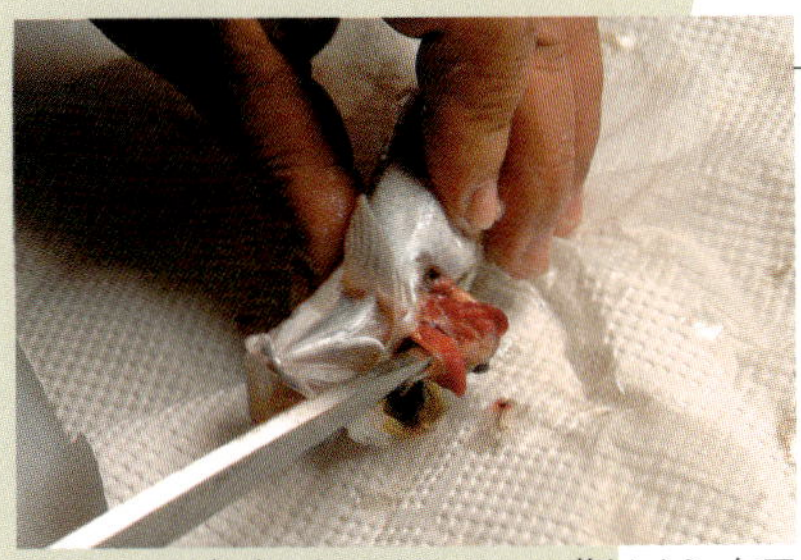

イシモチのさばき方。ウロコをていねいに落としたら、包丁の刃先を引っかけるようにしてエラを取る。このとき、内臓の一部も一緒に取れる

8

右側の腹の部分に隠し包丁を入れ、残った内臓をきれいに取り除く。このあと、流水で汚れを取り除き、イシモチの下処理は完了

今月のもう一品　イシモチの空揚げキノコあんかけ

イシモチはやや水っぽい魚ですが、本誌4月号で紹介したように、ミンチにしたり、蒸し物にしたりすると、上品な白身のうまさが引き立ちます。また、揚げて水分を飛ばすのも一法。そこで今回は、素揚げにしたイシモチに、旬のキノコを使い甘酢っぱく味付けしたあんをかけて、中華風の料理に仕上げてみました。

ここでは、下処理したイシモチに粉を付けず、素揚げにしましたが、小麦粉や片栗粉を付けても構いません。熱した油に入れ、泡が小さくなったところで一度取り出し、さっと冷ましたのちに二度揚げにして、きれいな揚げ色を付けます（写真A）。

あんは、昆布だしに砂糖、酢、少量の塩としょうゆを入れて煮汁とし、沸騰したところで食べやすい大きさに分けたキノコを入れ、一煮立ちさせます。今回はマイタケ、シメジ、エリンギを入れましたが、入れるキノコの種類はお好みで。なお、水溶き片栗粉は、火を止めてから加えるとダマになりません（写真B）。

少し甘めに仕上げたあんと、キノコからのだしが、魚の旨味をより一層引き立たせます。

A

B

衣と白身の食感の違いを楽しむ

スズキの変わり揚げ三種

衣を工夫すれば見た目も楽しい 意外なほど簡単な変わり揚げ

ルアーフィッシングではキャッチ＆リリースが一般的ですが、食べること自体がいけないわけではありません。釣れたなかから無駄なく食べられるぶんだけを持ち帰って、ぜひ、そのおいしさを実感し、以前にも増して魚を大切にしてください。

さて、東京湾は水質がよくなり、沖合のスズキはとてもおいしく食べられます。スズキ本来の上品な味は、刺身はもちろん、ふっくらした食感の煮付けやフライでもおいしく、私のなかでは、天ぷらの種としてもかなり上位にランクしています。

今回は、私の好きなフィッシュ＆チップスをイメージした変わり揚げを作ってみました。ポイントは味付けしないことと、薄力粉に上新粉を混ぜてサックリ仕上げること。衣にはカボチャの種やアーモンド、素麺《そうめん》を使い、カリッとした衣と、ふっくらした白身の食感の違いをより強調してみました。そのままでも、塩を振ったり、好みのたれやソースを付けたりしてもおいしく食べられます。

スズキの変わり揚げ

●材料／4人分

スズキ（40センチ級）	1尾
薄力粉、上新粉	適量
水	適量
衣（かぼちゃの種、スライスアーモンド、素麺など）	適量
揚げ油（サラダ油）	適量

スズキのつみれの揚げ浸し

●材料／4人分

スズキ（40センチ級）	半身
釜揚げシラス	適量
めんつゆ	適量
大根おろし	適量
菜の花	適宜

下処理・作り方

スズキの変わり揚げ

スズキは、エラぶたにあるトゲや背ビレが鋭く危険なので、さばく際には、これらを先にはさみで切り落としておくと安全だ。また、揚げ物を作る際には、種を一度に入れすぎると油温が下がり、揚げ上がりがベタつくので、一度に入れる量は油面の3分の1程度にするとよい。

1

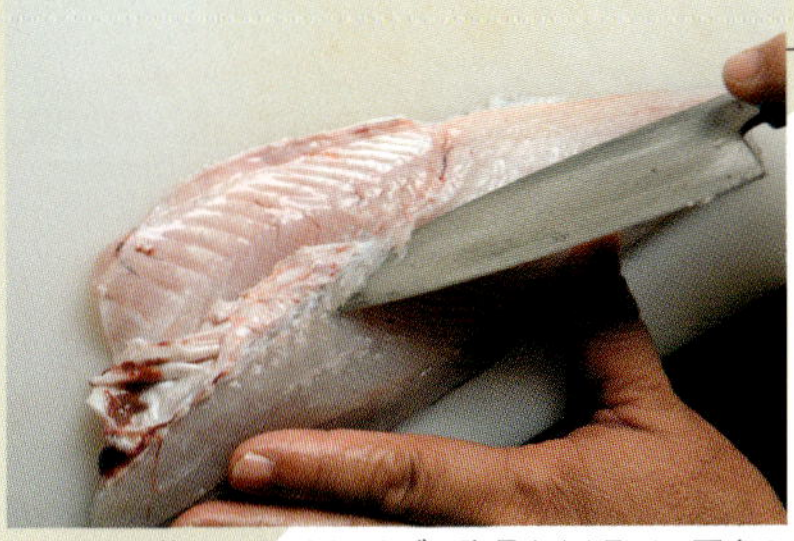

スズキを三枚におろしたら、まずは腹骨をすき取る。写真のように、包丁を逆刃（刃を上に向ける）にして、切っ先を使って切れ目を入れると簡単

2

切れ目を入れた部分から、あらためて包丁を入れ、腹骨に沿うように切り進める。身を縦に置いたほうが切りやすい

3

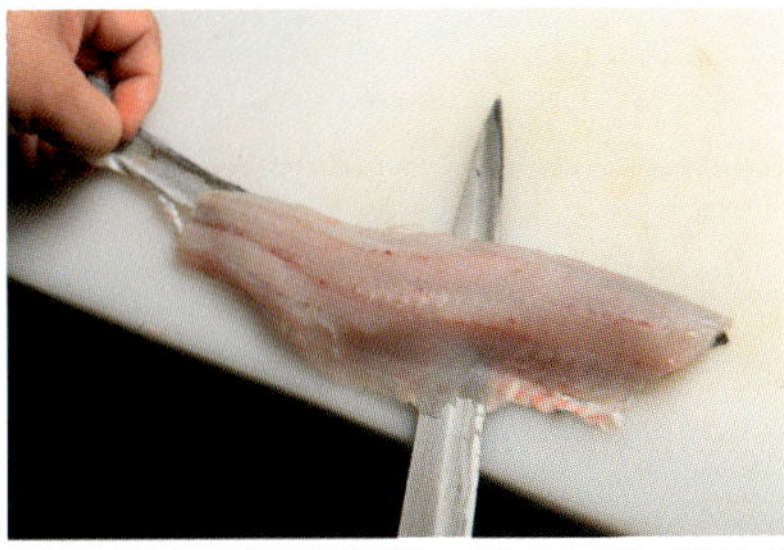

次に皮を引く。左手で皮の端をつまみ、これを引っ張りながら、まな板に押し付けるようにして包丁を進める。身をまな板の端に置くのがポイント

4

小骨を取り除くため、血合い部分をやや大胆に切り取る。包丁を少し傾けて、身のやや内側に向かって切るようにすると、骨をきれいに取り除ける

5

柵取りした身を食べやすい大きさに切り分ける。断面が四角いスティック状にすることで、揚げたあとにふわっとした食感が楽しめる

6

水でややゆるめに溶いた薄力粉に、上新粉（うるち米の粉。団子など、おもに製菓用に使われる）を適量加えると、揚げ上がりがサックリする

7

今回用意した衣は、写真奥の左から、短く折った素麺、かぼちゃの種、スライスアーモンドの三種。ナッツ類は製菓用など、適度に塩味がついているものを使うと手軽。カリッとした食感を楽しめるものなら、あられや刻み湯葉、ゴマなどでもよい

8

5を6にくぐらせたのち、用意した衣を付け、170度程度の油で揚げる。衣が焦げやすいので、温度の上がり過ぎ、揚げ過ぎに注意しよう。油の泡が小さくなり、衣がカリッとすれば揚げ上がり

今月のもう一品　スズキのつみれの揚げ浸し

揚げ浸しとは、材料を油で揚げたのち、漬け汁に浸して味を含ませる料理法です。今回は、スズキの身に釜揚げシラスを加えたつみれを作り、これを揚げ浸しにしてみました。

下処理したスズキの身（変わり揚げの際に取り除いた血合い骨の部分を加えてもよい）は、賽（さい）の目に切ったのち、細かくなるまで出刃包丁で叩きます。粘りが出てきたらシラスを加え、これを混ぜ込むようにさらに叩きます（写真A）。魚が新鮮なら、よく叩けばつなぎは不要。シラスからのかすかな塩味があるため、下味も必要ありません。

叩き終わったら、余分な空気を抜きつつ、ひと口大にまとめます（写真B）。これを、変わり揚げで使った水溶き粉にくぐらせて油で揚げますが、衣を付けずに素揚げにしてもOK。

鬼おろしで粗めにすった大根おろしに市販のめんつゆを合わせ、みぞれ風の漬け汁を用意し、これを揚げたてのつみれにかければ出来上がり。ゆでた季節の青菜を添えれば、色合いも鮮やかな一品となります。

A

B

器提供：えのきがま

トロリ濃いめのあんがポイント

スズキの酒蒸し銀あん仕立て

薄味で素材の旨さを引き出し
淡い色合いで春らしさを演出

スズキは見た目も凛々《りり》しく、銀白色に輝く姿も魅力的。釣りのターゲットとしてだけでなく、食材としても優秀で、淡白な白身はどう料理してもおいしいもの。料理の際のポイントは、皮目をきれいに掃除して、旨味を閉じ込めることです。

東京湾のスズキは、過去の汚れた海のイメージが強いのか、食材としての知名度はまだ低いのですが、春に釣れる移動性の「腹太《はらぶと》スズキ」は、けっして侮れません。体色が緑がかった金色で、魚体が全体的にのっぺりしている「居着き型」のスズキ（おもに湾奥で釣れるもの）は臭くてまずいのですが、体色が銀白色で背中やヒレの黒が濃く、側線もくっきりしていて、体形もメリハリがある「移動型」のスズキは、回遊しながらイワシを捕食しているので、味は抜群です。

今回は、このスズキを酒蒸しにして、そこに濃いめの銀あんをかけ、季節の山菜を添えて、あっさりした和風の一品に仕上げてみました。

スズキの酒蒸し
銀あん仕立て

●材料／4人分

スズキ（50センチ級）	1/2尾
塩	適量
酒	適量
だし汁	適量
水溶きカタクリ粉	適量
山菜類（コゴミなど）	適宜

スズキの梅肉和え
かつお風味

●材料／4人分

スズキ（50センチ級）	1/2尾
梅かつお	適量
大葉	適量

下処理、作り方

スズキの酒蒸し銀あん仕立て

スズキは、皮に独特のクセがあるが、料理によっては、この皮を生かすことがポイントとなることもある。よって、さばく前に、ウロコを取りながら、皮目をきちんと掃除しよう。なお、新鮮な魚ほど、加熱すると皮や身がはぜて崩れやすいので、盛りつけの際は注意しよう。

1

ウロコを取り、頭を落として内臓を出したら、全体を水洗いし、三枚におろす。何度かに分けて包丁を入れ、刃先で中骨の感触を感じながら、ていねいに切り進める

2

腹骨の端の部分に切れ目を入れる。そこからあらためて包丁を入れ、刃を腹骨の下に沿わせるようにして腹骨をすき取る

3

腹骨を取り除いた半身を、皮付きのまま、そぎ切りで、やや大きめの切り身に切り分ける。ていねいに作る場合には、切り分ける前に毛抜きで血合い骨を抜いておく

4
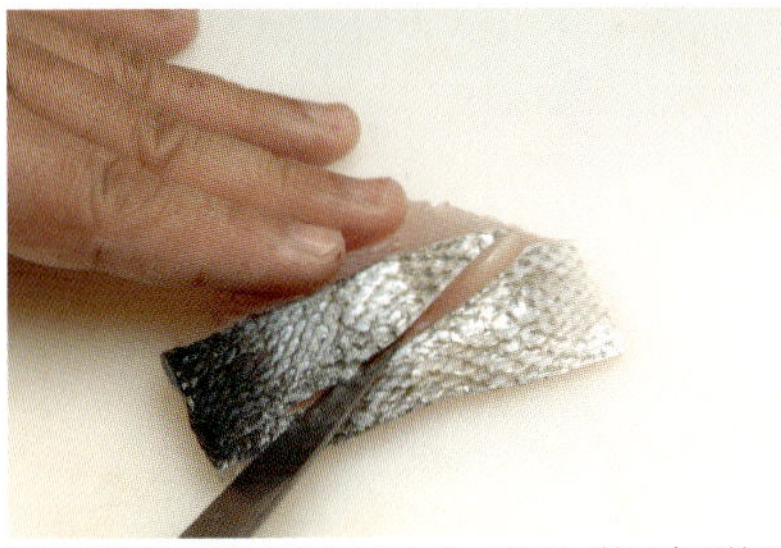
皮目に飾り包丁(包丁目)を入れる。これは、熱で皮が縮むのを防ぎ、火の通りや味の入りをよくするためのもの

5

キッチンペーパーを敷いたザルなどに4を並べ、そこに塩を振り、30分ほど置いておく。こうすることで余分な水分や臭みが取れる

6

耐熱容器に切り身を並べ、日本酒を振りかけたら、ラップをかけ、ときどき様子を見ながら電子レンジで加熱する。加熱時間は電子レンジの出力などで変わるが、5分程度が目安

7

蒸し上がった状態。身がはぜているのは、魚が新鮮な証拠。バラバラになりやすいので、盛りつけは慎重に行おう

8

沸かしただし汁に塩で味付けし、魚に絡みやすくするため、水溶きカタクリ粉でやや濃いめのとろみを付け、銀あんを作る。器に7と塩ゆでした山菜を盛り、銀あんを回しかけて完成

今月のもう一品

スズキの梅肉和えかつお風味

あっさりした白身ながら、確かな歯ごたえがあり、噛むと旨味が出てくるスズキは、ぜひ刺身でも味わいたいもの。もちろん、わさび醤油で食べてもおいしいのですが、今回はちょっと変化をつけて梅肉和えにしてみました。

スズキを三枚におろし、腹骨をすき取ったら、血合い部分で切り分けて節取りします。このとき、頭のほうから2/3ほどのところまで血合い骨があるので、切り分けながら血合い肉と一緒に取り除いておきます。

節取りした身は、皮を引き、そぎ切りで、やや小ぶりの薄い刺身にします(写真A)。この刺身をボウルなどに入れ、市販の梅かつおと和えます(写真B)。十分に混ざったところで、大葉を敷いた小鉢に盛れば完成。春らしい色合いで、さっぱり食べられる一品です。

なお、自家製梅かつおも簡単。種を取り除いた梅干を包丁でたたき、かつお節を加えます。少量のしょうゆをたらしたり、日本酒やみりんなどを適量加えて伸ばしてもOKです。

A

B

器提供：えのきがま

薬味を効かせたソースが決め手

ムギイカのソテー　キモソースがけ

柔らかなマルイカ、ムギイカは皮が気にならないので調理も簡単

イカが嫌いな日本人は少ないといいますが、かく言う私も、生でよし、煮てよし、焼いてよしのイカが大好きです。

イカは日本近海だけでもかなりの種類がいるようですが、世界に目を向ければ４００種以上いるとか。そんなイカのなかで、一度食べてみたいと思うのが、マッコウクジラの大好物、ダイオウイカ。ショウガじょうゆを効かせて、姿焼きで食べてみたいなぁ……。

さて、どんな食材と組み合わせても、はたまた、和・洋・中のいずれでも、一流の食材となりうる素材はなかなかありませんが、その数少ないものの一つがイカです。

イカを料理するときに大切なのは、火を通し過ぎないこと。そして、種類ごとの特徴を生かして料理すれば、絶品の一皿となります。

今回は、素材の旨味を生かしたシンプルな2品を作ってみました。作り方もいたって簡単なので、ぜひ挑戦してみてください。

ムギイカのソテー　キモソースがけ

●材料／3人分

ムギイカ（胴長15センチ級）―― 6ハイ
みそ ―― 適量
ショウガ、長ネギ ―― 適量
オリーブオイル ―― 適宜

マルイカのエスニックチャーハン

●材料／3人分

マルイカ（胴長15センチ級）―― 3ハイ
ごはん ―― 適量
卵 ―― 2個
レタス ―― 適宜
塩 ―― 適量
ラー油 ―― 適量
えびせん ―― 適宜

下処理、作り方

ムギイカのソテー キモソースがけ

初夏に旬を迎えるマルイカ、ムギイカは、いずれも柔らかく、皮付きのままでも気にならないので、そのぶん調理も簡単。キモが大きなムギイカは、そのキモを生かした料理がおすすめ。よって、キモを潰《つぶ》さないよう、ていねいに内臓を処理しよう。

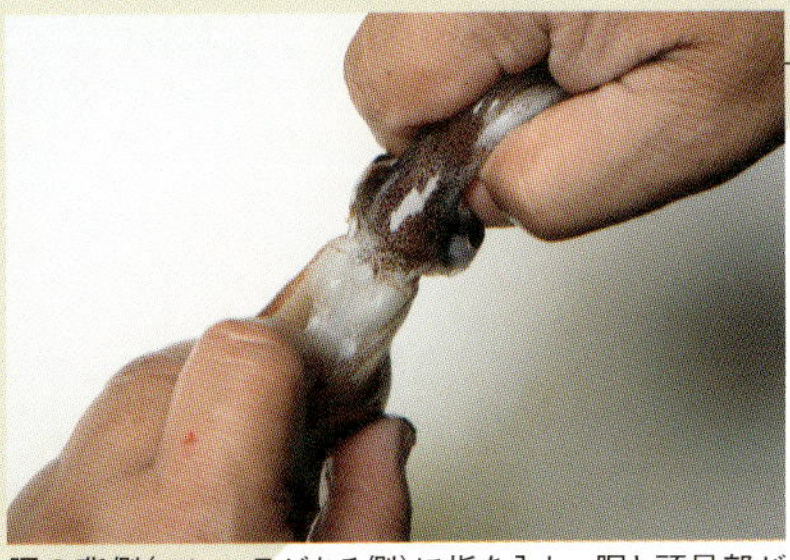

1
胴の背側（エンペラがある側）に指を入れ、胴と頭足部がつながっている数カ所の筋を切り離したら、頭足部をつかみ、潰さないように注意しながら内臓を引き抜く

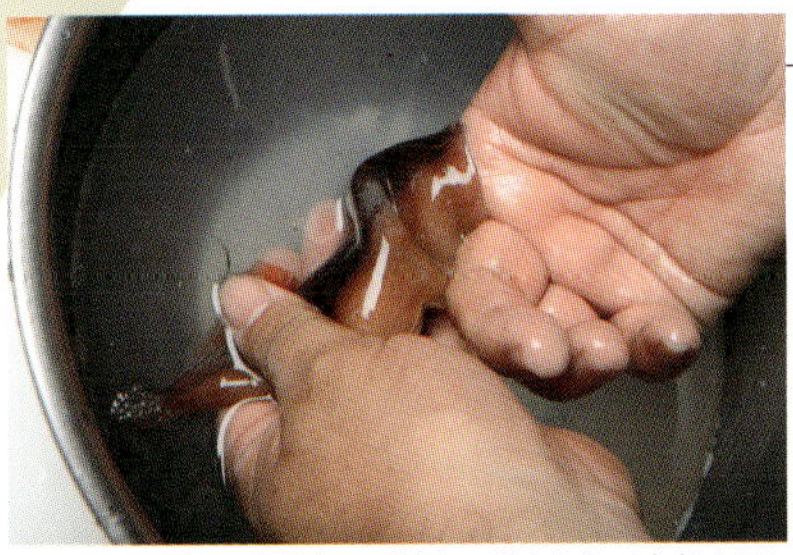

2
水を張ったボウルを用意し、胴内に指を入れて内部をきれいに掃除したのち、水洗いする

3
背側の中央に入っている骨を引き抜く。ここまでの工程はマルイカも同じ

4
スミ袋を潰さないように注意しながら、内臓の不要な部分を取り除いたのち、目の上に包丁を入れてゲソとキモを切り分ける

5
ゲソから口吻（カラストンビ。写真）と目を取り外す。誤って目を潰すとなかの液が飛び散るので、目を外す作業はボウルに張った水のなかで行うとよい

6
包丁で叩いたキモ、みじん切りにしたショウガと長ネギ、ゲソ、みそを混ぜ合せる

7
熱したフライパンにオリーブオイルを引いて、背側に飾り包丁を入れた胴をソテーする。火を通し過ぎないように注意し、軽く焼き目が付いたところで、皿に取り出しておく

8
同じフライパンに6を入れ、焦がさないように注意しながらサッと火を通す。7を器に盛り、ソースをかけて完成

MORI YAMA BOAT SCHOOL

今月のもう一品　マルイカのエスニックチャーハン

小型で柔らかな身がおいしいマルイカは、初夏ならではの味覚です。刺身などで食べるのが一般的ですが、ここでは目先を変えて、エスニック風のチャーハンにしてみました。

作り方はふつうのチャーハンと同じ。ごはん（冷ごはんかさましたもの）は、溶き卵に混ぜてから炒めると簡単で、卵が全体に均一に行き渡ります。卵に半分ほど火が通った時点でレタスの半量を入れ、それがしんなりしてきたら、ぶつ切りにしたマルイカの胴（細かく切ったゲソを入れてもOK）と、ラー油を加えます。最後に塩で味を整え、仕上がりの直前で残りのレタスを入れて完成。

ポイントは、レタスをひと口大に手でちぎり、二度に分けて入れること。これでシャキシャキ感が楽しめます。また、最近話題の「食べるラー油」を使うと、ある程度の塩気も加わり、手軽にエスニック風に仕上げられます。盛りつけの際に、油で揚げたクルプックウダン（インドネシアのえびせん）を添えれば、よりそれらしい雰囲気になりますよ。

A

B

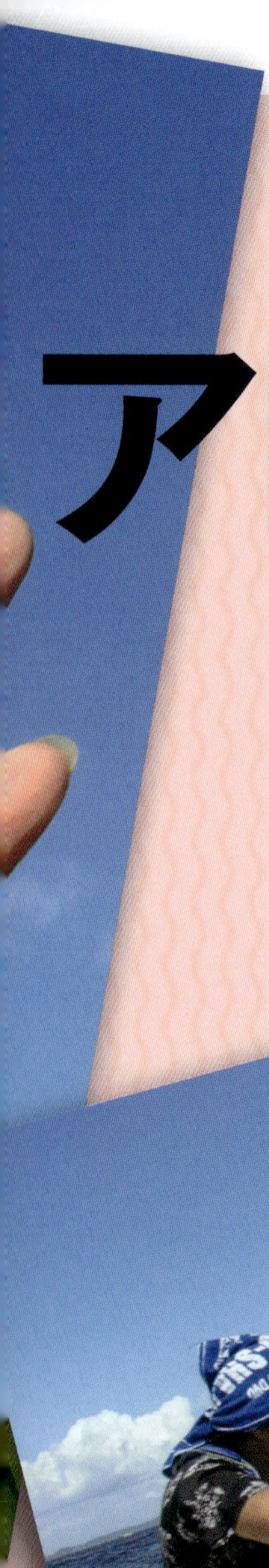

Mr.ツリックの
アドリブ創作料理

その“怪しさ”が、なぜか読者を魅了するMr.ツリック。

人気の理由の一つは、ツリックが作る釣果料理の魅力にあるといっていいだろう。

料理に関してはプロ並みの腕前を持ち、食べた人は誰もが納得する味を作り出してくれる。

そしてツリックの料理といえば「何を作るかは作り始めてから決める」というアドリブが身上。

独創的なレシピは見て感心し、食べて満足するものばかりである。

こうしてスクラップ記事を集めてみても、
Mr.ツリックらしいバリエーションと個性が全開だ。

Mr.ツリック（須藤恭介）：
神奈川県·二宮の網元に生まれ育ち、
神奈川県海洋科学高等学校（現）、東京海洋大学（現）卒業。
『ボート倶楽部』の連載「8馬力のダンディー2.0」のほか、
釣りレポーターとして各誌で活躍中。
航海士の資格はあるが小型船舶操縦士免許がなく、
一人で〈Mr.ツリック号〉に乗れないのが悩み。
行きつけの居酒屋では、客席より厨房に立っている時間のほうが長いらしい。

スクラップブック of Mr.ツリック

Mr.ツリック 激ウマを料理する　112
根魚と野菜の揚げあんかけ／あぶりシメアジ
イカゲソとカワハギの生春巻き／サバの煮びたし

釣果料理に関するQ&A　116

白身魚のキムチ干し　117

夏のイナダづくし　118
イナダと野菜の夏祭り／稲天
イナダの甘みそ焼き／イナダの冷薫

創作干物料理フルコース·レシピ　122
干し金目鯛の蒸し物／干しカマスの梅和え
干物のアボカドサラダ／干し鯵の刺身
干し真鯛のみぞれ煮／干し鯵の空揚げ
干し真鯛の炊き込みご飯／干し金目鯛の牛乳寄せ

マンガ Mr.ツリックの激ウマ釣果料理　124
～手抜きレシピ編～

カワハギの煮こごり　128
カワハギの肝漬け薄造り&肝和え

甘鯛めし　130
アマダイの玉子焼き
アマダイの皮霜天（かわしもてん）

マスでイタリヤン　132
ヒメマスの和風フィデワ
ヒメマスと野菜の冷やしうどん

Mr.ツリック×ふくだあかりの　134
オリジナルレシピ対決
マゴチの変わり巻き寿司 青と赤
シロギスのかば焼き
シロギスの刺身 みそ締め
マゴチとゲストの空揚げ スイートチリソース風味
カワハギとマゴチのゆずこしょう和え
シロギスのさっぱりそうめん

Pull

Mr.ツリック 激ウマを料理する

［文］須藤恭介　［写真］宮崎克彦（本誌）　［イラスト］もりしま蝗

料理の作り方以前に、気をつけてほしいこともある。

まずは釣果の保存法。自力でゲットした上ネタも、上手に持ち帰らなければ鮮度が落ちてしまう。マイボートの釣りでは、終了してから家に着くまでにかなりの時間を要するのが普通。よって、イケスで泳がせずに、釣った直後に締めるのが無難。30センチよりも大きな魚は、締めると同時に血抜きをしてからクーラーへ。直接、魚体が水に触れないようにビニール袋に入れれば完璧。また、小アジやシロギスなどの小魚は、氷海水が入っているクーラーへ投入するだけでOK。できれば、氷は海水が薄くならないよう、ペットボトル氷などを使いたい。

それから、一般的には逆に思われがちだけれど、鮮度のよい魚ほど火を通して食べたほうが格段にウマイのだ。フライにテンプラに煮魚や焼き魚だって鮮度が命。釣りたてのタラチリなんて、目からウロコでっせ、ほんまに。

一方、生で食する場合は魚しだい。アジ、サバ、イワシなど赤身魚は釣ったその日がベストだけれど、マダイやヒラメなどの白身魚は2〜3日おいたほうが旨みは出る。まぁ、釣りたてのパリパリをあえて食べたいのならば話はベツですが。たとえば、カワハギを釣ったのなら、その日は煮つけかフライにし、翌日に刺身にするのが、正しい釣り人料理なのである。

根魚と野菜の揚げあんかけ

いろいろな釣りをしていて、常にタックスのようにつきまとい、ときには本命よりも数多く釣れてしまうのがベラ類などの根魚だ。本命ではないが、それなりにおいしくて、リリースなんてとんでもない。特に、オスのキューセン（青ベラ）は刺身にするとデラウマだし、ササノハベラ、オハグロベラ、スズメダイなども、ひと手間かければメインの皿にもなる素材。今回は、幸運にもカサゴとメバルが混じったのでカラアゲ料理に。背開きにすると食べやすいです。

材料 カサゴ、メバル、オハグロベラ、ササノハベラ。ほかの魚では、20センチ前後のイサキ、セイゴ、アジでもヨシ。1〜2尾の端ものを集めて食べ比べるのも楽しいゾ。サラダ菜などの青菜は適宜。シメジとパプリカはアンカケの具。また、ナスやトマトなど鮮やかな色の夏野菜もオススメ。ジャガイモは付け合わせ用です。

1 まず「ツボ抜き」にして内臓とエラを取り除く。次に、背開きの要領で後頭部から尾ビレの付け根まで背ビレに沿って切る。中骨から身を削ぐように切り進み、腹骨を切るときは包丁の刃を立てると切りやすい。腹側まで切り裂かないように、腹ビレの際で止める。腹ビレを指で押さえると切りやすい。反対側も同様に。

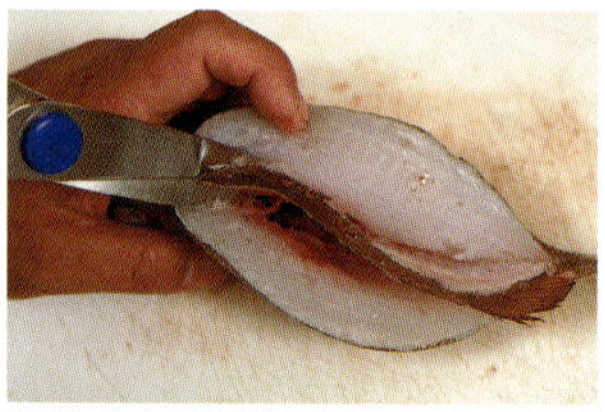

2 中骨を頭部と尾ビレからキッチンバサミで切り離す。さらに、尻ビレも中骨と直結しているので、その部分を頭側から切り離していくと中骨をキレイに取り除くことができる。内臓とエラ周辺をよく洗い、水気をよく切ってから塩コショウ。衣は、片栗粉か小麦粉を好みで。混ぜても可。内側は身がつかないよう念入りに。

3 テンプラ鍋よりも大きめのフライパンのほうが使いやすい。魚の皮に隠し包丁を入れずに、写真のように魚を立てて入れれば、自然と巾着型に身が開く。二度揚げにするのだが、最初は低温で、2回目は完全に冷めてから揚げるのがコツだ。カリッと揚げるのはもちろん、ヒレを落とさないように注意しよう。

4 具の野菜を油で炒め、根魚の中骨で取ったダシ汁（中骨6尾分を素焼きしてから水を入れた小鍋で煮て濾したもの）を入れ、酒、ミリン、塩、コショウ、オイスターソースなどで味つけをし、水溶き片栗粉を入れる。味は薄め、トロミは硬めのアンカケがこの料理には合う。最後に、ゴマ油を数滴たらして香りづけをする。

5 魚が倒れないようにサラダ菜で盛りつけをしてからアンカケを作り、アツアツを流し込む。中骨はないから頭からガブリと食いつく。頭ばかり大きなカサゴ、メバルよりもベラのほうが食い応えはあり、ベラ独特の風味はアンカケが消す。付け合わせのジャガイモは、千切りにして崩さないようにフライパンで焼いたもの。

Mr.ツリックのワザあり ツボ抜き

ツボ抜きとは、内臓をそっくり魚の口から取り除いてしまうこと。腹を切り開かなくてすむので身が縮んだりせず、キレイな姿形の仕上がりが最大の利点です。対象魚は、口の大きなカサゴやメバルが一般的ですが、実はほとんどの魚（ウロコのある）に使えるテクです。

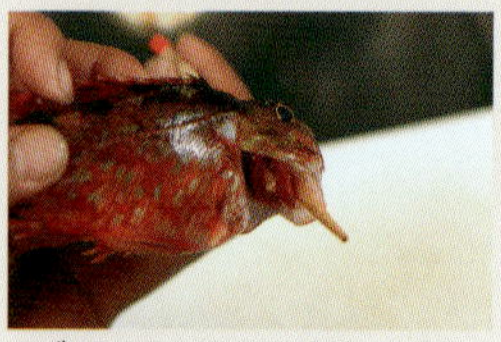

まず、口からワリバシを刺し、エラとエラブタの間を通す。

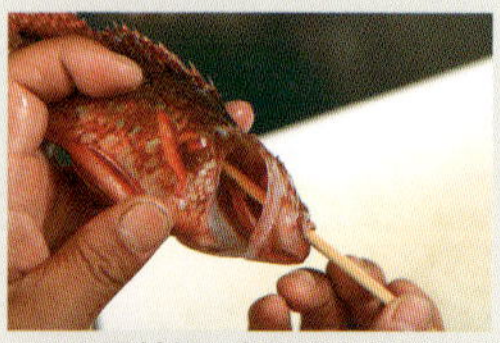

エラを反対側へ押し込むようにし、ワリバシの先をおなかに突っ込む。

もう1本のハシで反対側も同じにして、魚を固定し、2本のワリバシを1回転させる（ねじる）。

エラの上下にある付け根を切る手応えを感じたら、ゆっくりと引き抜く。肛門近くの腸で切れれば上出来です。

早くビール飲みてぇ……

あぶりシメアジ

最近、シメサバをあぶった同様の料理がはやっているが、それのアジ版です。もともと、シメアジが好きで家でよく作っていたが、あぶるようになってから家族の評判がよくて、今ではあぶりシメアジがメインになった。コツは、〝かげん〟。塩に、酢に、火に、と作り手のセンスが味に大きく影響する一品です。実釣では、本命のアジはボウズ。仕方なく買ったが、アジのほかに自力で釣った獲物、ムギイカとシロギスを交えて、刺し盛りにした。

材料 スーパーで買った相模湾のアジ。料理が進むにつれどんどん縮んでゆくので、1人前で1尾はほしい。なぜか、丁稚だけがカワハギの外道で釣りまくったジャンボギス。さらに、丁稚がまぐれで引っ掛けた食いごろサイズのムギイカ。どれも、旬真っ盛りの素材ですなぁ。このサイズの獲物なら、ペティーナイフが使いやすい。

1 チョット硬くておろしにくくなるが、ゼイゴは取らずに三枚おろしにする(皮のない部分に調味料がしみすぎてしまうので)。その後、水気を切ってから塩をして5～15分。魚の脂と塩の量でかなり時間が変わるが、皮がシナシナになればOKです。なるべく、天然塩など良質な塩を使うといっそう美味になる。

2 皮がシナシナになって身が固まれば、水洗いをして水気を切り、こんどは酢でシメる。時間は15～30分。これも、酢の量で変わる。皮が青光りし、身の周囲が1ミリ程度白くなればいい。シメすぎ厳禁です。それから、使う酢は事前に冷蔵庫で冷やしておかないと、皮がキレイにむけない。最重要ポイントです。

3 酢をきれいに拭き取り、血合い骨を取り、食べる直前に皮を引けばシメアジの完成。アジは身が薄いので隠し包丁を入れつつ、シメサバよりも厚めに切るように。血合い骨は筋肉の節ごとに入っているので、残さずにていねいに抜く。あと、頭部側の断面にも半分に切断された血合い骨が残るので、忘れずに取り除くこと。

4 じか火やバーナー、あるいは焼いた鉄串で焦げ目をつけたり、いろいろな手法があるが、網焼きが一番簡単。アジの銀皮を残すように皮をむいて、カラ焼きした網に乗せ皮側だけをあぶる。銀皮からにじみ出た脂が激しく燃えるハズだ。写真ではトースター用の網目の細かい網を使用。焼きすぎに注意しつつ焦げ目をつける。

5 あぶったあとに水に入れて冷やすと、せっかくの香りと脂が流れてしまうので、粗熱が取れたら冷蔵庫で冷やす。塩と酢にじか火でアニサキスの心配は皆無といってもいいが、見た目もあるので隠し包丁を入れて、大きめに切って完成。基本的にそのまま食う。ショウユは無用だと思うが、少しならつけてもいいかな。

Mr.ツリックのワザあり 酒肴の刺身の盛りつけ法

夏の暑い時期や、冬でも部屋のなかが暑い場面で刺身を食べていると、すぐに温まってしまう。特にのんびりつまむ酒の肴としては最悪の環境だ。まずいわ、変色するわ、だいいち衛生上もヨロシクない。そんなとき便利なアイテムがアルミホイルだ。氷をアルミホイルで包み、その上に刺身を並べるだけでかなりの時間、冷たい刺身を食べることが可能になる。氷で冷やすと、結露で刺身がカピカピにならないのも利点のひとつ。

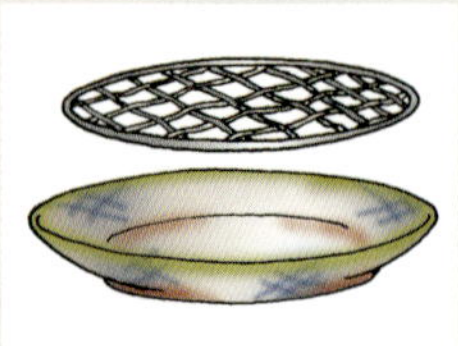

1 溶けた氷の水で刺身が水浸しにならないように、器とザルまたは網を用意する。盛りソバ用の器も便利です。

2 ザルまたは網の上に冷蔵庫の氷を積んで、アルミホイルで包む。氷をビニール袋に入れておくとベター。

3 アルミホイルの形を整えて、刺身を盛りつける。なかの氷が解けてもホイルは簡単にはつぶれませんよ。

さらにワザあり

さらに、よく絞った大根おろしで全体を包むと保冷力が増す上に、イカ墨を混ぜると岩のようになり、青海苔をかければ苔むす岩にも変身する。

イカゲソとカワハギの生春巻き

刺身か煮るか焼くか揚げるか、釣った魚の料理法はどうしても偏りがち。たまにはパスタのソースに絡ませたりもするが、春～秋はなにかさっぱりとしたものを――。和え物やサラダ類もいいけれど、巻き物なら1人ずつつまんで食べられるので、食器や洗い物が少なくすんで超ラクチン。大人数のパーティーや船上、アウトドアなどにうってつけの前菜系メニューです。入れる素材の組み合わせは無限大だから、オシャレで楽しいひと皿にしてみよう。

材料 実釣ではチビイカ（ムギンボ、スジイカ）も釣れた。それと、刺身に入れそこなったカワハギがメイン素材。クセのない主役に合うように、野菜も香草類は避けて、大根、ニンジン、キュウリ、水菜、大葉と淡白な脇役を揃えた。あとはライスペーパーに、調味料はガーリックソルトにマヨネーズと合わせミソ。

1 メインのイカを湯通しし色づけをする。エビの生春巻きが有名なように、やはり赤が映える。もう一方の刺身もカワハギではなく、湯霜造りにしたキンメかアコウなら最高だったでしょう。イカは細切りにし、カワハギは薄切りにする。カワハギのキモを使うかさんざん迷ったが却下。水菜でなく香草なら合うだろう。

2 意外と生春巻きにマッチする、甘味の合わせミソを丁稚に作らせた。材料は、ミソ（信州ミソ4：八丁ミソ1）、砂糖（ミソと同量）、サラダ油、ゴマ油、ショウユ、ミリン、粉サンショウ、そして香りづけにユズの皮か大葉を刻んだもの。すり鉢で材料を合わせたら、鍋に移して焦げつかないように混ぜながら火を入れる。

3 水で戻したライスペーパーを広げ、半分より手前に大葉を3～4枚敷く。その上に、細切りにした大根とキュウリを並べ。その上に千切りにしたニンジンとイカとカワハギを乗せ、ガーリックソルトを軽く振る。均等の太さになるようにきっちり並べてゆくのがコツ。仕上がりの太さと量のバランスは経験するしかない。

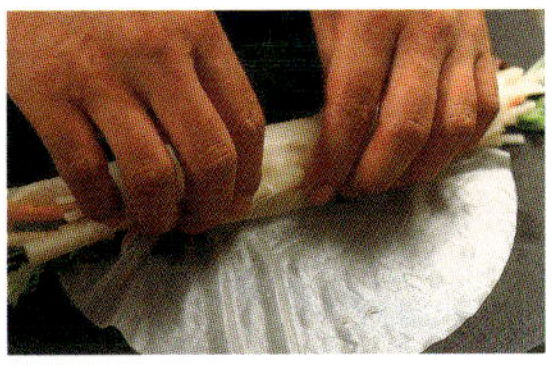

4 キッチリと巻くにもある程度の慣れが必要。どうしても、両脇の巻きがあまくなるので、巻き終わったあとに、水菜とともに、細切りにした大根を両脇から差し込めばしっかりする。外側から目立たせたい具は、大葉を敷く前にライスペーパーに並べれば確実に目立つ。ラッピングして冷蔵庫で冷やしてから切り分ける。

5 棒状の生春巻きを目分量で6等分し、まず両脇をカット。残りを2等分にして、さらにそれぞれを斜めに2等分する。水菜が飛び出ている両サイドを皿の中央に立て、その周りに斜めの切り口を外側にして残りを並べる。撮影時には忘れてしまったが、白髪ネギの素揚げをトッピングにあしらうと、食感も風味も倍増する。

サバの煮びたし

本来はアジの煮つけを作りたかったが、なんせアノ釣果だったし、刺身でアジを使ったし。それで、サバをチョイス。サバといえば味噌煮が定番ですかね。でも、夏のマサバは脂が少なくて味噌煮にしてもイマイチ。となれば、ゴマサバ。これも旬の魚ですな。初めに焼いてから煮る煮びたしは、焼くことにより皮めの脂が活性化し、えもいわれぬ香ばしさが香り立つ。それにしても、あんなに美味しいのに、なぜアジの煮つけって人気薄なのか。

材料 群れに当たると辟易するゴマサバ。良型を数本キープしました。ショウガは、加熱中の臭み止めとトッピングの針ショウガに使用。コンニャクは、含有されている凝固剤が溶け出して、魚が煮崩れしにくくなるスグレモノだ。カレイの煮つけにも必需品である。もちろん、完成後はコンニャクも美味しくいただけます。

1 サバは釣った直後にボート上でエラと内臓を取り去ってある。普通に二枚におろし、皮めに隠し包丁を入れる。軽く塩を振り（胸ビレは焼き落ちないようにたっぷりと）、強火でキツネ色になるまで両面をしっかり焼く。身のなかまで火が通らなくてもよいが、焦げ目はハッキリとつけたほうが仕上がりは美しい。

2 フライパンにスライスしたコンニャクを敷き詰め、焼いたサバを置き、サバの中落ちを素焼きにしてから取ったダシ汁を張る（サバを一度焼いてあるのでダシ汁は冷まさなくてもよい）。そこに、よく洗って皮をむかないでスライスしたショウガを数枚入れる。火加減は中火で、激しく沸騰すると煮汁が濁るので注意。

3 煮汁が沸騰する間に調味料を作る。ダシ汁（または水）1カップに対して、酒大さじ3、ショウユ大さじ1.5、ミリン大さじ1の割合がオイラの味。日本酒は料理酒ではなく、できるだけいい酒を使おう。小鍋に、まず日本酒を入れ、煮きって（フランベして）からミリンとショウユを入れて、さらにひと煮立ちさせる。

4 煮汁のアクをていねいに取ってから調味料を入れる。弱火に変えて、アルミホイルで落とし蓋を作る。10～15分煮て完成。時間がある場合は、一度冷ましてから再加熱すると味がしみ込む。ちなみに、フライパンは沸騰しても吹きこぼれず、煮汁も蒸発しやすく煮つけに向いている。パスタや麺類をゆでるときもグッド。

5 煮びたしの逆バージョンで「煮焼き」もかなりイケル。普通に煮て、いったん冷ましてから焼くのだが、脂は煮汁に出てしまっているはずなのに、焼き上がりは再びジュワジュワと脂が沸騰するからすごい。昨日の余りものを焼くとなおさらヨロシイ。アジ、サバのほかに、ムツ、タラ、アイナメなどの白身もヤバイのだ。

釣果料理

釣った魚をおいしく食べるのは、ボートフィッシングの大きな楽しみ。だけど料理本を読んでも解決しない疑問は山ほどある。ここでは、釣りをしているときよりも、魚を料理しているほうが楽しそうなMr.ツリックに、だれもが一度は悩みそうな釣果料理に関する疑問に答えてもらった。

回答者

須藤恭介《すとうきょうすけ》さん(Mr.ツリック)

本誌に「8馬力のダンディー」、「あなたと行きたい貸船釣行」を連載中。現在の愛艇はアキレスBTO-330IB〈Mr.ツリック号〉。夜な夜な小料理屋の厨房に立ち、創作料理を生み出す、さすらいの包丁人。東京都在住。

Q 小さなサバやワカシは、どう料理すればおいしく食べられますか?

こんな小さなサバは身がパサパサだけど、脂肪分を加えるように調理すれば十分おかずになります

小サバやワカシなどの幼魚は、身に脂が乗っていない。したがって、塩焼きや煮魚などの火を通す料理には向いていません。パサパサになって、猫またぎになること間違いなし。脂のないあっさりしたコリコリの刺身が好みの人には、当日の刺身ならなんとかイケるかもしれません。でもシメサバはいけません。脂がないとダメです。

「小サバのサンガ焼き」:長ネギとショウガと刺身をたたいて、みそとマヨネーズで味付け。ハンバーグ型にして、大葉ではさみ、油を引いたフライパンで焼く。

「小サバの竜田揚げ」:皮は付けたままで骨を取り、ひと口大に切る。おろしショウガを加えた、しょうゆ3、酒2、みりん1の漬けダレに20〜30分浸して、カタクリ粉をまぶして空揚げに。

「ワカシのカルパッチョ」:刺身用に切った身をフレンチドレッシングに2〜3時間から一晩漬け込み、野菜のサラダに乗せて完成。

小サバ、ワカシ料理は、不足している脂を補うのがコツ。ほかにも、切り身をしょうゆに漬け、小麦粉をまぶしてから野菜と炒めるのもウマイ。

Q 釣ってすぐがおいしい魚と、寝かせたほうがおいしい魚を教えて!

釣ったその日のうちに食べたい魚は、イワシ、サバ、カツオ、ソウダガツオなどの赤身、いわゆる青魚です。これらの魚を刺身で食べるならば絶対に当日。

大ざっぱに言えば、マダイやヒラメのような白身の魚は寝かせたほうがイイ。それでも、アマダイやブリ、キュウセンなどの身が軟らかい魚は、当日のほうがおいしいです。キモが傷みやすいカワハギも、当日のほうがいいかな。キモ和え食いたいもんね。

できる限り寝かせたほうがオイシイのは、白身のなかでも臭いのある魚。イシダイ、クロダイ、メジナなどの磯魚のほか、シロギスやカレイなども、寝かせないと独特のクセが抜けません。

具体的には、シロギス、メバル、カサゴなどの小魚は翌日以降。1〜3キロのマダイやヒラメは2〜3日。クセのあるイシダイやクロダイは3〜4日しっかりと寝かせます。

ヒラメ、マゴチ、根魚などの白身は、数日寝かせることで旨味が増すことが多いが、結局は好みの問題なのだ

ところで、寝かせて食べたほうがオイシイというのは、刺身か生食が大前提。煮焼きしたり揚げたり、火を通す料理に使う魚は、新鮮なほど美味なんだな。

Q 魚をさばいて調理するとき、どの段階まで真水で洗っていいの?

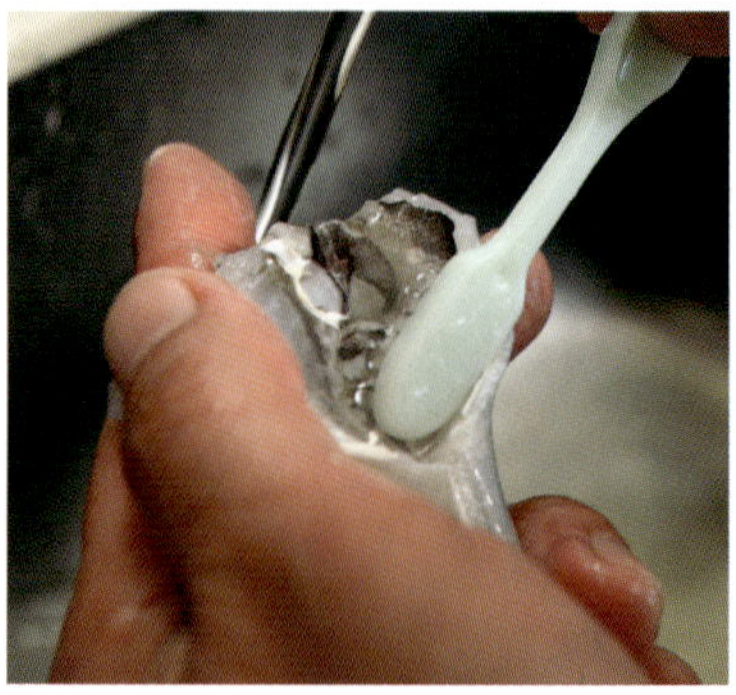

釣りたての新鮮な魚(白身)なら、三枚におろしてから真水で洗っても大丈夫。ただし水気はきっちり拭き取ろう

通常、水洗いをするのはウロコを取り、頭を落とし、内臓をかき出し、キレイに掃除するところまで。三枚におろしてからは水洗いをしない。でも、釣ったばかりの魚はそこまでこだわらなくてもイイかな。

もちろん、アジやサバなどの赤身の魚は、できるだけ真水にさらさないほうがよい。一方、釣りたての白身などは、身が硬いうえに水分量が多く、軽く洗ったくらいではそうそう簡単に真水が身のなかに浸透することはない。

真水で味が変わるのを恐れるよりも、慣れない魚の処理で、ウロコや粘液が取りきれず、食べたときに臭みが残るほうが問題ですな。オイラなんて、カレイやベラ、メゴチなどチョイト臭みのある魚は、釣りたてなら皮を引いて腹骨を取ったあとでも、水で丸洗いをしたりするゾ。ただし、水洗いしたあとはよく水分を拭き取ること。

そんなわけで、釣り人料理では、白身の魚なら三枚におろして腹骨をそいだあとでも、水洗いしても問題ないと思う。

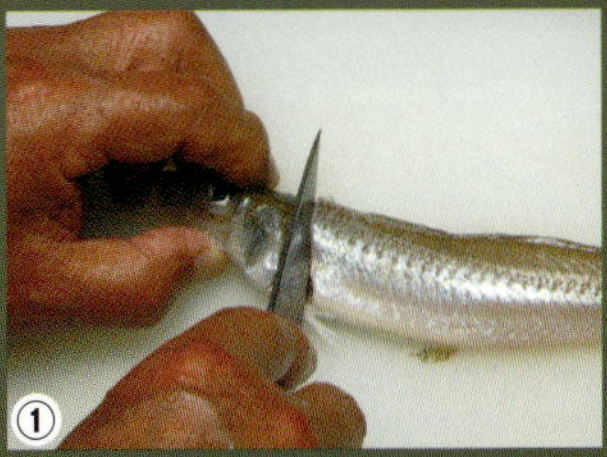

①シロギスやハゼの場合はウロコを落として背開き。カレイなら五枚おろし。中～大型魚は三枚におろして血合い骨を取り、皮を残して1～1.5センチにスライス
②頭を完全に落とさず、背開きしてからワタと一緒に取るのが石川さん流。シロギス、ハゼなら中骨は残したままでよい。なお、真子があればそれも使える
③開いた身の水分を拭き取り、キムチ鍋の素へ投入。400ミリリットル瓶に対し、シロギス、ハゼなら10尾程度。1.5～2時間漬け、身がアメ色になればOK
④身に付いた漬けダレをごく軽く拭き取ってから、天日で最低2日間干す。身の表面がカチカチになり、半透明のアメ色になれば完成

シロギスで作り、冷蔵庫で1週間置いてからあぶったもの。レシピには「カボス、ユズなどの香りつけは不要」とあり、それも納得の風味。須藤さんはあぶらずにそのままでも食べるそうだ

魚はシロギス、カレイ、ハゼ、キュウセンなどの若干クセのある白身小魚が適している。あとはキムチ鍋の素（3倍濃縮）を1ビン。石川さんはキムチの素を酒でのばして使用

日が経つほどに風味が増す

白身魚のキムチ干し

Mr.ツリック（須藤恭介さん）【作】

相性抜群のお酒：純米酒、麦焼酎

酒の肴と聞いていちだんとリキが入った様子の〝Mr.ツリック〟こと須藤さんの新作は、〝キムチ鍋の素〟を使った干物。石川さんの評価も高かったが、とくに飲み助の心を知る編集担当ホッシーが「まさしく酒飲みが酒飲みのために考えた肴」と絶賛。

「この味は新発見。勉強になりました。僕はピリ辛は好きなんだけど弱いので、キムチはあまり使わないんですね。今回も実は、1.5～2時間という指定のところを30分しか漬けなかったけど、それでも味が凝縮されて、（キムチに入っている）昆布ダシの風味がほんのりして……飲んべえでなくても旨いですよ。じっくり漬ければもっと味が深まるでしょう。そのままでもちょっと食べてみましたけど、やっぱりあぶったほうが旨いし、キムチの臭いも消えます。後日、シロギス以外の魚もやってみました。キュウセンはおいしかったですね。身の食感がなかなかいい。メゴチもおいしかった。イカはイマイチ、味が染みないようです。ソウダガツオもスライスして漬け込みましたが、モタモタした食感でおいしくなかった。基本的に白身魚のほうがいいんでしょう。アマダイの外道で必ず釣れてくるタマガンゾウビラメなんかは、干物にすると旨い魚ですからピッタリだと思います」（石川さん）

「残ったタレは味玉にして再利用すべし」

“とっておきの肴”なんて、ホントによいお題をいただいて悩みまくりでしたがナ。悩みついでに新作を考えることにしました。

冬は白身魚が美味しい。そして、干物を作るのに適した季節。しかし、ただの干物ではつまらない。そこでひらめいたのがキムチ。簡単にキムチ鍋の素に漬ければイイのじゃないか。速攻で作ってみました。いやはやヒマですな。

シロギス、カレイ、イサキで作ってみましたがシロギスが一番おいしかったです。骨まで芳醇なうまみが染みてウマイ！ 残ったタレには半熟のゆで卵を入れて、味玉に再利用。

なお、2日干した直後に食べたものより、冷蔵庫に保存して1週間後に食べたもののほうがメッチャおいしかったです。飲み助の非常食にうってつけですな。ここまできたら、アオカビが発生するまで放置してみましょうか!?

Mr.ツリック（須藤恭介さん）
本誌人気連載「カートップ四十八手」で縦横無尽の釣行を繰り広げているMr.ツリックは、酒豪としても知る人ぞ知る存在で、料理の腕も玄人はだし。東京都在住。

筆者のおすすめレシピ②

「2馬力のダンディー」Mr.ツリックの夏のイナダづくし

好評連載中「2馬力のダンディー」の小コーナー、「激ウマ釣果料理」で、毎月釣れた魚を素材に独自のレシピを披露しているMr.ツリック。今回は、キッチンに立ってからメニューを考える即興料理をご披露。お題は、食材としてちょっともの足りない夏のワカシ、イナダ。師匠、おいしく食べられるようにしてください。（丁稚）

［文］Mr.ツリック　［写真］宮崎克彦（本誌）

「だれにもわかってもらえないから」という理由で、料理中もサングラスを外さないMr.ツリック。インスピレーションを重視した即興スタイルの料理も得意で、今回は行きつけの居酒屋「むつき」（東京都練馬区上石神井1-14-8-101 TEL：03-3929-5161）の厨房をお借りして撮影した

いよいよ回遊魚のベストシーズン。ジグにコマセに泳がせ釣り。釣行のたびに入れパクだったらイイなぁ。

そんな回遊魚のなかでも、イナダはコンスタントに釣れるターゲットだ。ハイシーズンの晩秋には、スモールボートで行ける近場までワラサが回遊してくる。ただし、シーズン当初の夏はワカシがメイン。小さいし、脂が乗っていないワカシを敬遠するアングラーは多いと思う。それでも、アジやマダイをねらっていてワカシがヒットする確率は高い。そして、フッキングして弱ってしまったワカシは持ち帰るしかない。

せっかく釣れた獲物だから、ワカシといえどもチャンと料理をしておいしくいただきたい。とはいえ、脂がないので塩焼きや煮魚にしてもまったくおいしくない。まぁ、刺身ならサッパリ好みの人にはOKかもしれないが。

そこで、ワカシ、イナダの料理法を考えてみました。脂のない魚には、竜田揚げや黄金焼きなど、油を使う料理が一般的ですな。

その前に、材料となるワカシを確保しなくては……。丁稚はオイラに釣らせたかったみたいですが、ふつうに築地で買ってきました。オイラには今の時期にイナダを釣る自信がなかったものですから。

場外市場で見つけたのは、ワカシではなく体長40センチ超えのイナダサイズ。そのうえ、たぶん定置網漁で獲れたもので生け締めはナシ。普段、イナダクラスだと生け締めをしたピンピンのモノばかりさばいているので、身が柔らかくなった魚体は扱いにくいですな。やっぱ、釣り魚のほうがイイ。それでも、釣った直後の処理は大切。ちゃんと締めて血抜きもしましょう。小さなワカシクラスなら直接、海水氷のなかへ投入しても問題ない。しかし、イナダから上のクラスは氷で身を傷めないよう、新聞紙で包むなどの配慮が必要です。

イナダが手に入ったら、メニューを考えなければいけません。そうです、この時点ではまだ1品しか料理法が思いついていないのです。とりあえず、キッチンスタジオとして借りた料理店に着くまで、丁稚が運転する車のなかで考えましょう。と、思っていたら案の定、爆睡しちゃいました。ダハハハ。

店内で準備をしていたら、丁稚が壁に張ってある「天奴」（冷奴に薬味と大量の揚げ玉を載せたもの）というメニューに反応したので、2品目が決まりました。

ちなみに、ブリ族はウロコが引きにくく、ブリ、ワラサはウロコを皮ごとすき取りますが、ワカシ、イナダクラスなら、包丁のみねで軽くウロコを取ってから、ふつうに皮を引けばイイと思います。

1.
イナダと野菜の夏祭り

店を借りられるタイムリミットまであと2時間。なのに丁稚は「もう一品作れ」という。そこでひらめいたのが夏野菜との炒め物。ホント、おっつけ仕事みたいで申しわけない。これから近くの西友まで夏野菜の買い出しですからネェ。オマツリ騒ぎですな。

2. 稲天

冷たい刺身とカリカリな揚げ玉のコラボが楽しい一皿。
まぁ冷やしタヌキそばの味で、
ソバの代わりにイナダの刺身って感じですかね。
見栄えを優先して花びら風に刺身を切りましたが、
ヨウカンのように分厚く切った刺身で作っても
美味しかったと思います。

3. イナダの甘みそ焼き

簡単にいえば「イナダのさんが焼き」です。
ただの塩焼きではパサパサのイナダも、
みそと焼けば風味よくいただけます。
そして、甘いみそで焼くと臭みがキレイに消えるのです。
肴というよりご飯のオカズかも。
冷めてもオイシイので、お弁当にもピッタシ。

4. イナダの冷薫

吸水シートと薫製シートがあったので、
スモークレス・スモークを作ってみました。
多少時間はかかりますが、簡単にそれなりの薫製ができます。
脂を補うために、塩こしょうではなく、
しょうゆ、酒、ごま油などで味付けするのがコツ。

イナダの野菜の夏祭り 1

[材料]

●イナダの身：1/4（皮付き） ●キュウリ：1本、パプリカ赤と黄：各1個、ナス：1本、アスパラ：1本、長ネギ：10cm ●小麦粉：少々 ●日本酒：少々 ●XO醤だれ：XO醤小ビン半分とオレンジ色系の焼き肉のたれ1ビンを混ぜたもの。味が濃ければ日本酒でのばす

[作り方]

①皮付きイナダ（骨は取る）をひと口大に切る。

②XO醤だれに15〜30分漬け込む。

③イナダの切り身に小麦粉をまぶしておく。

④夏野菜をひと口大に切り、ナスとアスパラは素揚げしておく。

⑤イナダを揚げてから、野菜と合わせてフライパンで炒める。

⑥日本酒をふりかけ、XO醤だれで味付けをする。

⑦大皿に盛り、白髪ネギを散らす。簡単すぎてヤバイですな。本来なら皿のまわりに素揚げした春雨を敷き詰め、その上に炒め物を盛り付ける予定でしたが、買うのを忘れました。よって、皿の上から輝くキレイな白がなくなり、チョイト控えめな盛り付けに……。

■「XO醤だれ」：業務用の市販品があるけれど、量が多いうえになかなかのお値段。XO醤と焼き肉のたれの組み合わせでも、かなり美味で似た味のたれができます。

稲天 2

[材料]

●イナダの身：1/4 ●揚げ玉：小麦粉1カップ、卵1個、水か焼酎2/3カップ、細かく叩いた桜エビ少々、青のり少々 ●たれ：めんつゆを天つゆ程度に希釈してしょうゆを少々加える ●紅ショウガ：少々 ●長ネギ：5〜10cmみじん切り ●ワサビ：少々

[作り方]

①あらかじめ揚げ玉を作っておき、冷蔵庫で冷やしておく。水の代わりに焼酎を使うと冷やしてもカリッカリの揚げ玉に。揚げ玉は衣を菜バシでチョコチョコ落として作ると時間はかかるし、タイムラグで揚げ色に差が出てしまう。目の荒いザルなどを利用すると簡単。プラスチック製の長いスリットの入った片手のザルが使いやすい。

②刺身用にサク取りしたイナダを薄切りにする。5〜6枚を右から半分重ねる状態で、キレイに血合い側をそろえてまな板に並べる。

③右からていねいに巻いて小さな花びらを作る。

④次に10〜12枚を同じように並べ、調味料の小ビンに巻きつける。

⑤ビンを抜いたあとの穴に、小さな花びらを入れて形を整えれば、二重の花びらの完成。今の時期ならバラ、晩秋なら牡丹の花ですかね。

⑥大きめの皿に三つの花を並べ、花の中心に細かく切った紅ショウガを置き、その上からネギをふりかけ、最後に大量の揚げ玉をぶっかける。

⑦ワサビを添え、たれは別の容器に入れ、好みの量をかけていただく。

イナダの甘みそ焼き 3

[材料]

●イナダの身：1/8（刺身用） ●ショウガ：少々 ●ネギみじん切り：約15cm ●大葉：2〜4枚 ●合わせみそ：信州みそ400g、八丁みそ100g、上白糖400g、ごま油、しょうゆ、みりん、酒、サラダ油、各70cc、粉サンショウ少々

[作り方]

①刺身用のイナダを細かくなるまで叩く。

②おろしたショウガとネギのみじん切りに、合わせみそを加えてさらに叩く。このとき、辛口が好みなら一味唐辛子を好みで加えればピリ辛に。なお、ふつうのアジやイナダのサンガ焼きでは、脂不足を補うためにマヨネーズを加えて叩いたりしますが、甘みそ焼きにマヨネーズは不要（入れてもマズくはありませんが）。

③手の上に大葉を広げて、その上に叩いたイナダを乗せ、小判型に整形する。大葉は両面でも片面だけでもよいが、大葉よりも叩いたイナダの面積を大きくすると香ばしく焼ける。

④フライパンに油を敷き、両面にきれいな焼き色が付くまで中火で焼く。イナダ、ワカシのさんが焼きは、網焼きやグリルでの過熱はNG。かならずフライパンで焼くこと。

■「合わせみそ」：すり鉢に2種類のみそを混ぜ、砂糖を入れて、照りが出るまでよくあたる。しょうゆなどの調味料を入れて再びよく混ぜたら、小鍋に移して数分間、焦がさないように弱火で加熱する。

イナダの冷薫 4

[材料]

●イナダ：腹身と背身を半分ずつ ●漬けだれ（しょうゆ、ショウガ、日本酒） ●吸水シート：3枚 ●薫製シート：1枚 ●あしらい（ダイコン、ニンジン、キュウリ、大葉など）

[作り方]

①まず三枚におろして腹骨をすき取る。それから血合い骨を切り取り、五枚おろし状態に。その後に皮を引けば比較的簡単。

②味付けと水分取りの時間を短縮するため、サク取りした身を、さらに小さく切り分ける。

③その身を、たれに30分から1時間漬け込む。たれは、しょうゆと酒が2：1に、皮ごとおろしたショウガを加えたもの。好みでタカノツメを加えてもよい。

④切り身に透明感が出てあめ色になったら、ザルに上げて、しっかりと水を切る。その後、吸水シートに切り身がぴったりと張り付くように包んで、半日から1日。表面の水気がなくなればOK。

⑤薫製シートに包んで半日から2日。薫製色が全面に付けば完成。

⑥刺身と同じ感じに切って盛り付ける。たぶんしっかりと味は付いていると思いますが、ショウガじょうゆを付けてもヨロシイ。ほかに、バーナーで切り身の表面をあぶって、香りと脂を引き出すテもある。

Mr.ツリック謹製

創作干物料理フルコース・レシピ

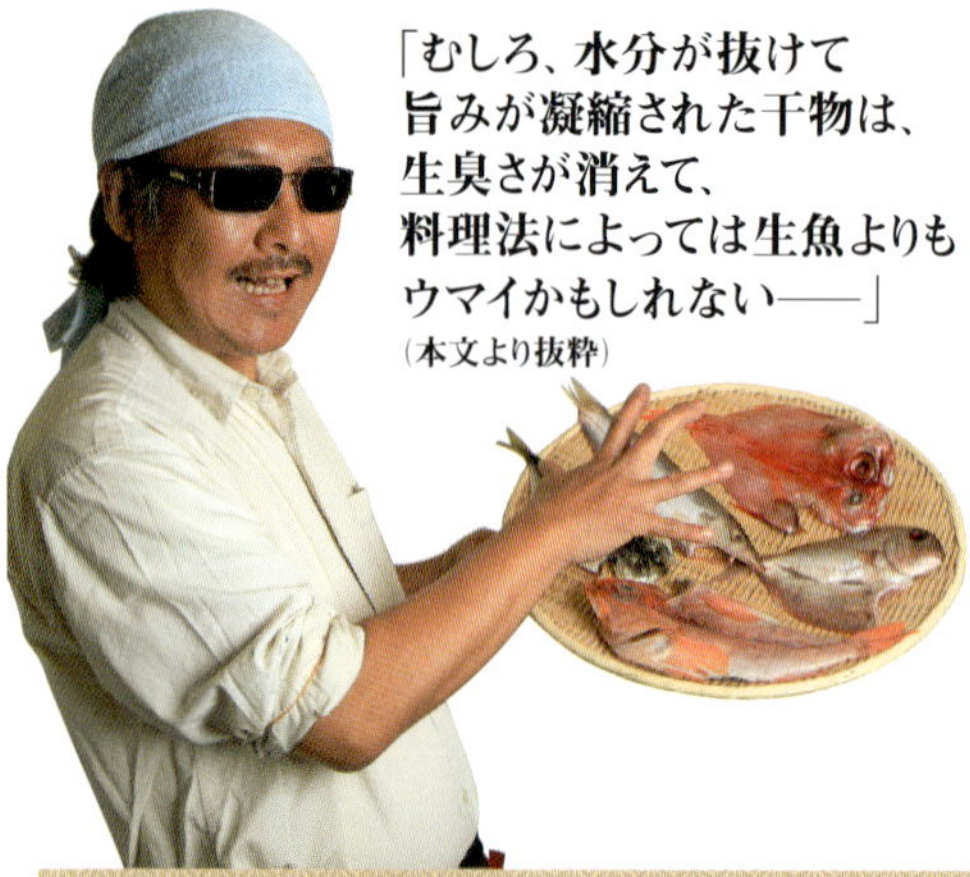

「むしろ、水分が抜けて
旨みが凝縮された干物は、
生臭さが消えて、
料理法によっては生魚よりも
ウマイかもしれない――」
（本文より抜粋）

お次は、Mr.ツリック創作による干物料理を、フルコースでお届け。「え～？ なんでわざわざ干物を使って料理するの？」なんて思ったあなた。「干物はただ焼いて食べるのがいちばんおいしいのに」と、信じて疑わないあなた。ダマされたと思って実際に作って食べてみてください。きっと目からウロコ＆ホッペが落ちますよ！（編集部）

[文] Mr.ツリック [写真] 山岸重彦（本誌）

Mr.ツリック謹製
本日の干物コース
～お品書き～

[先付]
干し金目鯛の蒸し物
干し魳（カマス）の梅和え
干物のアボカドサラダ

[吸い物]
干し甘鯛のお吸い物
※スペースの都合上レシピは省略

[刺身]
干し鯵の刺身

[煮物]
干し真鯛のみぞれ煮

[揚げ物]
干し鯵の空揚げ

[ご飯]
干し真鯛の炊き込みご飯

[デザート]
干し金目鯛の牛乳寄せ

ウチのおばあちゃんが元気なとき、食べ残したアジの開きの頭と骨をお椀に入れ、熱湯をかけてチョイトしょうゆを垂らした汁物をよく飲んでいた。子どもだった小生は、「明治生まれはセコイなぁ」なんて思っていましたが、とんでもない思い違いでした。新鮮で脂の乗ったアジの開きでコイツを作ると、シミジミとうまいのである。

こんな感じで、焼いて食するのが一般的な干物ですが、実はほとんどの魚料理に応用が利くと思う。むしろ、水分が抜けて旨みが凝縮された干物は、生臭さが消えて、料理法によっては生魚よりもウマイかもしれない。

料理に使う干物は、アジでもウミタナゴでも、どんな種類の魚を使っても問題はありません。もちろん、新鮮ならば、買ってきた干物でもオーケー。

それでも、できれば彩りや魚の特徴などを考慮し、料理に合わせて魚種を使い分ければいっそう美味。さらに、料理法によっては冷凍焼けしてしまった干物が、おいしい料理に大変身することも。自力で釣って作った干物をおいそれとはムダにできませんものなぁ。

今回は、築地市場で購入した干物を使用しましたが、できるだけスモールボートでも釣れそうな魚種を選んだツモリです。キンメダイは、カサゴ類、イトヨリ、ヒメコダイなどの赤い魚の開きで代用することが可能です。

とりあえず、干物づくしのコースみたいなものを考えてみましたが、オススメ料理はまだまだ書ききれないほどあります。たとえば……

「山かけ」＝新鮮な開きを軽くあぶるか焼き、刺身のように切り、冷やしてから、すりおろした長イモをかけ、ポン酢で味付け。

「イワシの南蛮漬け」＝生干しのメザシか丸干しを小麦粉で揚げてから南蛮漬けに。

「せんべい」＝皮と骨を取り、身をたたいて薄く延ばし、片栗粉を振ってサックリ揚げる。

「シメアジ」＝新鮮なアジの開きを三枚におろして甘酢に15分ほど漬け込み、刺身のように切り分ける。

「煮浸し」＝キンメダイやマダイなど姿のよい開きを焼くか揚げるかしたあと煮付ける。

「でんがく」＝開きを八分ほど焼いたあと、田楽味噌を塗って焼き上げる。

「黄身焼き」＝刷毛で卵の黄身を何度も塗り付けながら焼く。アイナメなど皮がしっかりとした開きがピッタシ。

「お吸い物」＝表面だけ焼いて焦げ目をつけた開きをダシにしたお吸い物。今回もコース用に干しアマダイで作りましたが、スペースの都合上カットされました。

「燻製」＝これを作ったことがある人は多いことでしょう。家庭用燻製器か燻製シートでお手軽に。

みなさんもオリジナルな干物料理に挑戦すると楽しいですよ。あと、パサパサになってしまった開きは、少量の日本酒に浸してから焼くと、若干しっとりとした開きによみがえります。

本当は釣った魚の干物で作りたかったけど、今回は時間がなかったので市販の干物を使いました。どんな魚種でも応用できるので、いろいろ試してみてください

「干し真鯛のみぞれ煮」

マダイの開きを強火で焼いて焦げ目を付ける。だし汁＋酒＋砂糖＋塩＋ミリン＋しょうゆにショウガのスライスと唐辛子少々を入れて、薄味の煮汁で煮付ける。煮上がったら、大量の大根おろしを入れて、ひと煮立ちすれば完成。トッピングには針ショウガを。

開きを焼くのは焦げ目を付けるだけで、なかまで火が通らないように。煮魚料理だけれど、開きを使えば短時間でできます。焼いて煮た開きの香ばしさと大根の辛味が絶妙。

「干し金目鯛の蒸し物」

まずキンメダイの開きを三枚におろし、次に、血合い骨を避けるように背肉だけ切り分け、赤い薄皮を残すように皮を引く。そして長さ5センチくらいの細切りにしておく。

溶き卵＋水＋白だしで、茶碗蒸し用よりも薄味の汁を作り、深めのオチョコに半分ほど入れ、細切りにしたキンメを3〜5本差してレンジで1〜2分。オチョコから取り出し、お皿に立てるように盛り付ける。三つ葉かユズをトッピング。

ウロコが付いている市販の開きは皮を引きますが、干す前にウロコを引いた自家製の開きなら、皮ごと細切りにしたほうが、簡単で見栄えも味も引き立ちます。

「干し鯵の空揚げ」

アジの開きは頭を落として背ビレ部分から半分に切り、中骨の付いているほうは身と中骨を切り離す。身と骨を食べやすい大きさに切り分け、コショウを振り、小麦粉と片栗粉を混ぜた粉を付ける。まず骨から揚げ始め、次に頭を入れ、身は最後に揚げる。油をよく切ってから盛り付けて、レモンを添える。

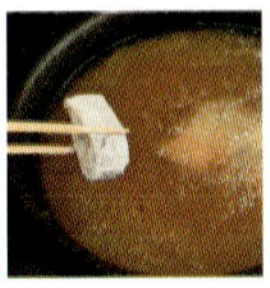

アジの開きサイズなら丸ごと揚げてもよいのですが、やはり骨と身は別々に揚げたほうがおいしくいただけます。なお冷凍焼けした開きは、空揚げには不向きです。

「干し魳の梅和え」

カマスの開きを焼き、身を大きめにほぐし、残った中骨と頭でだしを取る。だし6＋酢1＋しょうゆ1＋たたいた梅肉適量を煮立て、葛（くず）か片栗粉でトロミをつける。皿にほぐした身を重ねてアンをかけ、みじん切りにしたネギか三つ葉を乗せる。

青ものよりも白身魚のほうが合う料理です。前菜なので細かくほぐした身にしましたが、開きを1尾丸ごと焼いて、アンも多めに作れば一品料理になります。

「干し真鯛の炊き込みご飯」

マダイの開きを強火で焼くかバーナーであぶって皮に焦げ目を付ける。焼いた場合は焦げたヒレを切り取りましょう。米はといでザルに上げておく。水に酒としょうゆを入れて米と同量にし、開きと昆布を入れて炊く。土鍋の場合、初めは強火で、あとは弱火に調整。

蒸気が減り、香りが出始めたら火を止め、10分ほど蒸らして完成。刻み海苔や三つ葉などを薬味にして、身をほぐして器に取り分ける。

間違いなく美味な干物料理です。生のマダイで炊いたときより臭みがなく、ふくよかな香りは絶品。開きの身にも味がしっかり付いて、オコゲも最高。しょうゆは少なめに。

「干物のアボカドサラダ」

写真の料理では、キンメダイとカマスとサバを使用。小口切りにしたパプリカ、キュウリ、アボカド、柿、固ゆで卵をよく混ぜ合わせる。マヨネーズ、塩コショウ、ワサビでピリッとした味付けに。焼いてほぐした身をどっさり乗せ、トッピングにはハーブ類を。

簡単な料理ですが、なかなかイケます。よく熟れた上質なアボカドを使うのが味の秘訣。

「干し金目鯛の牛乳寄せ」

キンメダイの開きを焼いてウロコを落とし、身を小さく切る。タッパーに牛乳＋砂糖＋白だしと、ぬるま湯で溶いた適量のゼラチンを入れて、よくかき混ぜ、キンメダイの切り身を浮かせて冷蔵庫で冷やしておく。

カチッと固まれば、ケーキのように三角形に切り、ゆるい場合は、ガラスの器にアイスクリームのように盛り付ける。トッピングは木の芽かバニラグラスなどのハーブ類。

砂糖は控えめにして全体的に薄味に仕上げ、切り身の量も少なめにすると、ほんのりキンメダイの香りが口に残る上品なデザートになります。赤い魚限定料理ですな。

「干し鯵の刺身」

アジの開きの中骨が付いているほうを使う。刺身を作るときと同じに骨と皮を取り、皮側だけバーナーか強火で焼いて少し焦げ目を付ける。サラダ油をたっぷりとかけて、冷蔵庫で10〜20分ほど冷やす。油を拭き取り、細作りにして刺身のように盛り付ける。

身に透明感が残る生干しの開きをかならず使うこと。自家製干物にうってつけの料理です。身に火が入らないようにし、切り口の生っぽい感じを見せるように盛り付けます。

Mr.ツリックの激ウマ釣果料理

～手抜きレシピ編～

[Mr.ツリック]
一部にコアなファンを持つカートッパー。魚に限らず料理が大好きな、包丁渡世

Mr.ツリックの人気連載「2馬力のダンディー」では
毎月オリジナリティーあふれる創作料理をご紹介していますが、
今回は超カンタンでおいしい
手抜きレシピをマンガでお届けします。

[作] 相場康則　[監修] Mr.ツリック

[丁稚]
本誌編集部イトー。丁稚歴も5年になるが、いまだ弟子にすら昇格させてもらえず

とりあえずこいつとこいつを下ごしらえしとかねーと。
下ごしらえ
ピンギスのウロコを取って頭を落とし、内臓を引っ張り出す。
3倍濃縮キムチ鍋の素をたっぷり使ってピンギスを2〜3時間漬ける。
たっぷり
小さくてどーしよーもないムギイカを氷から出して常温にしておく。
こいつを天日に干しておいてくれ。
かしこまりー♪
ピッ
また後ほど。
まずはこのアジだな。コマセ食ってない釣りたてか。塩焼きがイイな?
普通に内臓出してエラ取って…ですかね?
くん
包丁使ったら「超カンタン」じゃねーだろ!
ぞっ…
アジのそのまま塩焼き
手順
①水気を拭き取り全体に塩を振る。
②アジを網に並べる。
③焼く。
…以上
バカにしてんスか?
ひょい
パチ
パチ
コマセを食ってない釣りたてのアジはよ。内臓を焼くとイイ〜香りがするんだよ。
その香りがハラミに移ってな。コレがたまらんのよ。
くはーっ
くんか
くんか
パチ
パチ
内臓とゼイゴをよけて大根おろしとショウガで食ってみな♪
わあっ!
わぃるど〜♡
ホントだ!普通の塩焼きと違って香りがいい!
これだけは注意しな。コマセ食ってるアジは絶対NGだ!そのまんま焼いたら臭ぇのなんのってな。

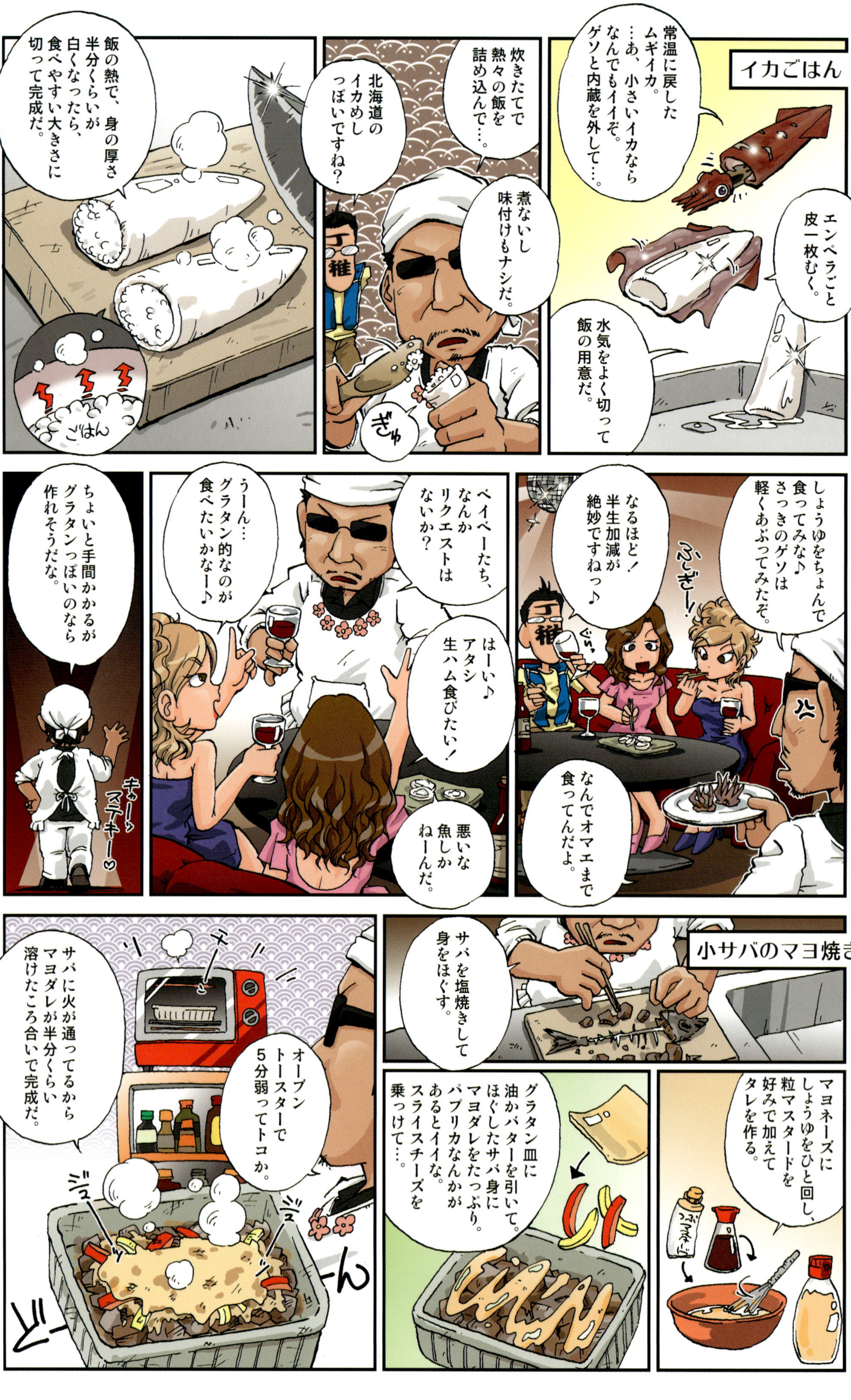

イカごはん
常温に戻したムギイカ。…あ、小さいイカならなんでもイイぞ。ゲソと内蔵を外して…。

エンペラごと皮一枚むく。

水気をよく切って飯の用意だ。

炊きたてで熱々の飯を詰め込んで…。

北海道のイカめしっぽいですね？

煮ないし味付けもナシだ。

ぎゅ
飯の熱で、身の厚さ半分くらいが白くなったら、食べやすい大きさに切って完成だ。

ごはん
しょうゆをちょんで食ってみな♪さっきのゲソは軽くあぶってみたぞ。

なるほど！半生加減が絶妙ですねっ♪

ふぎー！

なんでオマエまで食ってんだよ。

ペイペーたち、なんかリクエストはないか？

うーん…グラタン的なのが食べたいかなー♪

はーい♪アタシ生ハム食びたい！

悪いな魚しかねーんだ。

ちょいと手間かかるがグラタンっぽいのなら作れそうだな。

キューンステキー♡

小サバのマヨ焼き
サバを塩焼きして身をほぐす。

マヨネーズにしょうゆをひと回し、粒マスタードを好みで加えてタレを作る。

グラタン皿に油かバターを引いて、ほぐしたサバ身にマヨダレをたっぷり。パプリカなんかがあるとイイな。スライスチーズを乗っけて…。

オーブントースターで5分弱ってトコか。

サバに火が通ってるからマヨダレが半分くらい溶けたころ合いで完成だ。

ジュ
ジュッ
どーん

この物語はフィクションです。登場人物は実在の人物とは〜……まぁ、ご想像にオマカセしますが。レシピはMr.ツリックが保証します。

飲み友だちのタケちゃんに贈る カワハギを無駄なく食べ尽くす全5品

カワハギの煮こごり

材料（分量はいずれも適宜）

○カワハギのアラ
（頭と皮。2～3尾分）
○カワハギの肝
○しょうゆ、日本酒、みりん
○針ショウガ
○付け合わせ
（大根、ニンジン、しょうゆ、だし汁）

1

カワハギのアラをサッと湯通ししたのち、水と日本酒とともに小鍋に入れ、沸騰させずに煮詰める。煮汁を約1/3まで煮詰めるので、容器の大きさを考えて分量を決めよう

2

火が通って身が白くなったら、鍋を火からおろし、頭に付いている身をほぐす。これは、別に加える肝とともに、煮こごりのなかに入れる具として使う

3

2に皮やアラを追加して、さらに煮詰めていく。透き通った仕上がりにするためには、煮汁が白く濁らないよう、沸騰しない程度の火加減を保つのがポイント

4

煮汁が1/3程度になるまで煮詰め、多少トロミが付いたら、クッキングペーパーなどでこして、アラを取り除く。別途、しょうゆ1、みりん1、日本酒2を合わせて煮切り、調味液を用意しておく

5

4の煮汁と調味液を合わせ、適当な大きさに切った肝、3の身、針ショウガを加え、沸騰直前まで火にかける。その後、あら熱を取ったら容器に入れ、冷蔵庫で冷やす

6

しょうゆを加えただし汁で煮て味を含ませ、十分に冷ましておいた大根とニンジンをサイコロ状に切り、市松模様に並べた脇に、冷えて固まった5をスプーンで取り分けて完成。5で冷やす前の段階でトロミが足りなかったら、寒天を加えてもよい

カワハギの肝漬け薄造り＆肝和え

材料（分量はいずれも適宜）

○カワハギ（身と肝）　○ツマ（大根、ニンジン、大葉）
○薬味（おろしワサビ、おろしショウガ）
○肝じょうゆ（しょうゆ、日本酒、長ネギ、ショウガのみじん切り）

1

下処理をしたカワハギを、みじん切りにしたショウガと長ネギ、叩いた肝、しょうゆと日本酒（1：1）を混ぜた肝じょうゆに3時間～一晩程度漬ける。この肝漬けを薄造りにするもよし、焼くもよし。どちらも最高にうまい

2

カワハギは薄造りにすることが多いが、厚めに切ってもおいしい。少し太めの糸造りにした身を筒状に盛ったなかに、日本酒に漬けてくさみを取り、叩いた肝をたっぷり詰める。食感をよくするため、肝は包丁で十分に叩いて筋を切っておく

3

小皿にツマを敷き、その上に2種の刺身を並べて完成。しょうゆと薬味、肝の旨味が加わった肝漬けの薄造りはおろしショウガを載せて、濃厚なうまさが味わえる肝和えはワサビじょうゆで召し上がれ

今回も料理撮影で協力していただいた「むつき」さんで、毎日のように顔を合わせているタケちゃん。よって、好みは知り尽くしている。刺身でいえば、ウマウマなカンパチやキンメダイよりも、コリコリのフグやカサゴなどがお気に入りである。それならば、カワハギがよかろうとターゲットは即決。料理法もできるだけシンプルにして、かつ、せっかくのカワハギを無駄なく食べ尽くそう、というのが今回のコンセプトだ。

なお、カワハギを刺身にする場合、頭を落として手で表皮をむくと、身に残った薄皮を引くのが、なかなかメンドイ。しかし、薄皮を残したままでは食感が悪い。で、表皮をむかずに五枚におろし、普通に表皮ごと皮を引けば、薄皮も一緒に取れるハズ。【カワハギの肝和え】は、もうなんの問題もなくおいしい刺身。まさに肝がキモです。肝はケチらずにたっぷりと使うこと。

刺身を作ると残る、頭と皮をリサイクルするのが【カワハギの煮こごり】。アラの量が少ないと固まらないので、たっぷりと使うこと。そして、煮汁が半分から3分の1に減るまで沸騰させずに煮詰めて、コラーゲンをじっくり煮出そう。

ヒレも、通常ならば刺身を取ったあとに捨ててしまうが、しょうゆに10～20分漬け込んで素揚げするだけの【カワハギのヒレ揚げ】は、なかなかオツなオツマミになる。【カワハギの肝漬け焼き】は、まぁ、うまくないわけがない料理ですな。ピッカピカの白身があめ色になるまで、肝じょうゆに漬け込んで、強火でパチパチっと焼き上げる。焼かずに【薄造り】にしても最高だ。

■ 料理撮影協力「むつき」 東京都練馬区上石神井1-14-8-101 TEL:03-3929-5161

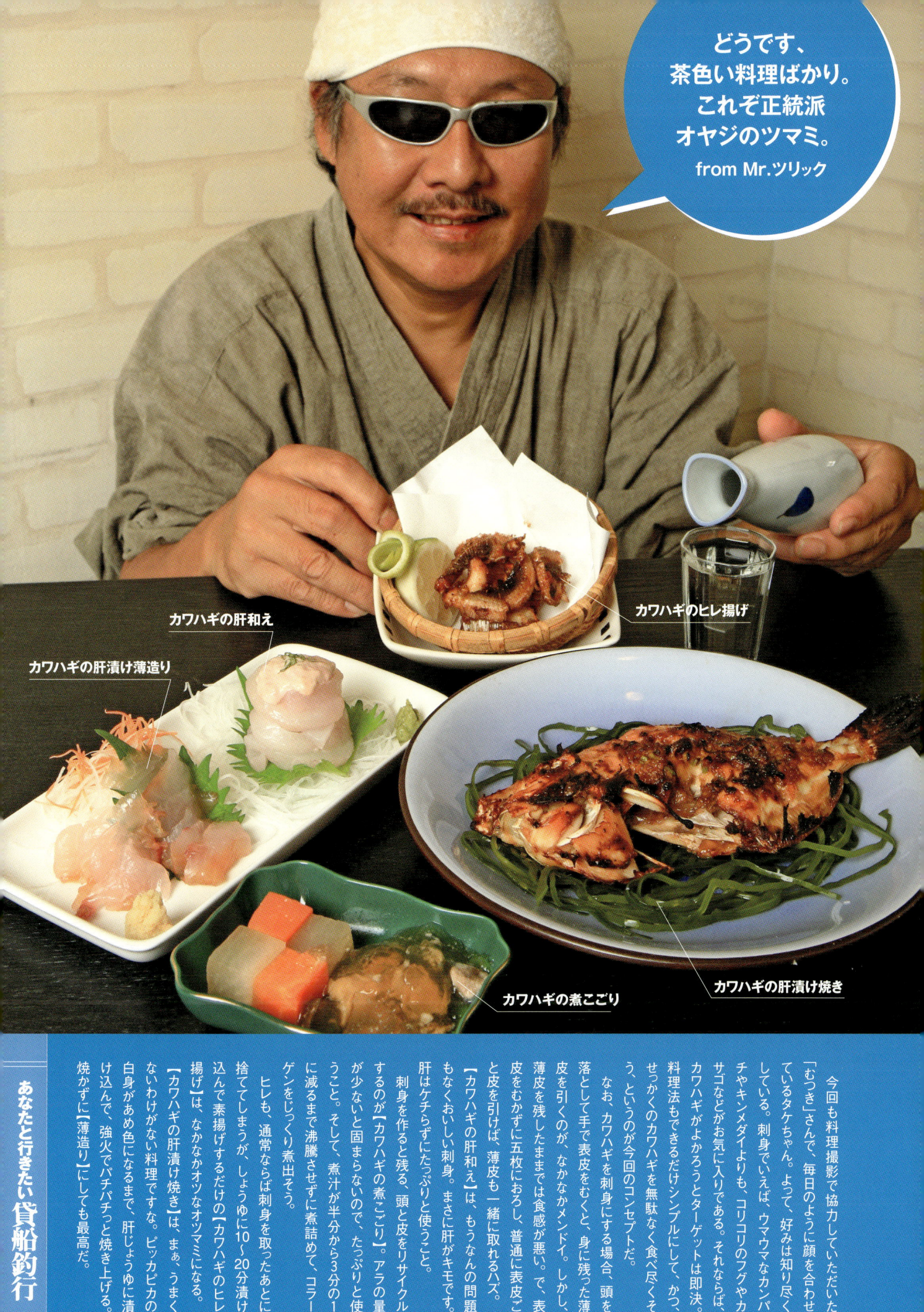

本職漁師の竹内さんに贈る
冷えてもウマい アマダイ尽くし弁当

甘鯛めし

材料（分量はいずれも適宜）

○アマダイ
（30センチ級半身）
○米（3合）
○アマダイのあらでとっただし汁
○紅ショウガ
（漬け汁も使う）
○白だし
○だし昆布
○長ネギ

身の柔らかいアマダイは、刺身はもちろん、火を通す料理にする場合でも、三枚におろしたら、振り塩をするか、たて塩（5％程度の塩水）に漬けるかして身を締める

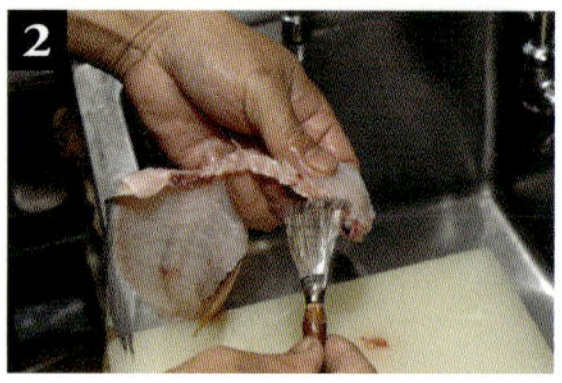

ささらなどを使って、あら（中骨と頭）をよく掃除する。特に、内臓周りの血合い部分はていねいに。これを鍋に入れ、水を加えて火にかけ、沸騰して濁らないように注意しながらだしを取る

2を漉（こ）して冷ましたら、水を加えてだしを薄め、紅ショウガの漬け汁、市販の「白だし」などを加えて味を調え、炊飯用のだし汁を作る

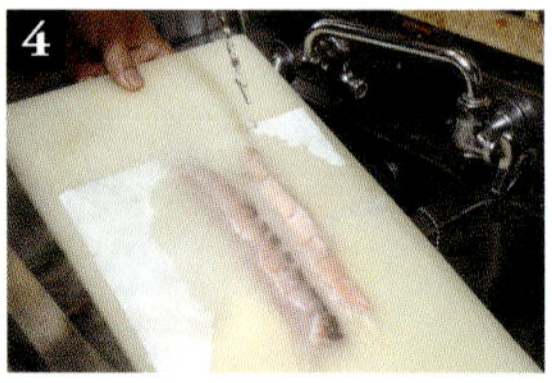

皮に切れ目を入れたアマダイの身2節をまな板に並べ、その上にキッチンペーパーを置き、その上からさっと熱湯をかけて湯霜にする

ていねいに研いだ米、長ネギの小口切り、細かく刻んだ紅ショウガ少々、だし昆布、4を入れ、3のだし汁を分量どおりに加えて炊く

炊き上がったら十分に蒸らしたのち、昆布を取り出し、アマダイの身をほぐしながら全体を軽く混ぜる。弁当にする場合は、粗熱を取ったあと、そのまま容器に詰めてもいいし、のりを巻いたオニギリにしてもいい

アマダイの皮霜天（かわしもてん）

ウロコを取らずに三枚におろし、節取りしてひと口大に切り分けたアマダイの、身の側にだけ衣をつけて天ぷらにする。ウロコがパリっとし、変わり衣のような食感と香ばしさを楽しめる。揚げすぎに注意

アマダイの玉子焼き

ひと口大に切ったアマダイの身を玉子焼き器に等間隔に並べ、そこに、あまり溶かずに青のり、白だしを加えた卵液を流し込み、ふたをして、ごく弱火でじっくり焼き上げる。アマダイから出た旨みと独特の食感が魅力の逸品

竹内氏からのオーダーは「アマダイの洋風料理」でしたが、よくよく考えて、「心躍るボートめし〝アマダイ弁当〟」に変更。ようするに、船上でウマイ弁当ですな。どれも冷えてもOKですが、出来たてをいただいてもおいしいのは言うまでもありません。

釣行日と料理撮影の日が少し空いたので、取材時に釣れた小さなアマダイとイトヨリ、トラギス、タマガンゾウビラメは、前もってキムチ干しに。大きなアマダイとイトヨリは、釣行当日の夜、いつものホルモン屋で、刺身とカブト焼きに変身しちゃったなぁ。

【甘鯛めし】真っ赤な紅ショウガの汁を使って炊き込みご飯を作ると、きれいなピンク色が美しいのはもとより、ショウガが臭みを消し、かすかな酸味で冷めてもおいしく、オニギリにも最適。

【アマダイの玉子焼き】あとで切り分けると き簡単なように、隙間を空けて切り身を並べるのがコツ。卵をあまり溶かずに、弱火でじっくり焼いて冷ますと、普通の玉子焼きとは別物の食感になります。

【アマダイの皮霜天】ウロコ付きの揚げ物は、普通、空揚げにしますが、身にだけ衣を付けてテンプラにすると、旨みが逃げずにほっこりと揚がります。揚げすぎないのがコツ。

【アマダイのキムチ干し】濃縮タイプの「キムチ鍋の素」を少し濃い目に伸ばした液に、開いた魚を2～3時間漬け、表面が乾くまで2～3時間天日干し。焦げやすいので弱火で焼く。同じキムチ液に、少し厚めの薄造りにしたアマダイの刺身を数時間～一晩漬け込み、3昼夜干すと、焼かずに食べられる【アマダイのジャーキー】になります。

■料理撮影協力「むつき」 東京都練馬区上石神井1-14-8-101 TEL:03-3929-5161

ダイちゃんとサン・レイクのみなさんに贈る

ヒメマスずくめのオリジナルレシピ3品

マスでイタリヤン

材料（分量はいずれも適宜）

- ○ヒメマス（20センチ級2尾）
- ○ハーブソルト
- ○揚げ油、小麦粉
- ○トマトソース（好みの野菜を入れる）
- ○溶けるチーズ
- ○大葉、アスパラガスなど

好みの野菜を炒めたら、缶詰のホールトマトかフルーツトマト（市販のトマトソースでも可）を加え、塩で味を調えてトマトソースを作る

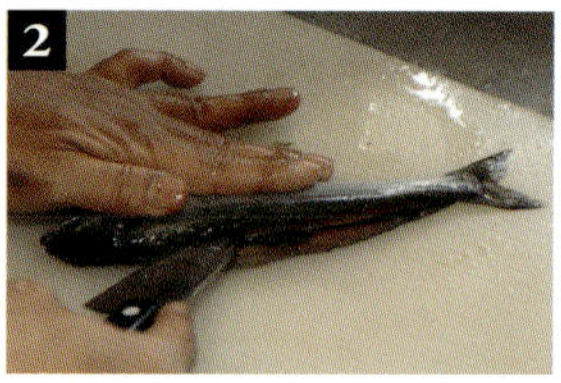

ウロコを落として塩でぬめりを取ったヒメマスを背開きにし、中骨の前後をキッチンバサミで切り取ったら、エラと内臓を取り除く

ハーブソルトで下味を付けたら、全体に小麦粉をまぶす。身の内側までまんべんなく付けることで、不要な油跳ねを防げる

低めの温度に熱した油に3を入れ、揚げ焼きの要領でじっくり丸揚げにする。自然と巾着型に開くが、皿の上で安定するよう、腹側を平らにするのがポイント

耐熱皿にアスパラガスなどの飾り野菜、4を置き、開いたヒメマスに大葉と1、溶けるチーズを載せて、オーブン（オーブントースターでも可）で焼く

チーズが溶けて、適度に焦げ目が付いたら完成。なお、オーブンで焼く代わりに、バーナーであぶってチーズを溶かしてもよいが、焦げやすいので要注意

ヒメマスと野菜の冷やしうどん

三枚におろした身に切れ目を入れてタイムを挟み込み、適当な大きさに切った野菜とともに網に並べてオリーブオイルをかけ、オーブンで焼く。すりおろして白だしで味付けした長イモを皿に敷き、焼き上がった魚、野菜、ゆでたうどんを盛って、ハーブを飾る

ヒメマスの和風フィデワ

ひと口大に切った野菜とヒメマスの身をごま油で炒め、いったん取り出す。この鍋に油を足し、短く折ったそうめんを炒める。野菜と身を戻し、ごく薄味になるよう水で割った白だしを加え、水気がなくなるまで炒めたら、仕上げにオーブンで焼き上げる

鱒と(マスト)アイテムは
釣りと料理だぁ!
西湖サイコー、
さぁ行こう!!
from Mr.ツリック
ヒメマスの和風フィデワ
ヒメマスと野菜の
冷やしうどん
マスでイタリヤン

淡水魚料理はあまり得意ではないが、サケ族で一番美味なヒメマスなら文句なし。時間がなく、撮影後の冷え切った料理での試食となったのが心残りですが、「サン・レイク」の新メニューのヒントになれば幸いです。

【マスでイタリヤン】今回は缶詰を使ったけれど、できればトマトソースから手作りしたい。缶詰のホールトマトなら皮なしを、フレッシュトマトならフルーツトマト系を使うのがコツ。ソースの中身に入れる野菜は、ナスやキノコ類などお好みで。背開きしたマスを多めの油で丸揚げにすれば、自然と巾着型に開くので、皿の上で立つように腹を平らに仕上げる。トマトソースにチーズのトッピングで、魚嫌いの子どもに最適ですゾ。

【ヒメマスと野菜の冷やしうどん】三枚におろしたら腹骨を取り、皮を切らないよう、約1センチ幅で身に切れ目を入れる。この切れ目が焼いてもくっつかないようタイムを挟み、オーブンへ。焼いた切り身を、すりおろして味付けした長イモの上に筒型に置き、そのなかにうどんを盛る。ハーブが苦手な人でも、長イモとならおいしくいただけると思う。プチトマトなど添えるとなおよし。

【ヒメマスの和風フィデワ】フィデワは、極細のパスタを使ったスペインのパスタパエーリャ。でも、オイラがそのままスペイン料理を作ってもおもしろくないので、鉄鍋を使った和風にアレンジ。麺は、ゆで時間3分程度のそうめんか、同5分程度の細い冷や麦がオススメ。どちらも麺に塩味が付いているので、薄めの味付けにしないと出来上がりが塩辛くなるので注意。最後にオーブンで5分ほど焼いて、麺がツンツン立ち並べば完璧。

■ 料理撮影協力　「サン・レイク」　山梨県南都留郡富士河口湖町西湖駒形2204　TEL：0555-82-2933

Mr.ツリック×ふくだあかりの

オリジナルレシピ対決

釣果料理も得意というふくだあかりちゃんがゲストということで、今回の料理パートは、特別編として二人の対決を実施。釣りでは圧勝だったあかりちゃんが逃げ切るのか、それとも、Mr.ツリックが追い込むのか？ 勝敗の判断は読者のみなさんにお任せします。（編集部）

料理はインスピレーション！

スーパーを回ってひらめいたマゴチ&シロギス料理3品

シロギスのかば焼き

1 ウロコを取り、頭を落として、内臓を抜いたシロギスを背開きにして、焼き網でこんがり焼く。今回は焼き網がなかったので、フライパンに薄くサラダ油を敷いて焼き上げた

2 シロギスが焼き上がったら、たれを付けて付け焼きにする。なお、たれを作るときの水を、焼いたシロギスの中骨で取っただしに替えると、よりうまくなる

材料

○シロギス（15～20センチ級） ○たれ（同量のみりん、しょうゆ、砂糖、水を混ぜて煮詰めたもの。市販の「うなぎのたれ」でも可）

シロギスの刺身 みそ締め

1 三枚におろし、皮、腹骨、血合い骨を取り除いたシロギスの身を、みそを煮切って冷ました同量の日本酒でのばしたものに10～20分ほど漬け込む

2 切り身がアメ色になる前、あくまでも臭み取り程度の漬け込み時間が経ったら、水でみそを洗い流し、水気を取って、適当な大きさに切って盛り付ける

材料（分量は適宜）

○シロギス（20センチ級） ○みそ ○日本酒
○ツマ（大根、ニンジン、レモン、レタスなど）

マゴチの変わり巻き寿司 青と赤

マゴチを五枚おろしにし、皮を引いたら、ひと節を3等分程度に切り分ける。その身をまな板で転がし、かつらむきのようにして、薄い切り身にする

切り身を塩水で洗って、臭みを取りつつ、身を引き締める。その後、ペーパータオルできっちり水気を切っておく

「青」は、アボカド1個をペースト状にしたところに、チューブ入りの練りワサビを約1/4本程度入れてよく混ぜたものを使用。「赤」用に薄焼き卵を焼いて冷ましておく

巻き簾（す）の手前5センチ程度のところに**2**を隙間なく敷き詰め、その上に**3**と寿司飯を乗せる。今回は寿司1本につき、パックご飯1個に「すしのこ」を混ぜたものを使用

「赤」は、マゴチの薄切り、桜でんぶ、薄焼き卵、寿司飯の順に乗せる。桜でんぶの代わりに、水気を完全に切って細かく刻んだ、しば漬けなどを使ってもよい

材料

○マゴチ（40センチ級1尾）
○アボカド（1個）
○練りワサビ（チューブの約1/4）
○桜でんぶ（適宜）
○薄焼き卵（1枚）
○寿司飯（約400g）

ゲストの小魚も無駄なく活用！

ビールが一層おいしくなる マゴチ＆シロギス料理3品

カワハギとマゴチのゆずこしょう和え

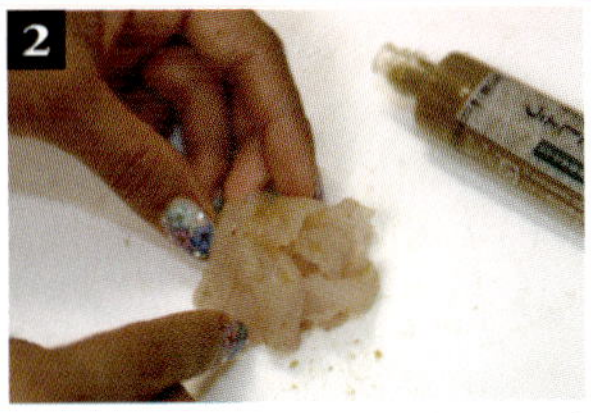

1 カワハギとマゴチをおろして小骨を取り除き、0.5ミリ幅程度の糸造りにする。シロギスなど、ほかの白身魚があった場合は、同じく糸造りにして混ぜてもよい
2 ゆずこしょうを和えて、大葉を敷いた器に盛り、小口切りにした万能ネギを散らして完成。味付けはゆずこしょうの塩気だけで十分なので、入れ過ぎに注意

材料（分量は適宜）

○カワハギ　○マゴチ　○ゆずこしょう　○大葉、万能ネギ

シロギスのさっぱりそうめん

1 三枚におろし、皮、腹骨、血合い骨を取り除いたシロギスの身を、やや太めの糸造りにして、日本酒とおろしショウガを入れたしょうゆに小一時間ほど浸け込む
2 ゆで上がったそうめんは、流水で洗って氷水で冷やし、一口分ずつまとめて器に盛る。その上に、細かく切った薬味、汁気を切った**1**を乗せ、冷やした麺つゆをかけて完成

材料（分量は適宜）

○シロギス（20センチ級2尾）　○しょうゆ　○日本酒　○おろしショウガ
○薬味（ミョウガ、大葉、万能ネギなど）

マゴチとゲストの空揚げ スイートチリソース風味

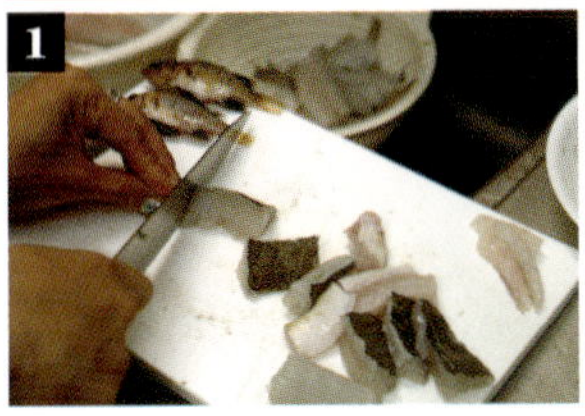

五枚おろしにしたマゴチを、ひと口大に切り分ける。一緒に空揚げにする小魚は丸ごと揚げるので、ウロコ、エラ、内臓を処理しておく

切り分けたマゴチと、下処理した小魚に、下味として塩、こしょうを振る。身を裏返して、全体にまんべんなく振り、しばらくなじませる

下味を付けた身と小魚を溶き卵にくぐらせ、小麦粉をまぶして、衣を付ける。小麦粉を全体にきちんと付けることが、油はねしないコツ。余分な粉は軽くたたいて落としておく

170度程度に熱した油で**3**を揚げる。丸揚げにする小魚は、揚がったら一度冷まして、二度揚げすると食べやすくなる

4に市販のスイートチリソースをかけて全体をよく和えたら、飾り野菜を敷いた皿に盛り付け、最後に砕いたカシューナッツを散らして出来上がり

材料（分量は適宜）

○マゴチ（40センチ級1尾）
○その他の小魚
○塩、こしょう
○卵、小麦粉
○飾り野菜
○スイートチリソース
○カシューナッツ

それぞれが語る料理のポイント

「釣って食べる」が楽しみな私にとって、今回の取材はテンション上がりっぱなし。しかも、お酒まで付いていたのもうれしかったです(笑)。

それに、料理のベテランでもあるツリックさんの、魚のさばき方や料理の仕方を見て、完成した料理を食べることもできて、とっても勉強になりました。

料理のコンセプトは、私自身お酒が好きなので、ビールに合う3品を考えてみました。

マゴチとゲストの空揚げ スイートチリソース風味 本命はもちろん、ゲストで釣れた小魚も、カラッと揚げて食べられる、アジアンテイストの料理です。空揚げにして、スイートチリソースを和えるだけの簡単な料理ですが、ビールのお供にも、ごはんのおかずにもぴったり。出来たてはもちろん、冷めてからでもおいしく食べられます。今回は、マゴチの身のほかに、マゴチの真子と白子、謎の魚(クロイシモチ)、ツリックさんに松葉おろしにしてもらったメゴチ(ネズミゴチ)を使いました。

カワハギとマゴチのゆずこしょう和え 偶然釣れたカワハギと、マゴチの端っこの身を余すところなく使った、無駄のない料理。糸造りにするので、大きな切り身が取れない小さな魚も使えますし、白身の魚であれば、違う魚を混ぜてもOK。辛味のあるゆずこしょうで和えるだけの、簡単でお酒にぴったりのアテです。夏場のカワハギは肝が入っていないので、刺身に変化をつけたいときにも最適。

シロギスのさっぱりそうめん たっぷりのショウガを使って、しっかり漬けた「づけ」にすることで、シロギスの生臭さを消すとともに、ショウガじょうゆ味の刺身がそうめんのアクセントにもなります。大葉やミョウガなど、薬味もたっぷり入っているので、夏にぴったりの、さっぱり、スルスル食べられる一品です。

釣果料理が一緒なら、釣りのあとのビールはもっとおいしい! でも、飲み過ぎ注意だゾ♡
from ふくだあかり

今回の釣りと掛けまして、今回のゲストと解きます。そのココロは、チョウカワイイネ!
from Mr.ツリック

今回の料理は悩みました。ワタクシメは、ふだんから、素材を前にしてからメニューを考えるタイプ。それが、釣りのあとに買い物へ行ってもインスピレーションが浮かばない。そりゃそうでしょう。マゴチ、釣ってないんだから。

それでも、前回はチョイト凝りすぎたので、今度は無駄な装飾を避け、家庭料理みたいにボンボンボンッと、メインだけの盛り付けにしようかしらん、みたいなことは朝から思っていましたがネ。

「アルチューハイマー」の頭を抱えてスーパーのなかをうろうろし、なんとか考えついたのがこの3品。

マゴチの変わり巻き寿司 青と赤 マゴチを五枚おろしにすると、棒状の切り身しか取れない。それから、腹骨をすき取り、皮を引くと、さらに細くなってしまう。その切り身を広い薄切りの刺身にするのが、この料理最大のポイント。薄切りの身を並べ、具と寿司飯を乗せたら、巻き簾《す》を1回転巻いて、上からしっかりと押さえて形を整える。まな板の上で切り分けると盛り付けが大変なので、皿に移してから切り分ける。

シロギスのかば焼き シロギスを背開きにして腹骨をすき取り、こんがりと焼き網で付け焼きにしたもの。今回は焼き網がなかったので、フライパンで代用。たれも、スーパーで売っていた「うなぎのたれ」でごまかす。時間があれば、焼いたシロギスの中骨でだしを取り、「材料」に挙げた黄金比率のたれを煮詰めればもっとうまい。

シロギスの刺身 みそ締め シロギスの刺身は、釣りたてだと独特のクセがある。2〜3日寝かせてから食せば問題ないのだが、それだとプリプリの食感がなくなる。そこで、昆布締めやゆず風味の酢締めにしたりするのですが、なにかとメンドイ。そこで、どこの家庭にもあるみそで締める。あくまでも臭み取り程度の漬け込みで、見た目は普通の刺身だが、クセはなく、締めていない刺身と比べれば、違いはハッキリします。

料理自慢の釣り人が語る

Mr.ツリック×ふくだあかり

ほろ酔い対談

二人の調理が終わったあとは、それぞれの料理を試食しつつ、ビールで乾杯！この日の釣行を振り返りながら、釣りと釣果料理の魅力について語ってもらいました。(編集部)

空揚げにした謎の小魚(クロイシモチ)に、こわごわ箸をつけるあかりちゃん

「マゴチの変わり巻き寿司 青」を食べ、ワサビの固まりで自爆したMr.ツリック

あかり　料理を始めたのって、いつごろですか？

ツリック　料理自体は、小学校2年生のころからやってたからなぁ。あのころはとにかく腹が減ってたからさ。ちゃんとやるようになったのは、学生のころの飲食店でのアルバイトがきっかけだったかな。

あかり　私、実家に住んでいたころは、本当に簡単なお母さんのお手伝いをする程度で、料理はほとんどしてなかったんです。でも、船釣りを始めてから、せっかく新鮮な魚があるんだし、おいしく食べないと魚にも失礼だと思って料理も始めました。人に食べてもらったときに「おいしい」と言ってもらえるのがうれしくて。あと、お酒が好きなので、自分なりの好みの味付けに作れるのもいい。

ツリック　だれかに食べてもらえるのは張り合い出るよね。俺の場合、十数年前から、釣った魚は行きつけの店に持ち込んで、みんなに食べてもらう。料理を作るところまで俺がやるんだけどね。

あかり　食べたことがないものを食べられるのもうれしい。友だちに「天然物は初めて食べた」とか言われることもあります。

ツリック　そうね、釣り魚には、売ってないものもあるからね。

あかり　そういえば、シロギスのみそ漬けはちょっと驚き。みそを使った刺身は初めてだし、みそもずいぶん短時間で洗ってましたよね。

ツリック　西京漬とか、魚のみそ漬けってふつうにあるでしょ。で、味を付けるんじゃなく、臭みを取るだけだから、漬ける時間は短かくていいの。昆布締めは案外難しいし、手間もかかるから、簡単にしようと思ってね。俺の場合、ありきたりの料理は作りたくないから、ひらめきを基にひねったメニューにするけど、料理の基本は押さえておかないとね。

あかり　これまで食べてきたものって、けっこう記憶に残るから、私はそれを基に味を想像してメニューを考えます。シロギスのそうめんは、冷たい鯛茶漬けがあるんだから、ご飯をそうめんに、マダイをシロギスにしてもおいしいはず、って思ったんですよ。

ツリック　でも、巻き寿司の赤はちょっとなぁ。本当は、しば漬けとか紅しょうがを使おうと思ったんだけど、完璧に水を切るのに時間がかかると思って、すぐに使えるでんぶにしたら、その砂糖で水が出ちゃった。のりを巻かなくてよかったよ。ま、あくまで彩り中心に考えたから……。

あかり　料理って、おいしくても、ちょっと失敗しちゃっても、自分でいろんなことができるのがおもしろい。いまは私、自分で釣った魚を、自分で料理して食べる、っていうのが楽しくて、釣りたいと思った魚は、釣れるまで食べないことに決めてるんです。

ツリック　いまの目標は？

あかり　相模湾のクロマグロ。もちろん、メジじゃないですよ(笑)。

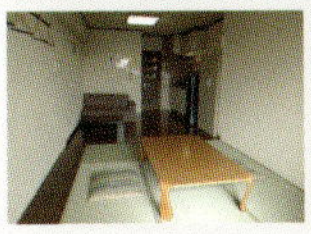

今回、料理&対談の撮影場所として利用したのは、岩井海岸に立つ、リゾートマンションタイプのコンドミニアムホテル「グランビュー岩井」。1DK〜2LDKタイプの室内にはキッチンを完備。冷蔵庫や炊飯器、基本的な調理器具や食器がそろっており、持ち込み自由で、別荘気分のリゾートライフが楽しめる。レストラン、最上階の展望風呂、キッズルームもあるほか、バーベキュー器材の貸し出しも可能。

[問い合わせ先] グランビュー岩井
〒299-2216 千葉県南房総市久枝527-16
TEL:0470-57-3311　FAX:0470-57-3312
http://www.grandview-iwai.com/

ウエカツ水産の
生け締め&シンプル魚料理

ウエカツ水産こと上田勝彦氏は、下にあるプロフィールのとおり「水産のプロ」。
同時に自らマイボートを所有して釣りを楽しむ達人でもあり、
その釣りと料理の記事にはウエカツさんならではの豊富な知識と経験が反映されている。
なかでも釣った魚を最高の状態で保存する「生け締め」は、
上田氏が各地のイベントなどでも披露して注目を集めているテクニック。
その方法を解説した記事と、ウエカツ流の素材の力を生かした
シンプルなレシピを集めたスクラップ記事には、釣果料理の真価が詰まっている。

ウエカツ水産（上田勝彦）：

島根県出雲市生まれ。長崎水産大学卒業。

太平洋やインド洋のマグロ漁場開発、日本海の資源回復計画などに従事した水産のプロ。

同時に、玄人はだしの料理の腕前を持つ。ニッポンの魚食力を復活させるプロジェクト「Re-Fish」代表。

『ボート倶楽部』では、マイボートでの釣りと釣果料理の記事「ウエカツ水産の 釣って味わう東京湾」を連載。

スクラップブック of ウエカツ水産

ウエカツ水産直伝! 生け締めの真実　140
- 生け締めの「即殺」と「神経抜き」
- 生け締めの満たすべき要素
- 魚の旨味のピークは二つある
- 生け締めと野締めとでどんな違いが表れるか
- 即殺、放血、神経抜き、保冷

シロギスの糸造りと湯引き
シロギスの紙塩焼き　146

小メバルの天ぷら
メバルの塩煮　148

塩イシモチ
焼きイシモチ　150

自家製塩サバ
サバのりゅうきゅう　152

シコ天
カタクチの梅煮　154

コウイカの湯通しシャブ
コウイカの墨汁　156

BoatCLUB
ESPADA
Pull

知ってるようで知らない「生け締め」のすべてを教えます

ウエカツ水産直伝！生け締めの真実

「生け締め」と、巷《ちまた》で言うが、ハテサテそりゃなんぞや。

そもそも〝締める〟とは、「お命、頂戴つかまつる」ことには違いないが、どうやらそれにもいろいろありそうだ。

魚屋に並んでいる魚は、いずれも確かに絶命しているのだが、あれは生け締めではないのか。

生け締めだと聞けば、いろんなところで観察、見聞してはみるものの、人によってやり方も違う。

ではホントの生け締めとは？

というような疑問、湧いてきませんか？

［文］上田勝彦　［写真］山岸重彦（本誌）、編集部　［イラスト］浜中せつお

上田勝彦（うえだ・かつひこ）
1964年、島根県出雲市生まれ。長崎大学水産学部卒。長崎県野母崎にてシイラ漁船で働いたのち、南氷洋調査捕鯨、中西部太平洋およびインド洋マグロ漁場開発に従事。サカナを見聞きし、獲って、食い、考える日々を常とす。通称「ウエカツ水産」、別称「ナゾの料理人」。「魚食力で日本を救うプロジェクト」主事。気取らない魚料理を日本中の家庭に伝えるべく活動中。

講義編

あなたの知っている生け締めは正しいか？

生け締めの世界。だれがいつ始めたか知らないが、上手に締められ、ほどよく熟成した魚の身の一片は、新鮮でコリコリなんて単純なものではなく、ひと噛《か》みすればつきたての餅のごとく歯をやさしく受け止め、噛みゆくほどにとめどない甘味、旨《うま》味《み》が湧出し、口中でこなれ、充実するほどに、もどかしくトロンと喉に落ちて消えゆく余韻、その快感。それはもう麻薬みたいなものであって、一度食べれば忘れられぬ味。やはり魚は生け締めでないと、と練習にいそしむ日々が始まる。

そんな悦楽の世界を、アナタは味わいたくはないか。本編は、すべての釣り人ないし漁師たちに、日ごろ接している魚の、もう一つ上の真の実力をわかってもらいたいがためにささげるものである。されば、いざ——。

＊

さて、生け締め道に突入する前に、少しおさらいしておきましょうか。まず、魚の締め方は大別して二つある。すなわち「生け締め」と「野《の》締《じ》め」。生け締めとは、生きた状態の魚を、一発で即殺する手法であって、その最たるものは、上手な潜り漁師などが魚の急所を銛《もり》の一撃で仕留めること。これぞ一切魚が苦しまずに死に至る究極でお見事。一般的には釣ってすぐ、あるいは獲《と》った魚をイケスなどに生かしておいて、首を切ったり手カギで脳を壊すなどして即殺することを言い、筋肉の疲労は最小限に抑えられる。

対して野締めとは、釣ったり獲ったり生かしておいた魚を、海水氷などに生きたままぶち込んで殺す手法であって、わずかな時間とはいえ魚は凍えながら死んでいく

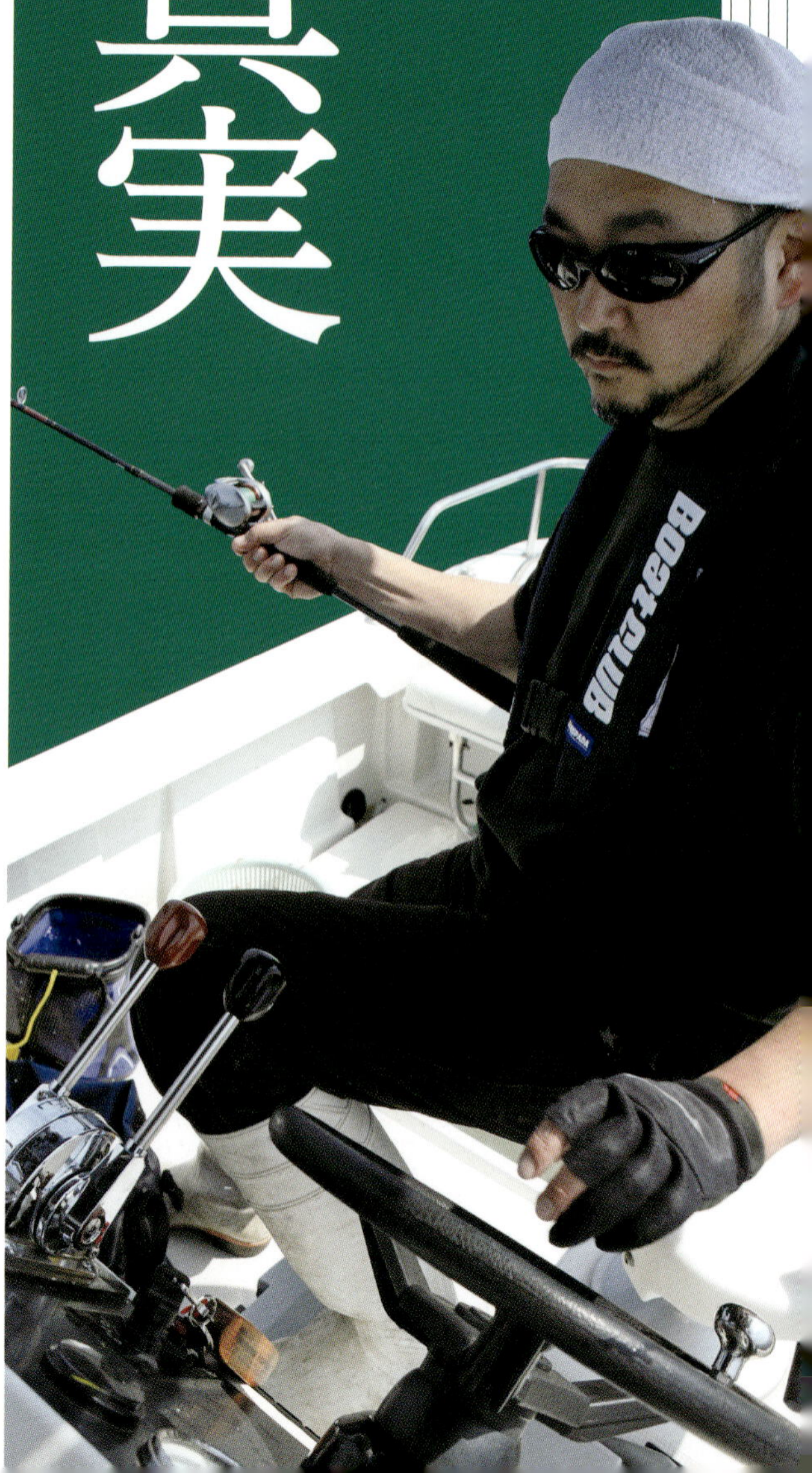

ため、筋肉は疲労していくわけだが、次々と釣れるアジなどを、釣れてる最中にいちいち生け締めしてられない、釣るほうを取る、という状況下で、みなさんがやっておられることであります。

ここで、釣り人の間で交わされるいくつかのおかしな主張を振り返ってみたい。いわく「魚の鮮度は氷。釣ってすぐにキンキンに冷やした海水氷に入れて殺してるから鮮度はバッチリだよ」、「ダメダメそんなんじゃ。ちゃんと首切って血を抜いて、ときには神経まで針金で壊してから海水氷に漬ける。これぞ生け締め」。これのどこがおかしいのか、とご不満の方、いま説明するから落ち着いて。

つまりこうだ。この野締めの場合、血が抜けていない云々《うんぬん》以前に、氷を過信しているのだ。魚の鮮度というものは、低温であれば保たれるかといえば、そうではない。例えば、クーラーを開けるたびに氷が少しずつ溶けたりして、1度から0度の間を水温がブレる場合、そのたびに、魚の鮮度は落ちていく。むしろ、2度や3度でもいいから、一定に安定しているほうが鮮度は保つことができる。

さらにいえば、急激に低温に入れるより、徐々に下げていったほうが鮮度は保てるのだが、そうすると大きい船の魚倉ならまだしも、狭いクーラーのなかで魚をじわじわ苦しめることになってしまう。この矛盾は、野締めという手法の限界でもあって、その範囲のなかでも上手に殺して保存しているのが優秀な漁師ということになっている。冷え過ぎはむしろ鮮度落ちへの近道であるし、味も十分には出ない。

一方、ここで言われている生け締めではどうだろうか。実技編で述べるが、まず、首を切っても十分に血は抜けない。さらに、せっかく神経を壊しても、それをキンキンの海水氷に入れてしまっては、その効果が台無しになってしまうことを知らねばならない。いずれにせよ、時間がなかったり、魚が小さくて、いちいち生け締めもアホらしいのであれば野締めでやるし、魚が大きくて、より保存性を高めておいしくしたければ生け締めでやるのが一般的だが、落とし穴がありますよ、ということを申し上げておく次第。それを克服して最高の生け締めをやらかそうじゃないかというのが今回の記事のねらいだ。

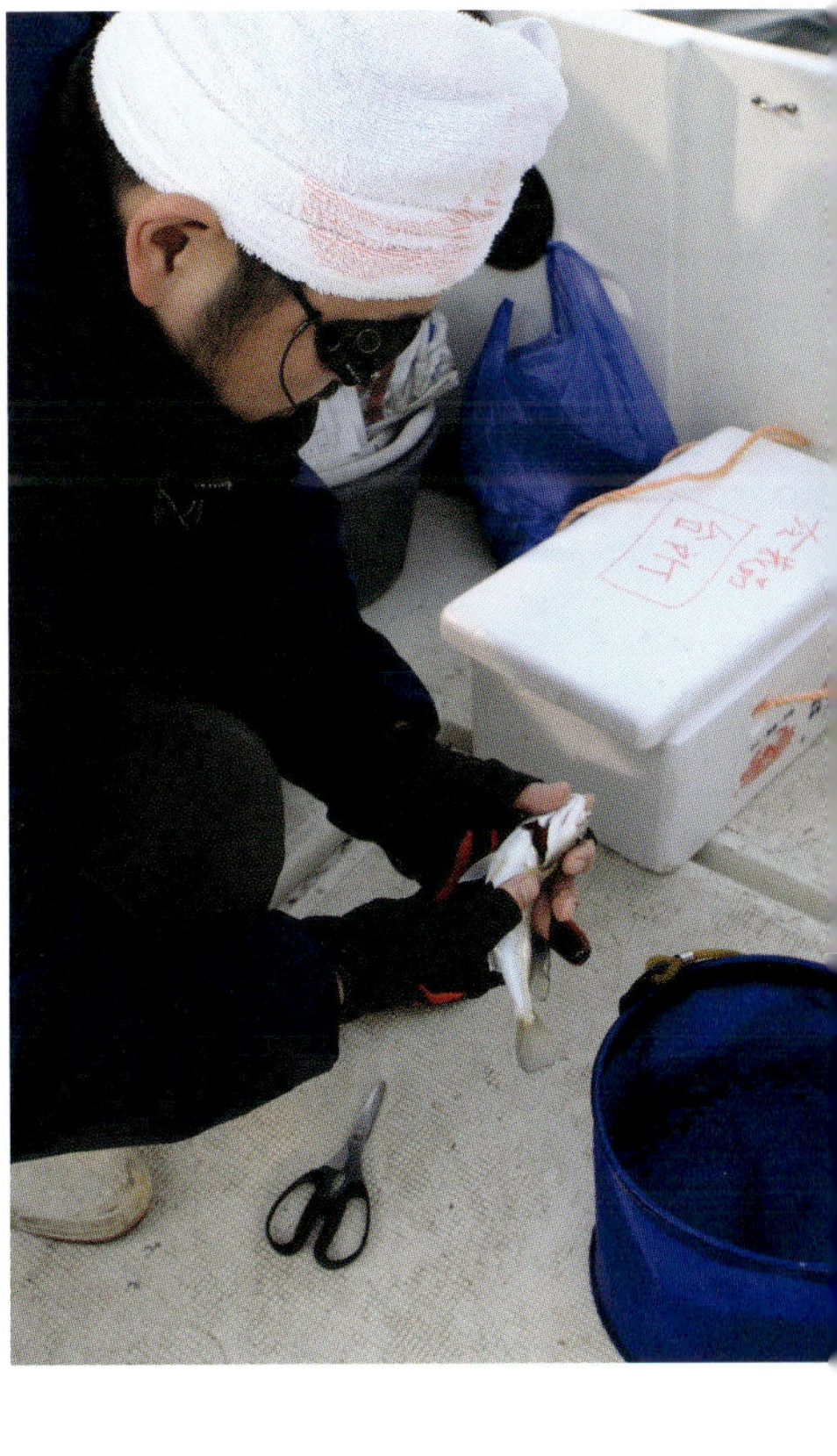

ウエカツ流

生け締めの「即殺」と「神経抜き」

手カギを刺し、ワイヤを通すポイント

ほとんどの魚の眉間には、骨が薄くなっているところがあるので、ここにカギを刺し、ワイヤを通す。ここには光を感じる神経が脳から直接延びており、明かりによって日照や深度を測る、いわば明かり窓だ

①楕円形の骨の薄い部分に手カギを刺し、即殺する
②この方向にワイヤを通し、神経抜きをする

魚の脳と神経

このように、脳から神経は直結している。脳から神経は電気伝達、神経から筋肉は分泌伝達であるからして、これを順番に壊してやるというわけだ

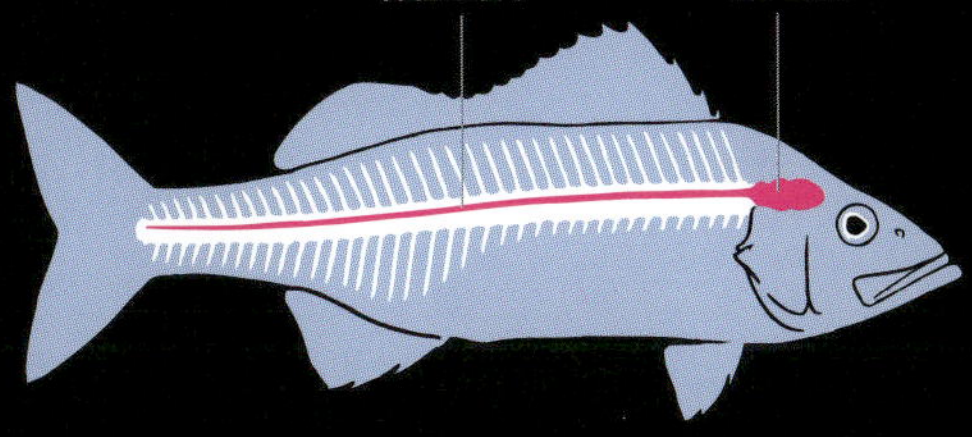
②続いてワイヤで神経を壊す
①まずは手カギで脳を壊す

背骨の形と神経、血管の場所

腹の部分と尻尾の部分では骨の構造が違うが、それぞれ神経が上、血管が下を通っている。放血のときに背骨を切断してしまうと、この穴がずれて、ワイヤが通りにくくなるので要注意

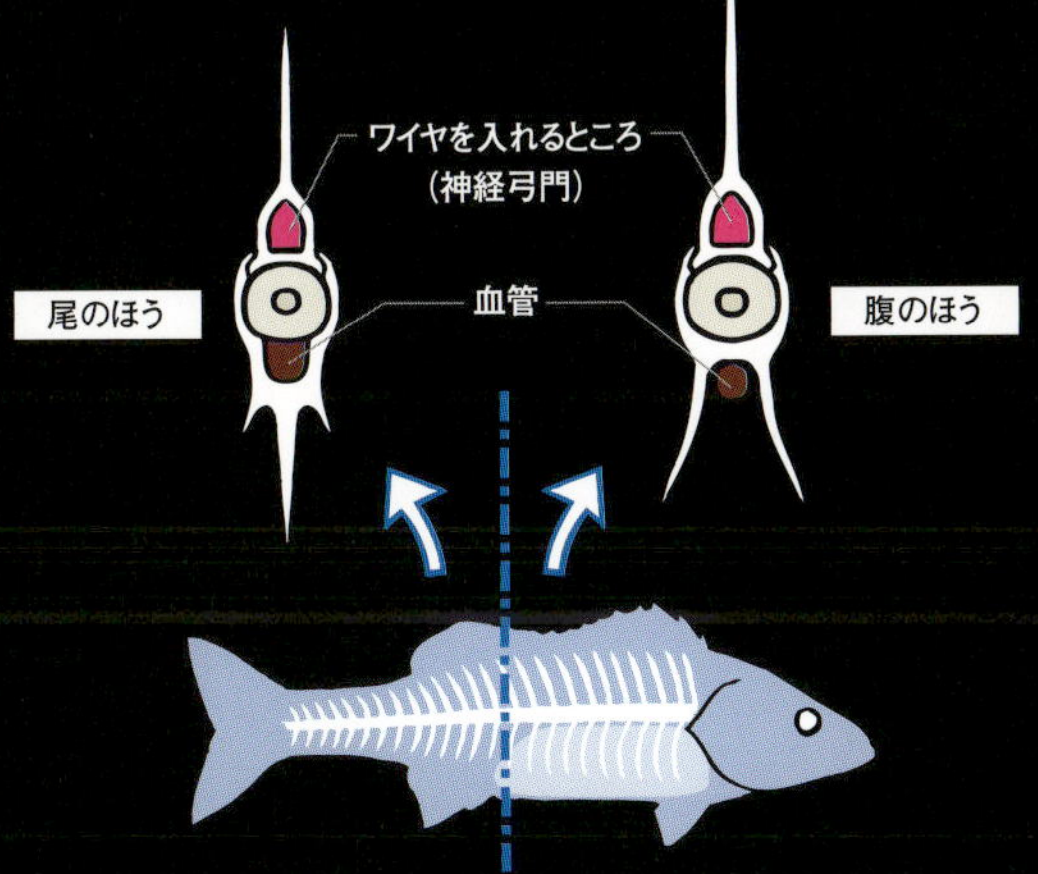

即殺

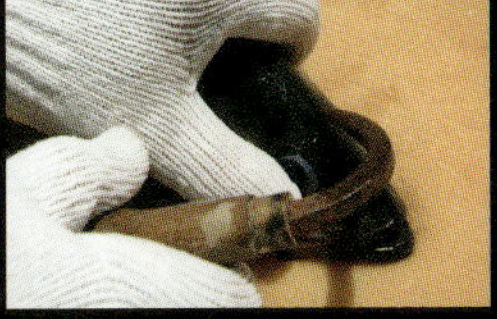

濡らした軍手で目をやさしく押さえると暴れない。押さえ付けてはいけませんよ。手カギが魚の正面から真っすぐに入るように角度を加減するのがコツ。アジ、サバの仲間も同様に

神経抜き

ワイヤを差し入れる角度にご注目。ビクッとしたらそのまま尻尾まで通し、ワイヤを前後に動かして神経を壊す。尾のほうにかけて筋肉が順々にけいれんして終了

生け締めの満たすべき要素

①魚の疲労を回復させ、筋肉にエネルギー物質を再生産させる
②脳などを壊して即殺し、筋肉を疲労させない
③変質しやすい血液を、自然な心臓の運動によって十分に放血させる
④神経から筋肉へ分泌される物質を止めるべく、しかるべき手法で速やかに神経を壊す
⑤その魚と季節に応じた適切な保冷を施す

◆道具入れ

生け締めに必要な道具一式を収める入れ物。マイボートでの釣り、漁師や釣り人を対象にした生け締め講習会など、どこの海に行くときにも携行する

正しい生け締めはいいことずくめ

生け締めの満たすべき要素は五つある。すなわち、①魚の疲労を回復させ、筋肉にエネルギー物質を再生産させること、②脳などを壊して即殺し、筋肉を疲労させないこと、③変質しやすい血液を、自然な心臓の運動によって十分に放血させること、④神経から筋肉へ分泌される物質を止めるべく、しかるべき手法で速やかに神経を壊すこと、⑤その魚と季節に応じた適切な保冷を施すこと。

さあ、いかが。この順番で、滞りなくすべて行われたとき、魚は潜在力をあらわにし、その味と保存性で応えてくれるのだ。これらを総じて生け締めというが、神経まで壊すことを「神経締め」とも呼んでいる。しかし問題は、そもそもなぜ、これら生け締めの工程が魚のポテンシャルを引き出してくれるのか、ということであり、そのメカニズムを知っておくと、より確信を持って事に及ぶことができるというもの。

生け締めの目的を端的に言えば、「死後硬直までの時間をいかに延ばすか」ということになる。死後硬直というのは、言わずと知れた、脊椎動物の死後に生じる筋肉の収縮現象であり、これが起こると、いよいよ死んだな、という実感が湧いてくるのだが、さて、これが起こるのを遅らせることに、いったいなんの意義があるというのであろうか。

ここで下のグラフを見てもらいたい。これは「旨味の度合い」と「時間に伴う質の変化」の関係を、僕が実際に締めては食いを繰り返した経験から描いてみたイメージ図だ。しかるに旨味のピークは、このように二つある。最初の旨味は、筋肉中のエネルギー物質が分解してできる甘味を主体としたもの。二つ目は、筋肉細胞の分解が始まって複数のアミノ酸などが混合した、いわゆる熟成したもの。その二つのピークの間に硬直期間があって、ここではあまり旨味を感じない、といった特徴がある。

で、生け締めがうまくいくと、第一のピークは硬直前の8~12時間後。これは魚種やサイズによってずれるのだが、こ

◆小出刃包丁

刃を厚く鈍角に研いだものがいい。切り裂くのではなく、刺したときのトルクがほしいので。これは釣具店で買った「木屋フィッシング出刃」を研ぎ直したもの

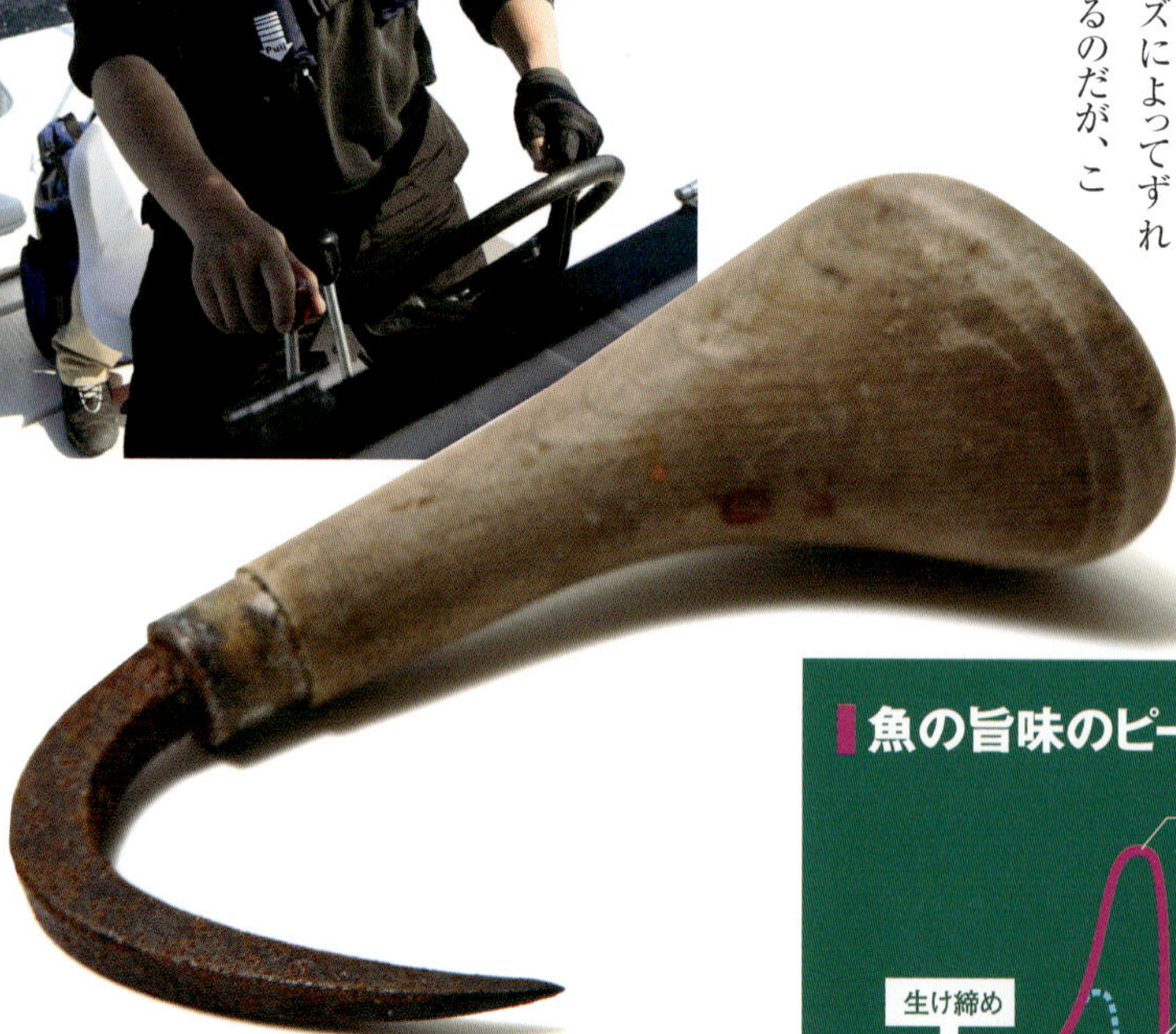

◆手カギ

生け締めに適した手カギは意外と少ない。持ち手がしっかりしていて、カギのカーブから先が長くて真っすぐで、先端が細めのものがいい

魚の旨味のピークは二つある

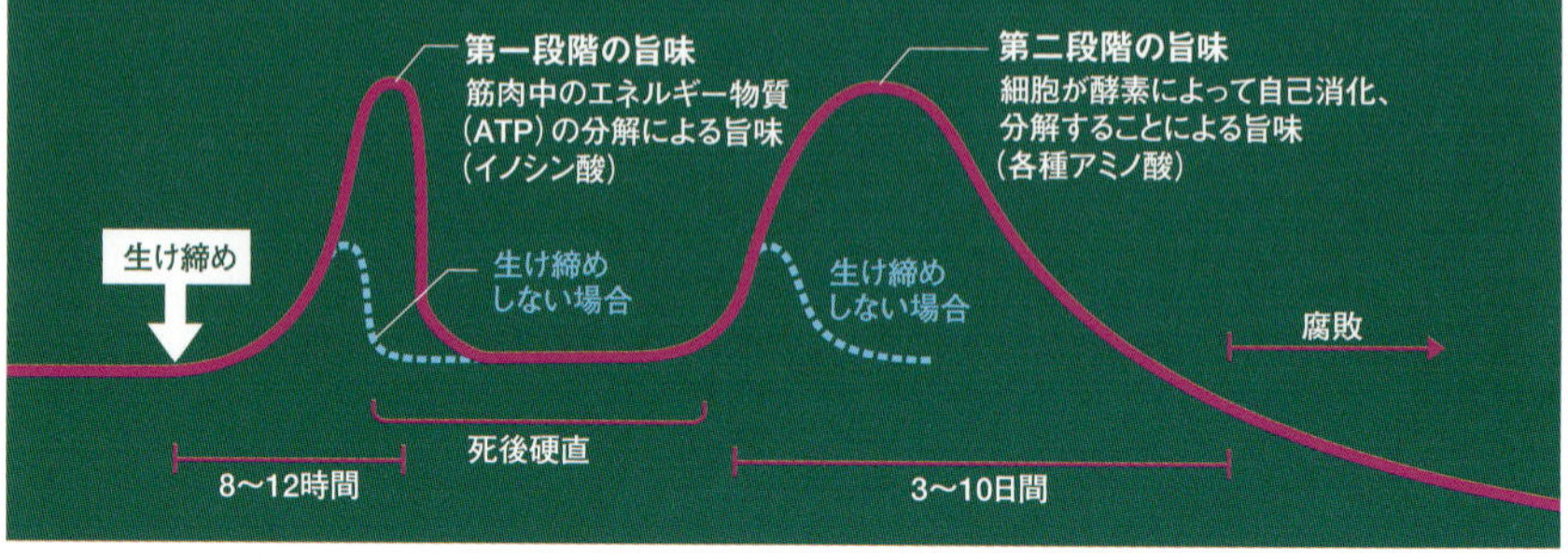

◆ワイヤ

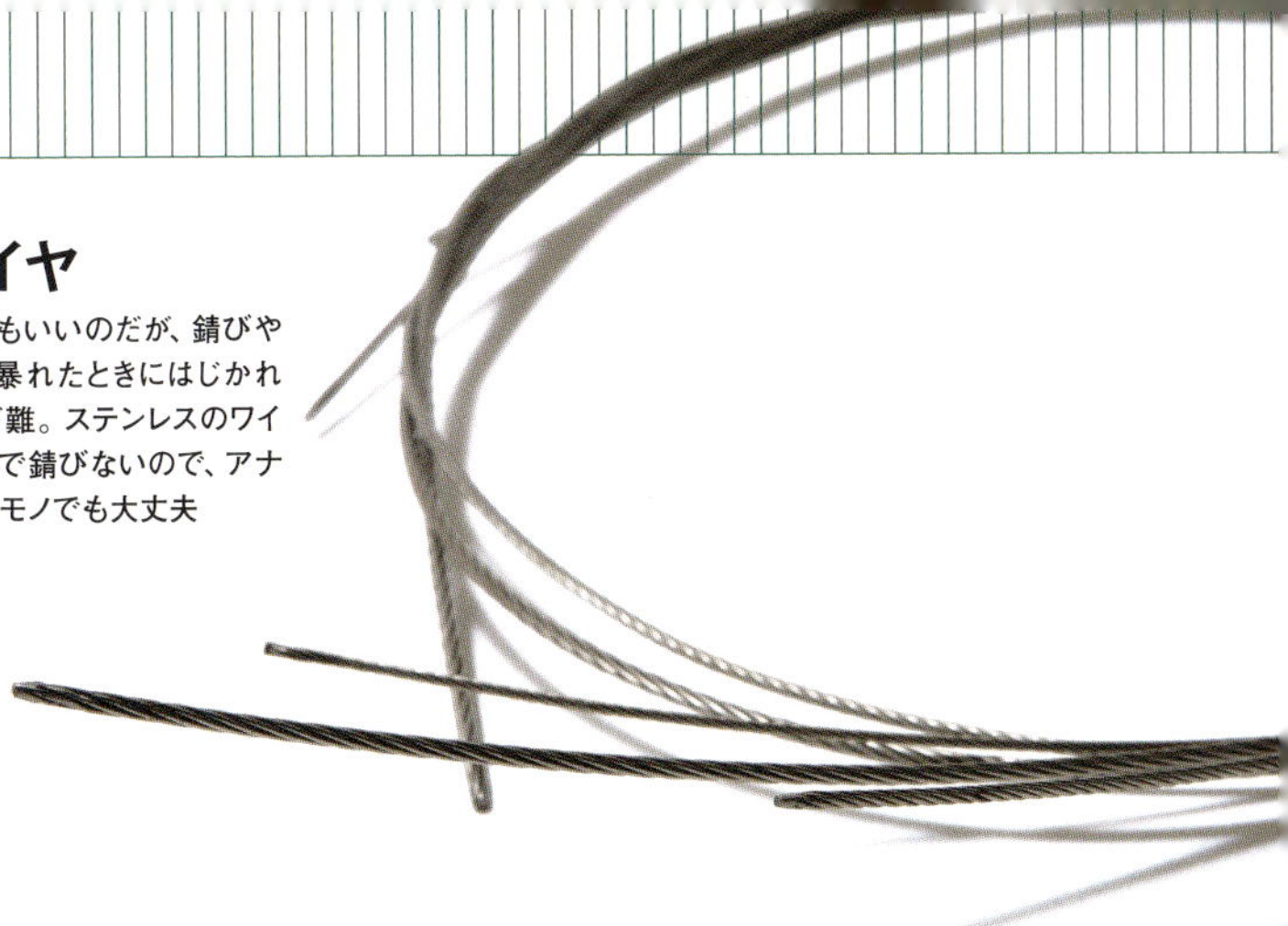

ピアノ線でもいいのだが、錆びやすく、魚が暴れたときにはじかれやすいのが難。ステンレスのワイヤなら柔軟で錆びないので、アナゴなどの長モノでも大丈夫

の味には冒頭に述べたような凄《すご》みがある。そして、さらに、ここから四つの法則が見えてきた。①第一の旨味は死後硬直が始まると生産停止となる、②第一の旨味は魚が疲れていないほど多くなる、③第一の旨味が多いほど第二の旨味も多くなる、④旨味の生産が多いほど、品質を保つ全体の時間、すなわち保存期間が比例的に長くなる。

どうです。ちゃんとした生け締めは、旨くて保存が利いて、いいことずくめ。味が向上するばかりか、刺身にできる期間が延びて、しかも加熱調理できる期間も長くなる。事実、焼いても煮ても揚げても、肉がふっくらして香り高く甘い。家族はこんなおサカナ食べたことないと喜び、たくさん釣れても叱られず、仕入れたすし屋はこれなら少し高くても買いたいなと思い、漁師は獲って売るだけとは次元の違う満足感に浸って、みな幸せ。どうです。生け締めこそは、迷える魚食民族を一手に救済する、まさに天啓なのでございます。

てなところで実技に入っていきましょう。用意する道具は、①手カギ、②小出刃包丁、③ワイヤ、④軍手、⑤新聞紙、⑥食品用ラップ、⑦厚手のマット。そのほか、イカ締め具や、T字型のスパイクなどもあればいい。

◆T字スパイク

T字型で、スパイクの先にキリのような面が切ってあるので、硬い頭蓋骨でも容易に貫通する。ワイヤとスパイクは、いずれもボートショップイシバシの平岡さんの手作り

実験！ 生け締めと野締めとでどんな違いが表れるか

生け締め成功の証しその一。このように頭を持って体を持ち上げてやって、柔らかければ成功、硬ければ失敗。失敗しても、ちゃんとおいしく食べてやってほしい

ではここで、料理の素材として、生け締めと野締めとでどのような差が出るのかご覧あれ。魚は同じ場所、同じ網で獲れた、同じサイズのスズキだ。それぞれ同じ時間に締めて8時間後、どうなるか比べてみた。

上の写真で左手に持っているのが生け締め、右手のが野締めだ。触ってみると、生け締めでは、生前と同じくまだ筋肉に柔軟な弾力があり、頭を持って体を横にして持ち上げると、体はボヨヨンとしなる。これを「生かっている」と表現する。一方、野締めでは、すでに筋肉は硬くなっており、頭を持てば棒のように持ち上がる。これを「硬直している」もしくは「締まっている」という。

このあと放置するとどうなるかといえば、野締めはしばらくののち、硬直が解けて細胞が分解に向かうので、再び柔らかくなる。これを「解硬した」もしくは「あがっている」といい、生前や生け締めで見られる柔らかさとは質が異なるのでご注意。念のために申し上げておくと、生け締めは、このあと硬直期に入り、さらには解硬して同じ道をたどるのだが、その時間が長いというわけ。つまり保存期間が長い。

次に三枚におろしてみよう。生け締めでは刃に身が吸い付くような感じがし、むしろ野締めのほうがおろしやすいと感じるかもしれない。が、両者の違いはすでに歴然、野締めのほうはピンクがかっている。これをきれいな身だなあ、とうれしがる人もいるかもしれんが、そりゃ誤解。血が肉に回っているだけだ。野締めの場合、さらに硬直が進んだものは筋肉の結合が弱くなっているので、おろしている途中で身割れが起こることもある。

そして、いよいよ5ミリほどの厚さにそぎ切りして並べ、皿の色が薄く透けて見えれば、それがアナタの生け締め成功の証し。美しさがちがうね！ 身のツヤが違う。最後の比較は、そりゃ食ってみればワカルこと。

上が生け締め、下が野締め。この違いは、まず内臓を取るときの匂いや内臓の色でわかる。そして身に包丁を入れたときにわかる。そして最後に食ったときにわかる

左が生け締め、右が野締め。通常、スズキの刺身は、皮側から細く黒い血管が入り込んでいるのだが、生け締めが成功すると、身に透明感があり、この血管も見えないことが一つの目安。味のピークは8時間後からやって来る

◆ ここで紹介した手カギ、T字スパイク、ワイヤは右記で入手可能　「ボートショップイシバシ」〒684-0046 鳥取県境港市竹内団地58 TEL：0859-45-6650

実技編

揺れる船上でもできるウエカツ流・生け締め

前ページまでの講義編にて、生け締めには5段階の工程があると申し上げた。ところが、最初の、①魚の疲労を回復させ、筋肉にエネルギー物質を再生産させること――については、入れ食いにでもなって漁獲に焦る状況ではそんなことをしているヒマはないし、釣った魚を大きなイケスでゆっくり泳がせておく環境を持たない釣り人の立場に立てば、やれと言われても無理な話であろう。

ちなみにこれは「生け越し」といって、胃の内容物を完全に消化させ、排泄物《はいせつぶつ》を出し、筋肉疲労を回復させ、精神を安定させるプロセス。実はこれが生け締めで最も重要な技術なのだが、致し方ない。マグロやサバやカツオ、タチウオにサワラといった、生かせない魚もあることだし、この工程は省く。

従って、今回の実技は、①即殺、②放血、③神経抜き、④保冷、の4段階でいってみよう。ベストではないけれど、ベターでよしとする。

ここで紹介する一連の生け締め技術のなかで特徴的なことは、通常、沿岸漁業で行われている生け締めでは、目の後ろあたりから手カギやスパイクを刺して脳を壊し、エラ元を切って放血、のち尻尾や首を切って神経を抜くのに対し、眉間からカギを入れて脳を壊して、同じ穴からワイヤを通して神経を壊すこと。これはマグロの締め方なんだが、これをすべての魚に応用している点にある。このやり方を覚えると、揺れる船の上でも、素早く、外傷を最小限に、確実に効果ある生け締めが実現する。

というわけで、本誌編集部から「生け締めの記事をまとめなさい」との特命を受けて、やって来たのは神奈川県・三浦半島は佐島《さじま》港のほとりにある「丸吉《まるよし》商店」さん。魚屋の店先で生け締め実演とはたいへんケシカランことながら、快く店頭にて場所と海水を貸していただき、生け締めの実演と相成って感謝感謝。以下、各論に突入していく。

作業自体は決して難しくはない。それよりも、魚をよく観察するようになるし、おいしく味わうには釣り過ぎてはダメだということにも気づくだろう。それでいいのだ。

1 即殺

脳を壊して動きを止めるのが目的。これにより筋肉の疲労が止まる。例えばサバで、サバの首を折る方法を見かけるが、これだとサバは即死せずに海水氷のなかで体を震わせて死んでいくため、いくら血を出せたとしても、本来の生け締めの効果は得られない。特に夏場、首折れサバをおろしてみれば、暴れて上昇した筋肉の温度で自ら煮える「ヤケ」現象を起こしている。

即殺の方法は、写真で見るとおり、スズキやサバ型の魚、コチのような扁平（へんぺい）な魚は、すべて眉間から真っすぐに手カギを刺して脳を壊せばよいが、タイの仲間のように頭蓋骨が硬い魚は、正面を外してウロコの生え際あたりから斜めにスパイクを入れて脳を壊す。ヒラメやカレイ類が最も変則的で、ご覧のとおり。一度、頭を煮て食って、頭蓋骨の位置を確認しておくことをオススメしたい。

マゴチやホウボウ、フグの仲間も脳の所在は同じ。体が扁平な分、スズキやタイの仲間のときと比べると、手カギを刺す角度が浅いことにご注目。わかりますか?

この写真は2回目の登場。もうわかりましたね! 眉間の骨の薄いところに、手カギのカーブから先の真っすぐになっている部分を、真っすぐ刺すのがポイントである

ヒラメやカレイの場合、稚魚のときには一般的な魚並みに両側に目があるものの、成長にしたがって、目だけが片側に移動する。でも脳の位置は動かない。眉間から刺すと、エラのなかに抜けちゃうよ～

ほかに頭の硬いやつらといえば、イシダイ、マダイの仲間、フエフキダイなどなど。いずれもウロコの生え際から斜めに脳の方向を直撃。このスパイクは先端が太いキリ状になっている

2 放血

変質しやすく臭みのもととなりやすい血液を抜くのが目的。いずれの型の魚種でも即殺後、エラ元に刃を入れて背骨の腹側を通っている血管を切る。ここで背骨を切ってしまうと、このあとの神経抜きがうまくいかないので注意。

よく尻尾の付け根にも刃を入れている人を見かけるが、それでは途中のどこかに必ず血が残る。なぜならば即殺後、せっかく自律神経系である心臓が圧力をかけて血液を出してくれているのに、その圧力を逃がす穴が増えてしまえば、どこかにたまるというのが、その仕組み。

また、放血するのに氷水に入れる人がいるが、これもダメ。急激に冷えれば心臓の動きが弱まって、これまた十分に血が出ない。常温の海水でしっかり抜いてやるべし。

血管を切る

背を手前にして、エラと体をつないでいる膜を切り、背骨の下側の血管に刃先をカツッと入れる。刃の先端を骨に食い込ませるだけでよく、決して切断してはいけない

血を抜く

常温、できれば掛け流しの海水で、静かに、かつ完全に血を出す。弱った魚では出にくいのは仕方なし。即殺から放血までは心臓を弱らせたくないので、とにかく迅速にやってほしい

3 神経抜き

即殺で開いた穴から、魚のサイズや魚種ごとの神経の太さに合わせたワイヤを差し入れ、ツンツンと軽く突いて探ると、魚体がビクッとするポイントが見つかる。そこが神経だ。僕が使っているワイヤはステンレス製で、1.0、1.2、1.4ミリの3種。スズキやタイの仲間は神経が太くてラクチンであるが、ヒラメやメバル、カサゴの神経などは、図体のわりに細いので驚くことなかれ。

また、脳を壊した穴から神経に至る挿入角度も、魚種によって違う。まあ慣れてしまえばなんてことのない技術であるからして、精進、経験あるのみ。ピタリと当てて、尻尾までワイヤをしっかり通したら、ワイヤを前後に動かして神経を破壊すべし。失敗すれば、あれ？ 腹のヘンなとこからワイヤが出てきたり、というのもご愛嬌（あいきょう）。

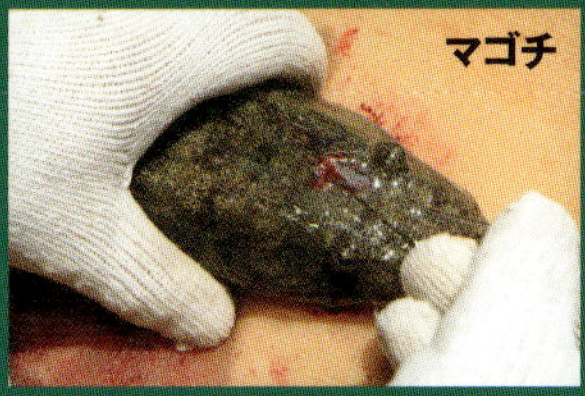

マゴチ

即殺のときと同様、スズキよりも挿入角度が浅い。ワイヤが神経に当たってビクッとしたとき、エラブタのトゲでケガをすることがあるので、両方から挟むように押さえている

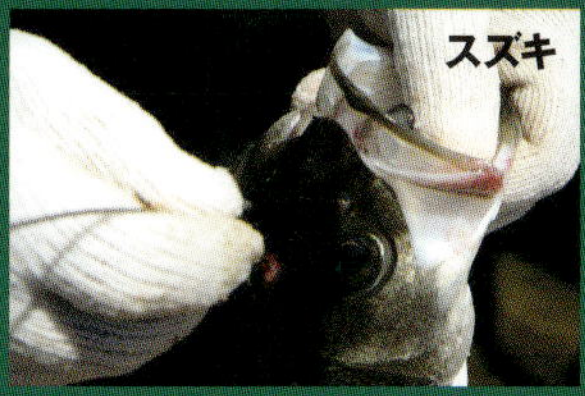

スズキは口が大きいので、こんなふうに縦に持ってワイヤを差し入れるやり方もある。魚体を寝かせてワイヤを通すか、やりやすい方法でどうぞ

ヒラメ、カレイは大型になっても神経は細いので、一回り細いワイヤを使う。頭蓋骨が細くできているので、即殺のときにしっかり壊しておくのが肝要

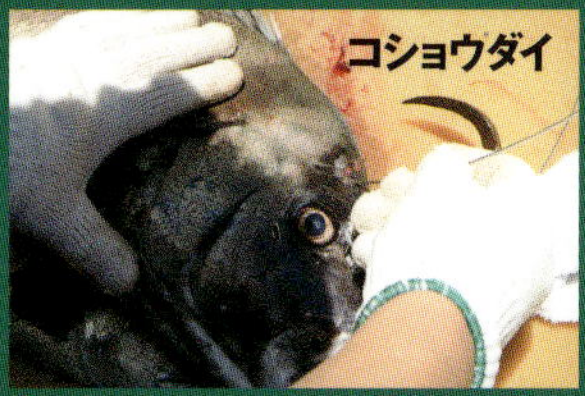

コショウダイ

即殺の穴が頭の正面にないので、斜めの状態でワイヤが入るんかいな？ とも思うが、即殺のときにちゃんと脳が壊れていれば大丈夫。落ち着いて探ればよい

4 保冷

実は、今回あきらめた「生け越し」と並んで重要なのがこれ。生け締めというと、たいていは、殺して、血を抜き、神経を壊す、の3点に目が向きがちだが、実際には、その効果を生かすも殺すも保冷次第。すでに述べたとおり、海水氷に突っ込んだまま持ち帰るのはご法度。筋肉が「冷却収縮」を起こし、せっかくの神経抜きが台無しになる。つまり、いかに筋肉をリラックスさせるかが命題なのだ。

そしてもう一つ盲点が、例えば発泡スチロール箱に魚を入れるときの、暖かい箱の温度。これも冷やし過ぎとは逆の意味で、魚に伝えたくない。従って、まず生け締めした魚を海水氷に3分ほど浸して予冷し、発泡スチロール箱に濡れ新聞を敷いた上に並べ、乾燥しないようにラップを張り付ける。そして、魚体に直接氷が当たらぬよう周囲に氷を配置し、フタをしてOK。これで箱内の温度は5〜7度くらいかな。

予冷

魚は変温動物だから、水温が高くなれば体温も高くなる。おまけにサバなど血合いの多い魚は、水温以上に高くなる。そこで数分の予冷をしてやる。これには体色をきれいに出す効果もある

新聞紙の活用

発泡スチロール箱の底に敷く新聞紙は、海水で軽く濡らしておけばOK。基本的に魚は重ねない。従って、本当の旨さを堪能したければ、重なるほど魚を釣らないでもよろしいのだ

氷を入れる

魚の表面の乾燥を防ぐことと、氷を直接当てないこと、二つの意味で食品保存用ラップは重要。氷は小さなビニール袋に入れて四隅に配置してもよい。この日は暑かったので、若干多めに氷を入れている

活魚の店「丸吉商店」

いろんな魚が、あるある！ 自分で選んで目利きの練習をするもよし、店長におまかせで求めるもよし、いずれにせよ、いろんな楽しみ方があると思う

〒240-0103 神奈川県横須賀市佐島2-14-7
TEL：046-857-2727

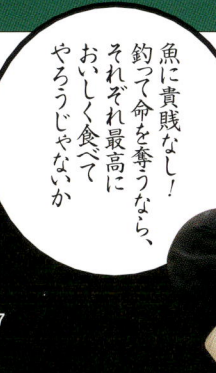

魚に貴賤なし！
釣って命を奪うなら、
それぞれ最高に
おいしく食べて
やろうじゃないか

［本日の入荷］

シロギス

シロギスという魚は繊細で淡白、と世間では言うが、実は独特のクセを持っているのに気づいた人はいませんか？ 例えば、季節や漁場によってエサが違えば、香りや味も違ってくる。海底のゴカイなど環形動物を食う時期は塩素臭いし、アミや稚魚を食って肥えているときは香りがよい。うまい時期と場所を選んで釣るといい。

シロギスの糸造りと湯引き

多くの魚は、釣りたては味が乗らないけれど、シロギスの刺身は、寝かせなくても甘みがある。切り方の代表は「糸造り」だけれど、それだけではもったいない。写真の手前の糸造りにはショウガ、向こうの「湯引き」にはワサビを添えてあるのにお気づきかな？ つまり、態が変われば風味が変わり、風味が変われば薬味も変わる、というわけなのだ。

● 材料

シロギス：適宜
おろしショウガ、ワサビ：適宜

● 作り方

①三枚におろしたシロギスの身の皮をはぐ。②皮目を上にして、尻尾のほうから斜めに、骨を切るように糸造りにする。③湯引きは小さなフライパンに湯を沸かし、一枚ずつ3秒ほど湯に差し入れて氷水に放つ。④腹と尾の境目で二つに切り分ける。腹のほうは血合い骨があるので、V字に包丁を入れて切り取る。糸造りはこんもりと盛り付け、汁を搾ったおろしショウガを添える。湯引きは粗熱が取れたら吸水布に挟んで水分をしっかり切り、重ね盛りにしてワサビを添える。それぞれ別の器を使ってもいいが、一つの皿に盛れば対比がまたおもしろい。

シロギスの紙塩焼き

シロギスは一夜干しがいいっていうけれど、あっという間に乾いちゃうのが宿命。では冷蔵庫で冷風干し、これは悪くないけど、やはり表面から乾いちゃうんだな。だから、食べたときにアレ？と物足りない。それを解決するのがこの紙塩の技法。芯から加減よく水分を抜きつつ塩を浸透させる、和食の技だ。なんといっても焼き色がいい。

● 材料

シロギス：適宜
塩：適宜

● 作り方

①シロギスの背側から包丁を入れ、皮一枚を残して開いていく。②逆さ包丁で中骨の向こう側を浅く尾に向けて切っておくと、骨に身が付かず無駄なく中骨を切り外すことができる。③骨を尾に向かって切り外し、尾の手前で切り落としたら、腹骨と内臓を両側から削り落とす。④キッチンペーパーをバットに広げ、手早く流水で洗ったシロギスを並べて、もう一枚のペーパーで挟む。少し湿らせて粗塩を付けた手のひらで、まんべんなく紙の上から軽くたたいて塩を当てる。小さいもので1時間、大きいもので2時間くらい、このまま冷蔵庫で寝かせる。両面、特に皮目をキツネ色にほどよく焼き上げ、重ね盛りにする。

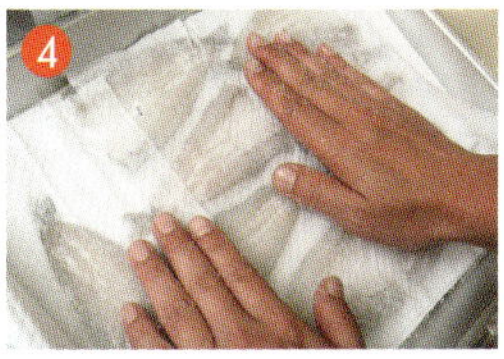

ウエカツ水産の勝手場から

すべての魚に当てはまるが、魚を水で洗ってはいけないというのはウソだ。魚が新鮮なら、歯ブラシを使って、腹を開いた背骨沿いの血合いを流水ですすぎながら、きちんとこすり落とすこと（写真上）。このひと手間が保存性を高め、変性しやすい血液からくる雑味を除いてくれる。

また、生臭みの多くは、雑菌が混ざりやすい水分から生じる。下の写真で使っているのは、通販で購入した「シャムワオ」というドイツ製の吸水布。洗えば何回も使えるし、きっちり水分を取ってくれる優れものだ。

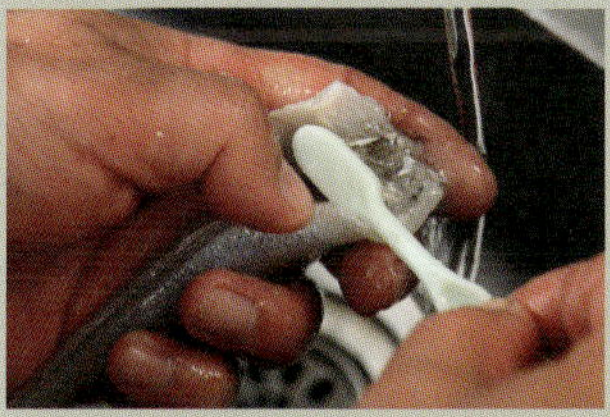

この小さな作業が、おいしさをつくるのだ

水分とアクは親のカタキ。きっちり取る！

［本日の入荷］

メバル

東京湾におけるメバルもまた、漁場の違い、つまり底質やエサ事情によって、ずいぶん味が変わる魚だ。千葉県側は木更津人工島、神奈川県側なら川崎人工島以南のメバルなら、ほぼ間違いない。それから季節とサイズの関係。小さいのがうまい時季、大きいのがうまい時季は違うし、それがどこにいるのか追っかけていくのも楽しみのうち。そして、なんといってもエサだ。胃の内容を調べて、稚魚類を食っているメバルは間違いなくうまい。魚に合わせて料理を選ぶのだ。

小メバルの天ぷら

メバルはサイズによって、肉の香りと繊維のきめが違う。15センチ以下の小メバルは調理に悩むところ。ところがだ、この小さなメバルでなければ合わない料理がある。それが天ぷら。半身で一切れとなる大きさの、晩春から初夏のメバルを選ぶ。その味たるや、サクッ、キュッとかみしめ味わうほどに消えてしまう。追いかけたくなる味、とはこういうこと。

● 材料

小メバル：適宜
卵：1個
氷：2〜3個
小麦粉、水、油：適宜

● 作り方

①すべてのヒレをキッチンバサミで切っておくと、さばくときに指を刺さない。ウロコ、頭、内臓を取り、洗って水気を拭いておく。②三枚におろし、腹骨をすき取る。③天ぷらは油と衣との温度差が大事。ボウルに氷水を少々入れ、卵を溶かして卵水を作り、薄力粉を加えてざっくりと混ぜる。ドロリとする程度で、混ぜすぎないよう注意。粉が残っていてもかまわない。④フライパンに油を1センチほど注いで180度に熱し、メバルを④にくぐらせて、身側から油に入れてカラリと揚げる。揚げるうちに油が少なくなるので、適宜加える。

メバルの塩煮

世間では、メバルは煮付けと思っているフシがある。甘辛炊きや、薄口で沢煮と、変化もあって確かにうまい。が、ここで紹介する塩煮をひとたび味わったなら、メバルの肉の味はこれほどに香り高く、甘みがあったのか、と目を見張ることだろう。古来、沖縄では、海水で魚を煮る料理を「マース（塩）煮」と呼んでいるが、そのウエカツ流アレンジがこれだ。

● 材料

中〜大メバル：適宜
長ネギ：適宜
日本酒（酸味料と糖類が入っていないもの）、みりん、薄口しょうゆ、サラダ油、粗塩、水：適宜

● 作り方

①メバルはウロコを引き、腹の横に包丁を入れて内臓とエラを抜けば、身が崩れにくい。腹のなかを歯ブラシで洗い、水分を拭いておく。②フライパンに中火で油を熱し、骨に達するくらいの切れ目を両側に入れたメバルに、焼き目を付けていく。出来上がりの側（左側）から焼き始め、裏返したら長ネギを加えて焼き色を付ける。③酒を魚が3分の1ひたるくらい注ぎ、強火にして、ふたをする。④火が通ったらふたを取って酒気を飛ばし、すまし汁程度の濃さの塩水をヒタヒタに注ぐ。薄口しょうゆとみりんで味を調え、煮汁を魚にかけつつ、身が骨から浮き上がったら完成。

ウエカツ水産の勝手場から

塩煮のいいところは、塩と酒というシンプルな味付けだけに、いろんな国籍の料理に変化させられること。さまざまな野菜と合わせられるのもうれしい。これをしょうゆの煮付けでやると、根菜類か、せいぜい白ネギ。しょうゆは個性の強い調味料なのだ。一方、塩煮なら、使う油をオリーブオイルにしてニンニク、タカノツメで香りを出し、野菜の細切れを入れてワインを使えばイタリアン。ゴマ油にして白ネギとショウガのみじん切りで香りを出し、紹興酒を使えば、ほら、このとおり。アナタなら、どうする?

中華風の塩煮もよし。変えるのは油と香味野菜の種類、酒の違いなど。白髪ネギをこんもり盛れば、さらによし。バリエーションは山ほどある

［本日の入荷］
イシモチ

イシモチは「塩魚のなかの塩魚」と呼びたいほどに、塩との相性がいい。しかも、チビチビ振ったような塩っぷりではなく、ドカンと塩漬けにして脱水させて初めて、その味の実力を見せるおもしろさ。淡白だという人がいるが、さにあらず。浅場に乗っ込んだ産卵前、皮目にじっとり脂を乗せたニクイやつ、これまさに濃厚なる魚味のツワモノなり。

塩イシモチ

塩漬けにした魚が、新鮮であればそのまま刺身でも食べられるのは、これ常識。三枚におろし、皮と腹皮を除いてしまえばホラ、昆布締めがあるのに塩締めがいけないわけはない。身は削《そ》ぎ切りにして重ね盛り、腹側はそのまま焼いて、皮はハシや竹串に巻いてこれまた焼けば、なんとステキな3点セット。ワサビだけですぞ、しょうゆはいらぬ。

● 材料

イシモチ：適宜
粗塩：適宜
日本酒：適宜

● 作り方

①イシモチのすべてのヒレを切り、ウロコを落とす。腹のなかの振動筋、背骨沿いの血合いも歯ブラシで洗って水気を切っておく。②粗塩をたっぷり振りかけ、腹のなかまで塩を行き渡らせる。ときどきかき混ぜながら約1時間置く。③真水の流水で手早く洗って、塩の粒を落とす。④ボウルに取って日本酒をコップ半分ほど振りかけ、全体に行き渡るように混ぜる。このまま5分置き、表面の水気を拭いておく。保存する場合は1尾ずつペーパーで包んでラップをかければ、冷蔵で10日間、冷凍で3カ月間はおいしく食べられる。作ってすぐよりも、1〜3日ほど寝かせてからのほうが、風味が増してよい。

焼きイシモチ

なんとも芸もひねりもない料理名。この簡素な命名の窓をくぐれば、その先には、うまさや香りのヒダが広がるもう一つの世界。何度も言うが、イシモチと塩でなんでこんなに化けるのか。実はこれ、韓国の沿岸部でたいしたごちそうとして供される一品。同じ海でもアチラではイシモチの種類が少し違っていて、味は「韓国の勝ち」なんであるが、お江戸のイシモチも十分にうまい。

● 材料

塩イシモチ：適宜　長ネギ：適宜　サラダ油：適宜

● 作り方

①保存しておいた塩イシモチのペーパーをはがし、表面や腹のなかの水気を拭いておく。3日ほど寝かせた塩イシモチは、生臭さが消え、ツヤよく輝いている。②火が通りやすいように、骨に達するまで切れ目を数カ所入れる。③中火でフライパンに油を熱し、表になる側（魚体の左側）を押し付けるようにして先にこんがり焼く。④弱い中火に落として魚を裏返し、5センチに切った長ネギをときどき転がしながら焼き、焼き色がついたらふたをし、弱火にして魚に火を通す。切れ目から身が浮き上がって、骨が少し見えたら焼き上がり。

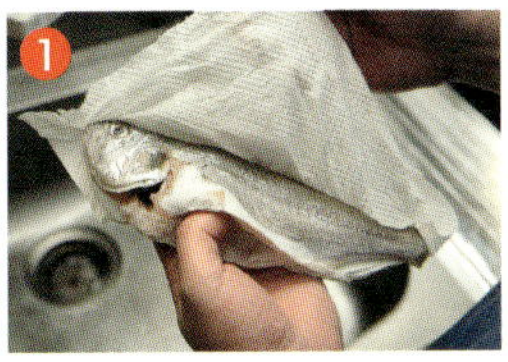

ウエカツ水産の勝手場から

塩イシモチのキムチ漬けは、静かに、かつコリア的に酒を誘う。焼酎に大変合うのだが、米焼酎が一番。次いで麦でもよろしい

イシモチは塩と相性が抜群と申し上げた。そしてその原点は、東シナ海を共有する韓国の料理にアリと申し上げた。さらに、この魚が韓国的に大変すぐれた食用魚であることの実証が存在する。それがキムチ漬け。塩イシモチを刺身状に削ぎ切りし、これを刻んだキムチと和えるか、手っ取り早く作るなら市販のキムチの素で和えてしまう。たったこれだけのことで、塩＋イシモチ＋キムチ＝焼酎3杯となってしまうのはなぜか。これは子どもの食べものではない。大人が自分および友のために作るのだ。

［本日の入荷］
ゴマサバ

寒の王者がマサバだとすれば、夏の覇者がゴマサバだ。にもかかわらず、同時期に、市場の値段がマサバの半分以下とはけしからん。だれ知るや、土佐高知の夏は大ゴマの天下であることを。産卵後のマサバがやせているこの時期、ゴマサバこそが気力充実、体力絶頂、味覚最大。脂が乗っているばかりがうまさじゃないことを教えてくれる。

自家製塩サバ

家でおいしい塩サバを作るのは、意外と難しい。例えば、若狭から琵琶湖畔を経て京に至る「サバ街道」を旅する塩サバの塩梅《あんばい》は、福井の手《しゅ》練《れん》のオバちゃんたちの絶妙な年季によるので、まねすべくもない。そこで、紙の力を借りるのですよ。塩を入れつつ水気を抜いて、紙が自動的に絶妙に加減してくれる。この技法を和食では「紙《かみ》塩《じお》」といい、和紙などを使う。われわれ庶民はセールのキッチンペーパーでよろしい。

● 材料

サバ：適宜
長ネギ、ショウガ：適宜
粗塩：適宜

● 作り方

①サバの表面をスチールウールでこすってヌメリを落とし、頭、エラ、腹を除いて三枚におろす。②身を流水ですばやく洗い、水気を振り落としたら、キッチンペーパーを貼り付けるようにして全体を包む。③湿った紙の上から粗塩をまんべんなく当てて、余分な塩粒をはたき落としておく。④タッパーに寝かせて冷蔵庫で一晩寝かせれば出来上がり。このまま焼いてもよし、酢に漬けてシメサバとするもよし、短冊に切って甘酢とタマネギのスライス、唐辛子で漬けてもよい。

サバのりゅうきゅう

いつも思うのは、「りゅうきゅう」とはナニか？ということ。一説によれば、琉球列島から渡った唐辛子のことだとも言うが、大分県は佐賀関のサバ料理となっている。本来はサバ刺しの残りを、砂糖じょうゆにネギと唐辛子を刻み、漬けたものらしいのだが、今回は、そのエッセンスをいただいて万能総菜を作る。酒の肴にもメシのおかずにも、締めの茶漬けにも大変よろしい。ほかの魚で試みてもよかろう。

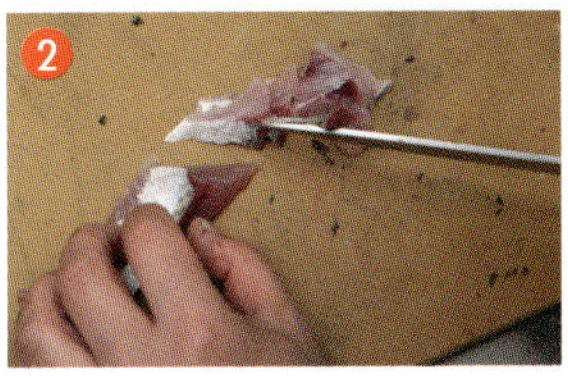

● 材料

サバ：適宜　長ネギ、シソ、ショウガ、一味唐辛子、すり白ゴマ：適宜
しょうゆ、みりん：適宜

● 作り方

①しょうゆにみりんを少しずつ加えていき、喉にひっかかるような塩辛さのトゲがまろやかになったところで止める。ここにみじん切りの長ネギとシソ、一味唐辛子少々を振り混ぜておく。②サバは背と腹に切り分けて血合い骨を切り除き、斜めに厚めにそぎ切ったものを漬けダレに混ぜ、ときどき混ぜながら身の表面に透明感が出るまで寝かせる。③漬かり過ぎぬよう、ザルに上げてしばらく汁を切っておく。④ボウルの汁を捨て、サバをボウルに戻し、白すりゴマを表面が隠れる程度振って、全体を和える。タッパーに保存して冷蔵し、4〜5日はおいしく食べられる。ゴマには抗酸化作用がありますゆえ。

ウエカツ水産の勝手場から

食膳の一汁としてもいいのだが、これをつつき、汁を吸いつつ冷酒を飲(や)るのが、これまたオツなもの。熱くてもいいが、冷やして朝の熱メシと合わせて食うのも、夏の朝にはまたよし、なのである

残った頭や中骨は、言わずと知れた「船場汁《せんばじる》」にするのが定番。かつての大阪湾、出船入り船さかんな回船問屋の丁稚さんが、日本海から運ばれた塩サバの、身はどこぞに売られたあとの骨頭を汁にして食っておった美味である。頭は半割りにし、中骨は適宜切り分け、ボウルに入れて粗塩をまんべんなくまぶしておく。厚さ4ミリのイチョウに切ったダイコンとニンジンを、酒少々を入れた水で下煮し、ここにサバを洗わずに入れる。強火のままアクをとり続け、汁が澄んだら火を落として薄口しょうゆで調味し、すりショウガや刻みネギなどあしらって佳《よ》しナリ。

［本日の入荷］

カタクチイワシ

海の恵みそのもののカタクチイワシ。この魚の料理法はいろいろあるが、カタクチらしさ、その旨味 の真髄を味わう料理は限られているように思う。つまり、シンプルな小魚ほど、下ごしらえなどに繊細な配慮が必要となるし、味覚だけでなく、食べる背景や料理の過程などが、すべて味に投射されるというわけ。カタクチ料理の王道3品をささぐ。

シコ天

神奈川ではカタクチイワシをシコイワシと呼ぶ。この料理には、この呼び名がいい。だって居酒屋で、「おばちゃん、シコ天いっちょう!」ならサマになるが、「カタクチ天ね」では響きが間抜け。これを大量に大皿に盛り上げて、揚げたてを思うさまパクつき、ビールをゴキュゴキュッとやったら、少し取り置いて、翌朝、沸かした麺つゆで温めて、炊きたて飯に乗せてシコ天丼だ。七味をパラリとね。

● 材料

カタクチイワシ：たくさん
天ぷら粉：適量
塩、ないし、しょうゆ：適宜
キッチンペーパー

● 作り方

①塩ひとつかみとともにザルのなかでかき回してウロコを取ったイワシを真水で洗い、頭と腹をザックリ切り落とし、内臓を除く。②流水を当てながら、腹のなかの背骨沿いに溜まっている血を歯ブラシで手早くこすり取り、水分を拭いておく。③ボウルに天ぷら粉を適量入れ、イワシを入れて、あおるように粉をまぶす。④18～20センチの小さなフライパンに油を深さ1センチほど入れて熱し、水で溶いた天ぷら粉にくぐらせたイワシを次々と揚げていく。キッチンペーパーの上で油を切って完了。塩でもしょうゆでも天つゆでも、好みで食い進むのみ。

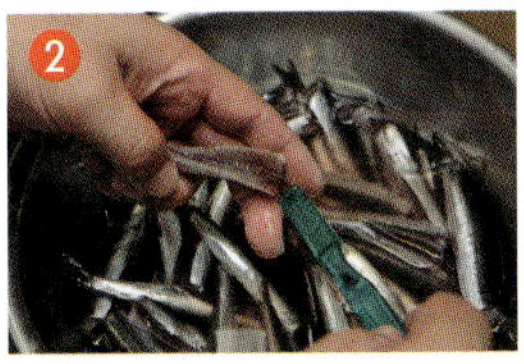

カタクチの梅煮

「梅煮」というのは、梅干しの風味と塩気を生かしてしょうゆで煮た、おもに青魚を用いる料理であるが、教科書どおりにやると、たいていは皮がはげて、悲しくなったことはないか。ここにご紹介するとおりにすれば、問題は霧散すること必定。見よ、この輝きを。ピリッとはぜた身こそ、釣りイワシならではの鮮度の証し。ショウガは、臭み取りのためではなく、イワシのだしを吸ったショウガが旨いから入れるのだ。クサイなんて、そもそもイワシに対して失礼なんだよ。

● 材料

カタクチイワシ：適宜
塩だけで漬けた梅干し：3～4個
酒、薄口しょうゆ、みりん：適宜
アルミホイル

● 作り方

①フライパンに酒と倍量の水を注ぎ、つぶした梅干しを種ごと、ショウガの厚切りを多めに入れて強火にかける。②アクを取りつつ沸かし、ショウガと梅干しの味が充満したら、みりんを加えて、やさしい甘酸っぱさに調味し、イワシを重ならないように入れる。③アクを取り、薄口しょうゆを3回に分けて注ぐ。一度に入れてしまうとイワシの表面が先に硬くなって、味がなじまないので注意。④再度煮立ったら、真ん中に包丁の先で穴を開けたアルミホイルをかぶせて落とし蓋とし、吹きこぼれないように火加減して3分ほど煮たら、火から下ろして少し冷めるまで置く。味は冷めるときに浸透するのだ。

ウエカツ水産の勝手場から

本文でも登場した「塩イワシ」がこれ。むかしは頭も内臓も付いたままの、いわゆるメザシであったが、ここでは下処理をバッチリ施すことによって、洗練された味わいとなっている。処理したイワシにひとつかみの粗塩をまぶして、ザルに上げて5分。これを真水で手早く洗い、水気をよく拭く。タッパーにキッチンペーパーを敷き、腹を下にしてイワシを並べ、さらにペーパー、イワシと重ねて冷蔵庫で保管。翌日から食べられるが、1週間たって熟成したやつも捨てがたい。こんなに旨いものはない。

焼きすぎぬようサッと焼いて、白飯によし、ふかしたサツマイモと食べ合わせるもよし。家族がおいしく食べるのを眺めて、オトーサンはコップ酒をやるのも、楽しみですね

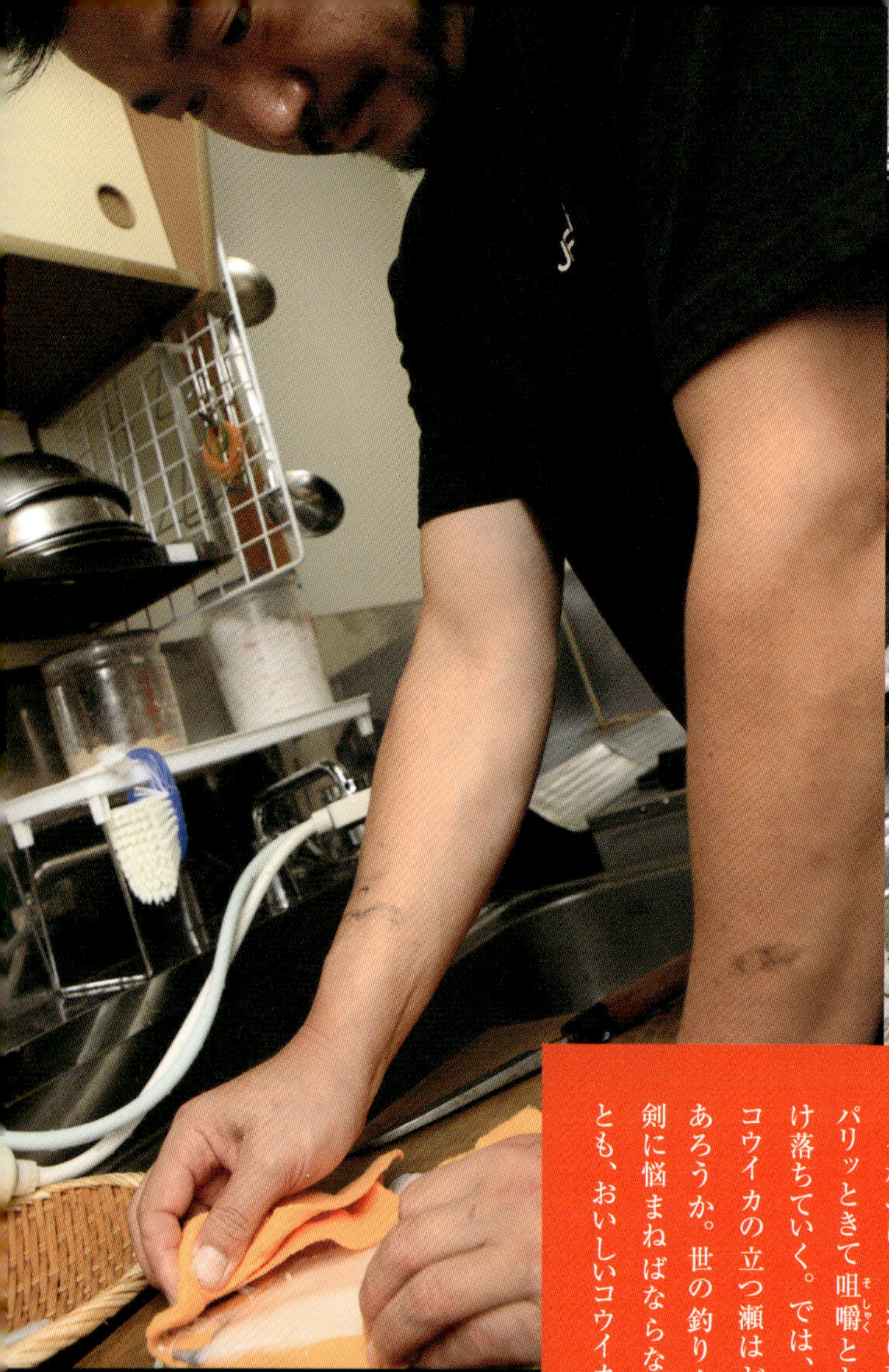

[本日の入荷]コウイカ

江戸前寿司の「イカの新子」といえば、手のひらの半分ほどのコウイカを一枚づけ。これは確かにうまい。パリッときて咀嚼《そしゃく》とともに喉に解け落ちていく。では、大きくなったコウイカの立つ瀬はどうするのであろうか。世の釣り人はこれを真剣に悩まねばならない。ありますとも、おいしいコウイカ料理がね。

大きめのコウイカの湯通しシャブ

釣りたてのコウイカでなければ味わえない味を味わうことこそ、いわゆる釣り人の特権ではないか。パリパリの生きのよいコウイカは、そのままでは甘味が薄いけれど、これを冷凍すれば甘味が出るよ、ではもったいない。そこでちょいと加熱してやれば、じわりと甘味を醸し出す。そのような料理はシンプルな湯通しシャブが最適。つけダレを3種、そして白菜やスライスタマネギを付け合わせてよし。

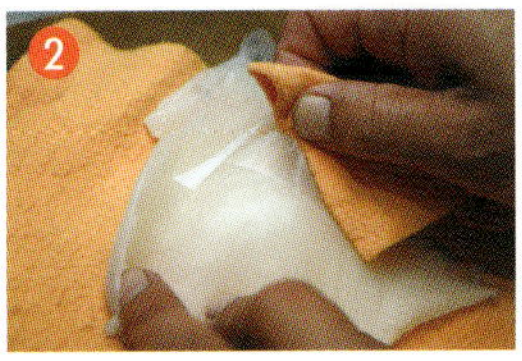

● 材料

コウイカの身、昆布、
白菜もしくはタマネギ
○つけダレ(薄口しょうゆ、酢、砂糖、みりん、ごま油、タマネギ、長ネギ、七味唐辛子、コチュジャン)

● 作り方

①コウイカの甲を取り出し、内臓とともにゲソを引き外し、エンペラとともに外皮を剥ぐ。 ②堅く絞った吸水布でこすり取るように薄皮を剥ぐ。 ③横に3等分したイカの身を、端からそぎ切りにしていく。皿や身同士がぴったり張り付くと箸で取りにくいので、それぞれをふんわり並べていくのが料理人のささやかな気遣いだ。 ④つけダレ3種を作る。まず、レモン汁にしょうゆを加え、みりんで甘めに調え、七味を振る。次に、長ネギみじん切りに薄口しょうゆを加え、粗びきこしょうを振ったらごま油を垂らす。三つ目は、コチュジャンを酢で伸ばし、砂糖とみりん少々で甘めに仕立て、すりゴマをたっぷり混ぜる。これらのタレは若干甘めに作るのがコツ。

コウイカの墨汁

これぞ、知る人ぞ知る沖縄の浜料理「イカの墨汁」。本場では、体長60センチ、体重5キロにもなる横綱級のコウイカの仲間「コブシメ」を用いて、これを豪快に大鍋に作る潮鍋なのであって、豚肉を入れたりしてコクを出す。ではヤマトんちゅーのわれわれはといえば、酒とカツオ・昆布だしで底支え。水産界のWスープだ。イカがダシに負けてはならぬので、ほかの料理で出た皮や内臓、ヒレや刺身の端切れなど、目玉以外のすべてを突っ込み、酒で軟らかく煮込んで、最後に薄口しょうゆで決める。

● 材料

コウイカの体の各部、
コウイカの肝とスミ、
カツオ・昆布だし、
豆腐、
長ネギ、
粗塩、
日本酒(糖類・酸味料の入っていないもの)、
薄口しょうゆ

● 作り方

①器にありったけのスミと肝を絞り出し、酒少々を加え混ぜておく。 ②昆布を水から入れて中火にかけ、浮いたら取り出す。次いでカツオ節少々を投入。沸騰しないように火加減しながらダシをひく。 ③豆腐は先に入れておくのがいい。大きさはピンポン玉ほどに切り分けて。ここにイカの残渣(ざんさ)のすべてを投じ入れ、アクを取りつつ軟らかくなるまで中火で煮込む。 ④長ネギのはす切りをたっぷり入れて、粗塩で味の骨格を作ったら、①で取りおいたスミと肝をザルですりこしながら加える。最後に薄口しょうゆで味を調えたら出来上がり。薬味は要らない。これ以上、なにも足さない、なにも引かない。一椀にコウイカの宇宙が見える。

ウエカツ水産の勝手場から

内臓を支える筋肉や、イカの腕すなわちゲソは、漏斗側から包丁で開いて、目玉とカラストンビ(口吻《こうふん》)を取り除き、熱い風呂程度の湯でヌメリをこすり洗って、水で冷やして1本ごとに切り分けたら、下ごしらえの完了。これを串に刺すわけだが、方向が重要。吸盤に火が直接当たると硬くなるので、吸盤の列が横になるように順々かつ密に刺していく。これを網の上で軽く素焼きにし、生じょうゆを酒少々で割ったものを2〜3回塗りながら仕上げにかかる。いわゆる「付け焼き」ですが、僕は、料理を進めながらこれで一杯、台所でニヤリ。

本日の隠れた王道、コウイカゲソの付け焼きに七味をパラリ。モチモチしゃっきり、相矛盾する味覚が同居する。これに、小さめのコウイカの刺身とおろしショウガでも付いてしまえば、酒飲みはノックアウト

INDEX
魚種別レシピ・インデックス

さ：さと丸　も：森山塾長　ツ：Mr.ツリック　ウ：ウエカツ水産　ふ：ふくだあかり

アオリイカ
アオリイカのカルパッチョ ショウガ風味 …… さ 50
アオリイカのフリット 季節野菜のトマトソース …… さ 50
アオリイカのガーリックソテー …… も 88
エンペラのイカ納豆 …… も 88

アカムツ
アカムツのソテー ジェノベーゼ レモン添え …… さ 54
アカムツとアラのカルパッチョ タップナードソース …… さ 54

アジ
小アジのフリッター 骨まで愛して …… さ 12
マアジのグリル イタリア風岩塩添え …… さ 12
アジのカルパッチョ …… さ 17
アジのカルパッチョ ガーリックオイルがけ …… さ 40
アジのなめろう …… も 67
アジのさんが焼き …… も 67
アジと香味野菜ののっけもり …… も 102
あぶりシメアジ …… ツ 114

アマダイ
アマダイの枝豆クリームスープ煮 …… さ 32
アマダイと季節野菜のグラタン風クリーム煮 …… さ 56
甘鯛めし …… ツ 130
アマダイの玉子焼き …… ツ 130
アマダイの皮霜天（かわしもてん） …… ツ 130

イイダコ
イイダコのタコめし …… も 92

イカ（アオリイカ、コウイカ、マルイカは別見出し）
ヤリイカのトマト煮 …… さ 21
ムギイカのソテー キモソースがけ …… も 108
イカゲソとカワハギの生春巻き …… ツ 115

イサキ
イサキのカツレツ …… さ 21

イシモチ
イシモチのハンバーグ風 …… も 96
イシモチの酒蒸し …… も 96
イシモチの空揚げ キノコあんかけ …… も 102
塩イシモチ …… ウ 150
焼きイシモチ …… ウ 150

イナダ、ブリ
鮮魚とブロッコリーのクリームシチュー …… さ 28
我が家風 チーズと魚のサラダ …… さ 28
イナダのセビーチェ風 …… も 94
ブリ大根 …… も 94
イナダと野菜の夏祭り …… ツ 119
稲天 …… ツ 120
イナダの甘みそ焼き …… ツ 120
イナダの冷薫 …… ツ 120

イワシ
自家製アンチョビー イワシの底力 …… さ 12
イワシの塩味スパゲティ …… さ 18
イワシのカルパッチョ レモン風味 …… さ 46
イワシのシャキシャキつみれ鍋 …… も 71
シコ天 …… ウ 154
カタクチの梅煮 …… ウ 154

カイワリ
カイワリのカルパッチョ アサツキとドライトマトのソース …… さ 48

カサゴ
トマト、ニンニクで作るカッチューコ …… さ 24
尺カサゴのタリアテレ 春野菜入りトマトソースがけ …… さ 30
カサゴとカリカリベーコンの入った温かいクレソンサラダ …… さ 38
カサゴと春野菜のわが家風アクアパッツア …… さ 58
カサゴとホウボウのチゲ …… も 69
カサゴの洋風豆乳鍋 …… も 84
カサゴの豆乳仕立てリゾット風 …… も 84

カレイ
カレイと小エビのクリームタリアテレ …… さ 19

カワハギ、ウマヅラハギ
カワハギとベラの唐揚げのせ ほろ苦クレソンサラダ …… さ 30
カワハギ、エビ、ホタテの温サラダ仕立て …… さ 38
カワハギのカルパッチョ たっぷりの春のバジルペースト …… さ 58
カワハギの肝コク鍋 …… も 70
カワハギの煮付け …… も 74
カワハギの肝和え …… も 74
ウマヅラハギの薄造り …… も 86
イカゲソとカワハギの生春巻き …… ツ 115
カワハギの煮こごり …… ツ 128
カワハギの肝漬け薄造り&肝和え …… ツ 128
カワハギとマゴチのゆずこしょう和え …… ふ 135

キンメダイ
南イタリア風 深場の魚とアサリ、ムール貝のスープ鍋 …… さ 23
キンメダイの和洋鍋 …… も 70

コウイカ
コウイカの肝和え …… も 92
コウイカの湯通しシャブ …… ウ 156
コウイカの墨汁 …… ウ 156

サバ
サバのミルフィーユ焼き …… さ 17
鮮魚とブロッコリーのクリームシチュー …… さ 28
我が家風 チーズと魚のサラダ …… さ 28

- サバとキノコのソテー初秋風 …… さ 34
- シメサバ・イタリア風 …… さ 34
- サバと季節の野菜 オリーブオイルのフライ …… さ 48
- サバの煮つけ …… も 65
- サバの塩焼き …… も 65
- サバのフリッター中華風 …… も 80
- 締めサバ …… も 100
- サバの焼きみそ風 …… も 100
- サバの煮びたし …… ツ 115
- 自家製塩サバ …… ウ 152
- サバのりゅうきゅう …… ウ 152

シイラ

- シイラの照り焼き …… も 78
- シイラのフライ …… も 78

シマガツオ

- シマガツオのフライのサンドイッチ アイオリソース …… さ 40

シロギス、トラギス

- シロギスのフリッター …… さ 16
- トラギスとオキメバル ズッキーニの温サラダ …… さ 32
- オキトラギスのカルパッチョ トマトとハーブのサラダ仕立て …… さ 56
- 白身魚のキムチ干し …… ツ 117
- シロギスのかば焼き …… ツ 134
- シロギスの刺身 みそ締め …… ツ 134
- シロギスのさっぱりそうめん …… ふ 135
- シロギスの糸造りと湯引き …… ウ 146
- シロギスの紙塩焼き …… ウ 146

スズキ

- スズキのトマトソースペンネ …… さ 19
- ローマ風 焼きマダイ、スズキの香草風味の鶏スープ鍋 …… さ 24
- スズキの塩釜焼き …… も 82
- スズキのから揚げ 五目あんかけ …… も 82
- スズキの変わり揚げ …… も 104
- スズキのつみれの揚げ浸し …… も 104
- スズキの酒蒸し銀あん仕立て …… も 106
- スズキの梅肉和えかつお風味 …… も 106

ソウダガツオ

- 鮮魚とブロッコリーの クリームシチュー …… さ 28
- 我が家風 チーズと魚のサラダ …… さ 28
- ソウダガツオのフリット ルッコラのサラダ仕立て …… さ 36

タチウオ

- タチウオの天ぷら …… も 90
- タチウオのチャンジャ風 …… も 90

ヒメマス

- マスでイタリヤン …… ツ 132
- ヒメマスの和風フィデワ …… ツ 132
- ヒメマスと野菜の冷やしうどん …… ツ 132

ホウボウ

- ホウボウと季節野菜のオーブン焼き ガーリックと香草風味 …… さ 11
- カサゴとホウボウのチゲ …… も 69

マゴチ

- マゴチの変わり巻き寿司 青と赤 …… ツ 134
- マゴチとゲストの空揚げ スイートチリソース風味 …… ふ 135

マダイ

- ローマ風 焼きマダイ、スズキの香草風味の鶏スープ鍋 …… さ 24
- マダイのカルパッチョ …… さ 26
- マダイと彩り野菜の炊き込みご飯 …… さ 36
- マダイのカルパッチョ 白と黒の粒コショウの風味 …… さ 52
- マダイのソテー 彩り野菜のチャンボッタ添え …… さ 52
- 鯛めし …… も 86
- マダイのちらし寿司 …… も 98
- マダイの潮汁 …… も 98

マルイカ

- マルイカのカルパッチョ アンチョビソース …… さ 42
- 詰めものをしたマルイカ さと丸風 …… さ 42
- マルイカの刺身 …… も 76
- マルイカの姿寿司 …… も 76
- マルイカの沖漬け …… も 76
- マルイカの エスニックチャーハン …… も 108

メジマグロ

- メジマグロのオリーブオイル揚げ バルサミコソース …… さ 44
- メジマグロのカマのオーブン焼き レモン添え …… さ 44
- メジマグロとチーズのサラダ …… も 80

メバル

- メバルのグリル …… さ 20
- 小メバルの天ぷら …… ウ 148
- メバルの塩煮 …… ウ 148

その他

- 北イタリア風 冬の恵みのクリームスープ鍋 …… さ 25
- 魚介のスープ サフラン風味 …… さ 26
- 邑楽さんちの魚の燻製 …… さ 46
- 根魚と野菜の揚げあんかけ …… ツ 112
- 干し金目鯛の蒸し物 …… ツ 123
- 干しカマスの梅和え …… ツ 123
- 干物のアボカドサラダ …… ツ 123
- 干し鯵の刺身 …… ツ 123
- 干し真鯛のみぞれ煮 …… ツ 123
- 干し鯵の空揚げ …… ツ 123
- 干し真鯛の炊き込みご飯 …… ツ 123
- 干し金目鯛の牛乳寄せ …… ツ 123

釣った魚をおいしく食べよう!

スクラップブックof釣果料理

4人の達人が贈る、全38魚種、144種のレシピを掲載

2012年10月1日　第1版 第1刷 発行

本書は月刊『ボート倶楽部』(舵社刊)に掲載された
釣果料理の記事を抜粋して1冊にまとめたもので、
記事の内容は雑誌掲載時のままです

編　集　舵社『ボート倶楽部』編集部
発行者　大田川茂樹
発行所　株式会社 舵社
〒105-0013 東京都港区浜松町1-2-17
ストークベル浜松町
電話:03-3434-5181
装　丁　菅野潤子
印　刷　株式会社 大丸グラフィックス

ISBN978-4-8072-5126-1